L'AVENTURE L'ORÉAL

FRANÇOIS DALLE

L'AVENTURE L'ORÉAL

EDITIONS
ODILE JACOB

15, RUE SOUFFLOT, 75005 PARIS

www.odilejacob.fr

ISBN : 2-7381-1044-4

Sommaire

AVANT-PROPOS

L'idée de ce livre remonte à une conférence que j'avais faite en Sorbonne, à la demande de Mme Ahrweiler, alors chancelier des universités de Paris. Celle-ci voulait rapprocher du milieu des entreprises les étudiants de toutes disciplines dont elle avait la charge. Un forum avait été organisé dans ce but, qui se tint ensuite, chaque année, et prit le nom de Forum de la Réussite. Il m'avait été demandé d'évoquer mes années à L'Oréal lors de la première manifestation qui eut lieu en 1988 et de dégager de mon exposé des enseignements pratiques pour les étudiants qui se trouveraient en face de moi. Aussi étions-nous convenus que je ferais d'abord un exposé succinct, sur lequel j'inviterais ensuite les étudiants à réagir, afin d'adapter mes recommandations finales à leurs préoccupations.

Ces préoccupations se révélèrent très orientées vers des soucis de réussite immédiate. « Quelle est la fonction la mieux payée à L'Oréal ? Celle qui est la plus prometteuse d'une belle carrière ? Le marketing ? La communication ? La finance ? Comment devient-on P-DG ?... » C'était la première fois, depuis Mai 68, que je me trouvais face à un grand rassemblement d'étudiants et, à travers leurs questions, je constatais que

« L'imagination au pouvoir », « N'écoutez pas les gens de plus de 30 ans », « Il est interdit d'interdire », tous ces slogans contestataires paraissaient oubliés. Il n'était plus question de critiquer le système, encore moins de le mettre à bas. Les étudiants cherchaient unanimement à savoir quel était le meilleur moyen de s'y insérer.

Cela pouvait se comprendre. Nous n'étions plus dans les années 60, au temps, somme toute heureux, où les jeunes pensaient pouvoir se permettre de folles récréations sans avoir conscience de compromettre durablement la croissance de l'économie et leur emploi. En 1988, au contraire, la France était installée depuis déjà dix ans dans un chômage à deux chiffres et je savais qu'il frappait les jeunes, y compris les jeunes diplômés, deux fois plus durement que les autres Français. Je ne l'avais pas caché à mon auditoire, me fondant sur les résultats d'une étude que j'avais menée, deux ans plus tôt, à la demande du gouvernement. Face à une telle conjoncture, rien ne paraissait plus futile que l'attitude météorologique adoptée par tant d'hommes politiques, de droite comme de gauche, qui consistait à attendre de l'extérieur la croissance et l'emploi. Nous devions au contraire nous convaincre que le retour à la croissance et au plein emploi dépendait de nous tous, des chefs d'entreprise comme des travailleurs et des futurs travailleurs, de sorte que j'aurais aimé que le Forum de la Réussite changeât de nom pour s'appeler le Forum de l'Effort.

L'ambiance dans laquelle nous vivions, à la fin des années 80, offrait de profondes similitudes avec celle que j'avais connue avant la guerre, au cours de ma jeunesse et de mon adolescence. Dans ma famille, nous ne manquions de rien d'essentiel, mais nous menions une existence relativement austère. L'attachement de ma mère, flamande d'origine, à la religion catholique et le militantisme social de mon père, modeste industriel, modelaient nos existences. Nous habitions à proximité de l'usine de mon père et nos voisins immédiats appartenaient, pour la plupart, à des familles d'ouvriers. Nous n'ignorions rien de leurs problèmes matériels, ni de leur état d'esprit. Nous savions que l'austérité leur était imposée, que la religion ne les aidait pas toujours à la supporter, qu'en fait ils s'attachaient, de plus en plus nombreux, à une foi nouvelle et que, leurs patrons ne leur offrant pas l'espoir d'une vie meilleure, ils étaient prêts à toutes les révoltes pour connaître des « lendemains qui chantent ».

À mon tour, j'étais révolté, mais de façon différente. Je me disais qu'il devait exister d'autres ouvertures et qu'il fallait se mettre à leur recherche. Mon père, de son côté, m'incitait à tirer parti de mes moments d'inaction forcée (je souffrais d'asthme et dus, longtemps, garder la chambre) pour me documenter et, avant toute chose, pour essayer de comprendre les raisons de ce marasme. La grande guerre, puis la grande dépression des années 30, en faisaient incontestablement partie. La dépression était survenue alors que la France venait d'être saignée par quatre années d'une guerre dont les récits qu'en faisaient nos aînés nous glaçaient d'horreur, mes frères et moi. Parce que c'était une marche, la région du Nord, où j'ai vécu jusqu'à mon entrée à l'Université, à Paris, avait particulièrement souffert des destructions de cette guerre. Nous entendions dire que l'Allemagne aurait dû payer, mais qu'elle ne l'avait pas fait, de sorte que les frais de la reconstruction avaient un peu plus appauvri le pays. En revanche, nos maîtres nous avaient enseigné à l'école primaire que le Nord faisait exception car, ses équipements ayant été remis à neuf dans les années 20, il jouissait, pour son développement industriel, d'atouts dont les autres régions étaient dépourvues.

Je voyais bien, pourtant, qu'il n'avait pas su, ou pu, en tirer parti. Le souvenir que je garde de mes années d'adolescence, les années 30, est conforme à ce que, plus jeune, j'avais déjà pressenti : une succession de conflits sociaux, de grèves dures, avec occupations d'usines et charges de gardes mobiles pour en évacuer les ouvriers. C'est alors que j'ai commencé à me rendre compte, confusément, que le facteur matériel, le capital, pour parler comme les économistes, ne suffisait pas à assurer le développement. Il fallait une conjonction de facteurs autres, à commencer par le moral, ou ce qu'on devait appeler plus tard, dans le milieu du sport de compétition, le mental. Or le Nord n'avait pas le moral. On se plaisait pourtant à vanter les qualités de ses ouvriers, leur acharnement au travail. Ce sont des gens qui cachent, sous un abord souvent rude, une très grande jovialité. Ils ont le goût de la fête. Notre petit village organisait, chaque année, plusieurs courses cyclistes et tenait sa ducasse, où se produisait l'harmonie municipale. La vie associative était très animée. Les anciens combattants bien sûr, le patronage, mais aussi le club de football que j'avais d'ailleurs créé, les Longues Pipes et les Buveurs de Bière, toutes ces organisations étaient très actives.

Et puis, insensiblement, vinrent des temps différents. Avec la crise du début des années 30, la vie de notre petite communauté changea. Les ouvriers, qui constituaient la majorité de la population du village, élevaient la voix de plus en plus souvent et de plus en plus violemment, pour exprimer, de façon lancinante, la même plainte concernant l'insuffisance de leurs salaires. Beaucoup de patrons en convenaient mais, dans leur milieu, on s'accordait à estimer que les entreprises n'avaient pas les moyens de distribuer davantage de pouvoir d'achat à leurs employés. Je n'avais aucune raison de mettre en doute leurs affirmations car leurs entreprises, notamment dans le textile, qui était la grande spécialité du Nord, étaient manifestement des gagne-petit. Mais il en était ainsi parce que les produits qu'on y produisait étaient des produits simples, faisant appel à des méthodes simples et traditionnelles. Pour assurer la charge des usines, on se croyait obligé de chercher des débouchés à l'exportation. Il faut savoir que, depuis au moins Jules Ferry, « les débouchés » étaient une des grandes justifications de l'empire colonial de la IIIe République et qu'ils étaient particulièrement importants pour le textile. Ce secteur était, dans les années 30, un de nos secteurs industriels les plus exportateurs. Or il exportait essentiellement, vers les colonies, des articles banals, faciles à fabriquer au kilomètre, de sorte que, loin de constituer une panacée, l'exportation contribuait à faire de l'industrie textile, le symbole du Nord, une industrie à faible valeur ajoutée. Même les patrons vivaient chichement. C'était le règne du capitalisme sans abondance.

Il était clair qu'il aurait fallu commencer par rendre ces entreprises plus profitables. C'est là que j'ai acquis la certitude que le capitalisme ne peut se justifier que dans la mesure où il apporte l'abondance. Mais, comment y parvenir sans rechercher la complexité des productions plutôt que leur simplicité, sans pratiquer l'écoute du consommateur ni s'efforcer de mobiliser à son service le progrès technique, l'innovation, le perfectionnement professionnel des membres du personnel ? En bref, j'avais acquis la conviction que la mission du dirigeant et, d'une manière générale, celle de tous les hommes d'entreprises devaient être de faire croître la valeur ajoutée par leur entreprise aux produits qu'elles achètent à l'extérieur. Sans valeur ajoutée, pas de richesse produite au bénéfice du consommateur, pas de richesse distribuée aux actionnaires et aux membres du personnel.

Ces idées avaient dû être mises en sommeil au cours de ma préparation militaire, puis pendant la guerre et enfin pendant l'Occupation. Mais je ne les avais pas oubliées. Elles ont rejailli à la Libération, au spectacle de l'abondance matérielle que donnaient alors les armées américaines. Je n'avais plus qu'une idée en tête, faire aussi bien et si possible mieux que les Américains. Un irrépressible besoin de création de valeur s'est emparé de moi et n'a jamais cessé, depuis, de hanter ma vie professionnelle. J'avais commencé par faire, vaille que vaille, un ersatz de savon et, dès que nous avons pu faire du savon de qualité, nous nous sommes efforcés de donner aux Français le goût de se laver, ce qu'ils faisaient jusqu'alors avec beaucoup de réticence. Ensuite, nous leur avons appris à se laver les cheveux, ce qui fut notre deuxième alliance avec l'hygiène. Après quoi, nous avons rendu les femmes plus belles en leur apprenant à cacher leurs cheveux blancs et gris, puis en inventant les mèches décolorées et les colorations légères pour cheveux naturels, ensuite en nous consacrant à la lutte contre le vieillissement de la peau. Enfin, j'ai pu faire entrer L'Oréal dans le domaine de la pharmacie éthique et la faire contribuer à la lutte contre les affections du cœur et du cerveau. Nous en avons tous tiré une très grande fierté.

Telle fut l'aventure L'Oréal, une suite d'initiatives novatrices, souvent risquées, toujours exigeantes, et toutes génératrices d'un surcroît de valeur humaine. Il n'y a pas de limite à la création de valeur.

Première partie

LES ANNÉES MONSAVON – L'ORÉAL

CHAPITRE PREMIER

Les années sombres

Bien qu'issu d'une famille d'industriels – mon père était brasseur à Wervicq, dans le nord de la France – je voulais être juriste. Si je suis devenu industriel à mon tour, ce fut par accident. Il est vrai que cet accident – la guerre – a bouleversé plus d'une destinée.

La défaite de 40 est survenue au moment où, ayant obtenu ma licence en droit dans des conditions très honorables, j'envisageais l'agrégation. Je rêvais d'avoir un jour une chaire et de me vouer à des étudiants. Cassin et Capitant étaient mes modèles. J'avais malheureusement dû renoncer à cette carrière après la défaite de nos armées, défaite qui avait été pour moi particulièrement amère car je l'avais prévue. Au cours des deux étés 1937 et 1938, j'avais, en effet, visité l'Allemagne avec trois amis, André Bettencourt, François Mitterrand et Pol Pilven, tous trois provinciaux comme moi et qui, comme moi, étaient pensionnaires du 104 de la rue de Vaugirard pendant leurs études universitaires à Paris [1]. Ce voyage en Allemagne avait été pour nous l'occasion de constater avec effarement combien

1. Les pères maristes avaient créé, au 104 de la rue de Vaugirard, un foyer où résidèrent de nombreux étudiants dont les parents habitaient la province.

notre pays se trouvait, sans s'en douter, menacé, comme beaucoup de pays d'Europe, par la puissance allemande. Nous avions pu voir, dans la Ruhr et dans la Forêt-Noire, des chars de combat ultramodernes traverser des villages à toute vitesse sous les acclamations des habitants et les fleurs que leur lançaient les jeunes filles. Je me rappelle également une scène qui nous avait paru fabuleuse. Elle s'était passée non loin de la frontière de l'Allemagne et du Luxembourg, au bord d'une rivière dénommée la Sûre. Sur une immense tribune, un orchestre d'une centaine d'exécutants jouait des marches militaires. Non loin de là, environ un millier de soldats, tous en maillots de bain, se trouvaient au garde-à-vous, les uns à côté des autres, sur la berge de la rivière. Les clairons entonnèrent brusquement un commandement et tous ces jeunes gens se jetèrent alors à l'eau, d'un seul élan. La discipline était impressionnante et la démonstration de force terrifiante. Nous sentions qu'il y avait là de formidables réserves d'énergie prêtes à toute espèce de débordement et nous nous demandions naïvement comment notre peuple de pacifistes et notre armée de biffins et de bétonneurs pourraient y résister. Étions-nous d'ailleurs tellement naïfs ? On dit que la vérité sort de la bouche des enfants et, en l'occurrence, on a aussi dit que notre 2e Bureau était parfaitement informé. J'ai également en mémoire cette réflexion pleine de bon sens formulée en mai 40 par le garde-champêtre de Wervicq : « Tu sais, Franchot, la ligne Maginot ne va pas arrêter les Allemands, car ils vont passer par la Hollande comme la dernière fois et on va encore trinquer. » L'état-major, cette espèce de monstre mythique auquel on se référait comme à la science, n'a tenu compte d'aucun avis. C'est une leçon que je n'ai jamais oubliée. « Se mettre à l'écoute » est un exercice très répandu de nos jours, notamment parmi les hommes politiques les plus installés. Mais tenir compte de ce qu'on écoute pour en faire une conduite est une tout autre histoire. Je crois pouvoir dire que cela a été, chez moi, une obsession de tous les instants lorsque je me suis trouvé à la tête de L'Oréal. Et l'opprobre d'une bataille perdue par mon pays y a été pour beaucoup.

Notre état-major étant ce qu'il était, j'ai été mobilisé en 1940 dans une pagaille indescriptible, et j'ai eu droit, comme tout le monde, à un uniforme dont la conception n'avait pas changé depuis la guerre de 14. Il était toujours agrémenté, si l'on peut dire, de ces fameuses bandes molletières, qu'on appelait ainsi parce qu'il fallait les enrouler autour des jambes, depuis les chevilles jusqu'aux mollets. L'opération ne réussissait pas toujours ; les bandages retombaient alors sur les chevilles après quelques pas ; de toute façon, elle prenait du temps, ce qui montre bien que le système n'avait pas été conçu pour permettre au fantassin d'être libre de ses mouvements et de réagir rapidement en cas d'alerte. Je préfère ne pas évoquer ici ce que fut ensuite, pour moi, la « drôle de guerre », pas plus que la défaite qui suivit et qui me valut, ainsi qu'à beaucoup de mes camarades, de pleurer de rage. Cette leçon, je ne l'ai jamais oubliée non plus. Je me la suis rappelée notamment à l'occasion d'un congrès de L'Oréal que j'ai présidé, bien des années plus tard, en Sarre et au cours duquel les coiffeurs de ce territoire m'avaient unanimement acclamé parce que je leur avais annoncé que nos produits étaient désormais supérieurs à ceux des fabricants allemands, de sorte qu'ensemble, nous allions pouvoir faire de très brillantes affaires. Il se trouve que nous étions en 1955 et que 95 % des Sarrois venaient de choisir, par référendum, d'être rattachés à l'Allemagne... Cela prouve suffisamment, me semble-t-il, qu'il faut être fort pour être respecté par nos cousins et encore plus pour être aimé d'eux.

Nous en étions loin en 1940. Les cousins venaient de nous infliger une cuisante défaite et, comble de l'humiliation, ils avaient saucissonné notre pays en trois zones : au Sud, une zone dite libre, administrée par le maréchal Pétain, qui s'était installé à Vichy ; au Nord, une zone interdite, ce qui voulait dire qu'elle était pratiquement annexée par l'Occupant ; au milieu, une zone occupée, dont Paris faisait partie, qui était théoriquement administrée par le gouvernement de Vichy, mais dans laquelle l'occupant faisait la loi. J'avais été fait prisonnier dans la Somme et, après quelques jours de captivité, je m'étais évadé sans gloire, car les Allemands avaient été manifestement surpris par la facilité de leurs victoires militaires et ne savaient pas encore quoi faire de tous ces prisonniers qu'ils avaient ramassés. Mon premier soin avait été de me rendre en zone libre et, pendant une bonne année, j'ai fait la navette entre la zone libre et la zone interdite où mes parents étaient restés. J'assurais le transport du courrier que des gens du Nord, réfugiés dans le Midi, désiraient faire parvenir chez eux. Je dois dire que les Allemands n'avaient pas encore acquis, dans les premiers mois de l'Occupation, une connaissance suffisante du terrain pour s'opposer efficacement au passage de la ligne de démarcation par quelques jeunes gens résolus. Mais, si la probabilité d'être pris était encore faible, les sanctions étaient redoutables : la prison, avec l'impossibilité de communiquer avec qui que ce soit. Ce manège ne pouvait avoir qu'un temps et, finalement, je me suis retrouvé à Paris, au début de l'automne 1941.

Je me suis alors rendu à la faculté de droit, mais aucun de mes maîtres n'était là. J'ignorais que René Cassin était à Londres et personne ne savait où se trouvait Capitant ; on pensait que Julliot de la Morandière rédigeait un code civil au Brésil. Pas de nouvelles non plus de Georges Ripert... Mes maîtres n'étant plus là, je me sentais orphelin. L'ambiance était d'ailleurs peu propice à la poursuite de longues études, et je pouvais d'autant moins me permettre un tel luxe que je venais de me marier. Je décidai donc de chercher un emploi.

Premiers pas dans l'industrie chez Monsavon

Devenu par nécessité lecteur des petites annonces des journaux, je remarque un jour que la Société des Savons français recherche des stagiaires. J'apprends qu'elle exploite la marque Monsavon, et qu'elle est dirigée par Eugène Schueller, dont les idées sur « le salaire proportionnel » s'étaient déjà largement répandues dans le pays. Je m'étais moi-même beaucoup intéressé à ses travaux parce que les problèmes économiques étaient, dans les années de crise qui avaient précédé la guerre, au centre de tous les débats dans les milieux industriels, notamment dans ma famille qui se réclamait de la tradition du christianisme social des industriels du nord de la France. Je peux ajouter que, comme je souffrais d'asthme, je passais alors le plus clair de mon temps dans mon lit, à lire tout ce qui m'était donné de lire sur le sujet.

Dans ce village où nous vivions, et où toutes les classes sociales se côtoyaient, il me paraissait évident, comme aux autres membres de ma famille, qu'il fallait donner à la machine économique de « l'avance à l'allumage ». Il y avait surproduction parce qu'il y avait sous-consommation. La thèse consistant à stimuler la consommation pour éviter la surproduction était celle d'un constructeur d'automobiles américain, Henry Ford, qui n'avait pas manqué de la mettre en pratique dans son entreprise. Mais lorsque je me référais à son exemple, on me rétorquait invariablement que la France n'était pas l'Amérique. Aussi ai-je vibré lorsque j'ai appris qu'un Français, Eugène Schueller, avait résolu de faire du fordisme à sa manière. Son salaire proportionnel consistait, en effet, à instaurer un lien direct entre la production et la consommation, et à le faire au niveau le plus fin de l'économie, celui de l'entreprise. À mes yeux, c'était un peu la pierre philosophale. Aujourd'hui, la mondialisation des échanges est à la mode, et les idées de Ford et Schueller passent pour être ringardes. Je crois qu'on les remettra à l'honneur à mesure qu'on s'avisera que les fameux fondamentaux de l'économie devront tenir compte de la nécessité de faire participer les salariés des entreprises à la croissance de l'économie.

En 1942, en tout cas, ces idées donnaient à des jeunes comme moi des raisons de se préparer à des temps meilleurs. L'appel du général de Gaulle circulait sous le manteau. Il avait annoncé, dès le mois de juin 1940, que la guerre allait prendre une dimension planétaire et deux événements majeurs venaient de confirmer sa vision : en juin 1941, la Wehrmacht avait envahi l'Union soviétique et, en décembre de la même année, les Japonais avaient attaqué la flotte américaine à Pearl Harbor. L'Amérique allait donc mobiliser sa formidable industrie pendant que l'armée allemande allait se perdre dans l'immense Russie, comme celle de Napoléon l'avait fait avant elle. Il y avait là, me semblait-il, des raisons suffisantes d'avoir confiance dans l'avenir.

Cependant, pour l'heure, il me fallait vivre. André Bettencourt m'avait parlé d'un entretien qu'il avait eu, quelques semaines plus tôt, avec Eugène Schueller, à l'issue d'une conférence publique de ce dernier sur le salaire proportionnel. C'est donc grâce à André Bettencourt et à « l'économie proportionnelle » que j'ai pu rencontrer mon futur employeur. Ce contact avec le patron de la Société des Savons français, qui était aussi le fondateur de L'Oréal, fut très bref. J'en garde le souvenir de cette remarque de sa part dont on comprendra qu'elle m'ait flatté : « Je suis content que vous veniez du nord de la France, car il y a deux catégories de gens qui travaillent avec acharnement dans ce pays : les hommes du Nord et les Alsaciens ! » Schueller était alsacien.

Secrétaire de secrétaire

Quelques jours plus tard, le 20 juillet 1942 exactement, je me présente rue Martre à Clichy, où Monsavon avait à la fois son usine et ses bureaux. À vrai dire, comme le montre bien une photo de l'époque retrouvée dans mes archives, Clichy, dans son ensemble, était tout à fait représentative du style misérabiliste de nos banlieues parisiennes. La rue Martre était à peu près quatre fois plus étroite qu'aujourd'hui. Aussi avons-nous éprouvé, quarante ans plus tard, une grande satisfaction à contribuer au renouveau de ce quartier en installant le siège social et les bureaux du groupe sur l'ancien site de l'usine Monsavon.

Il va de soi cependant, qu'en 1942, j'étais loin d'avoir une telle vision de l'avenir. J'avais 24 ans et, avec un salaire mensuel correspondant à la moitié du SMIC d'aujourd'hui, j'occupais les fonctions d'assistant de la secrétaire du directeur des ventes. C'était, on l'admettra, un changement radical d'orientation pour quelqu'un qui avait rêvé d'une carrière de professeur de droit.

Les bâtiments de l'usine étaient plus que vétustes et semblaient avoir été éparpillés, sans ordre ni logique, sur un véritable *no man's land* de courées débouchant sur des terrains vagues. Les bureaux étaient étouffants l'été et on y gelait l'hiver car, en ces temps de pénurie, ils n'étaient évidemment pas chauffés. Celui que l'on m'attribua, un réduit de 3 mètres de long sur 1,50 de large, était fermé d'un côté par une verrière. L'été, c'était une véritable serre. Les toits n'étant pas suffisamment étanches, l'atelier principal était régulièrement inondé à chaque pluie d'orage. Le transformateur disjonctait plusieurs fois par jour, interrompant aussitôt toute activité, et nos réserves d'eau étaient insuffisantes pour garantir la régularité de notre production. Par la suite, lorsque mes activités s'accrurent, je fus amené à demander à un maçon de m'aménager un réduit à côté de l'atelier de cartonnage. Ce local exigu, qui donnait sur une petite cour extérieure de quelques mètres carrés, couverte d'immondices et infestée de rats, devait me rendre service plus tard lorsque je dus me cacher des Allemands.

Je mentirais si je disais que j'avais perçu, dès mon entrée à Monsavon, l'importance et la valeur du métier dans lequel je m'étais engagé. Les réalités n'avaient rien d'exaltant et je dois avouer que je souffris souvent, à l'époque, dans mon amour-propre, de me trouver cantonné dans des tâches qui me paraissaient tout à fait subalternes. Pendant les premiers mois, mon travail consista, en effet, à multiplier les quantités de savonnettes vendues par leurs prix, afin de calculer le chiffre d'affaires de l'entreprise. Monsavon employait alors une trentaine de représentants. Chacun d'eux prenait une dizaine de commandes par jour. Étant donné que sur chaque commande figuraient trois ou quatre articles différents, il fallait additionner environ mille lignes de commandes pour connaître le tonnage vendu dans la journée. N'étant pas très doué pour les longues additions, je fractionnais les ordres pour les additionner ensuite par petits lots, jusqu'à l'ultime total. Naturellement, nous n'avions pas de calculatrice à l'époque et tout se faisait au crayon et à la gomme, sur de simples feuilles de papier.

Un jour que je peinais sur mes bons de commande, les fractionnant et les cumulant sempiternellement, le directeur de la comptabilité, une personne importante que je ne connaissais pas encore, entra dans mon bureau. Je dus avoir l'air particulièrement misérable lorsqu'il me demanda comment se passait mon travail, car il se saisit de son propre crayon qui ne le quittait jamais, et fit en trois minutes, sans la moindre hésitation ni erreur et sans recourir au fractionnement qui m'était coutumier, l'addition complète des bons de commande qui se trouvaient sur la table. Stupéfait, je balbutiai des remerciements. Il me regarda d'un air doux et me déclara simplement : « Vous y arriverez très vite, vous verrez... c'est une question d'habitude. » Il devait devenir, par la suite, un grand ami, mais je n'eus pas à acquérir sa virtuosité arithmétique. Fin 1943, en effet, des circonstances exceptionnelles – une grave maladie du directeur des ventes, le départ mystérieux du directeur général – me propulsèrent d'un seul coup à la tête de Monsavon dont je devins *de facto* le patron. Le temps des additions était révolu. J'avais 25 ans.

Une étincelle dans la grisaille

Il y avait dans l'entreprise deux techniciens de très grande valeur, qui jouèrent par la suite des rôles majeurs dans le développement de L'Oréal. L'un d'eux, Félix Lachampt, était un *self-made man*, mais c'était un inventeur de tempérament, qui s'était passionné pour l'étude des émulsions. Il créa, dans les années 70, plusieurs crèmes de beauté qui furent de très grands succès commerciaux. Le second, John Seemuller, était sorti major de l'École de physique et chimie de Paris et s'était spécialisé dans le génie chimique. Il fut, plus tard, vice-président chargé de la production industrielle de L'Oréal. Pour l'heure, ils étaient évidemment l'un et l'autre sous-employés et devaient se livrer parfois à des besognes dont ils ne pouvaient tirer aucune fierté. Mais cela ne les empêchait pas de penser, cela les incitait même à se dépasser. La preuve est qu'un beau jour, ils vinrent me confier qu'ils avaient en tête de réaliser le rêve de tout savonnier, c'est-à-dire la fabrication de savon en continu. Il est stupéfiant qu'une telle innovation ait pu être conçue dans cette petite entreprise qui manquait de tout, de capitaux comme d'approvisionnements en matériaux, en fournitures et en pièces les plus usuelles. Malgré ces difficultés – ou peut-être à cause d'elles – je résolus de m'attacher à la réalisation de ce projet. Nous n'avions, de toute façon, rien à perdre, mais au contraire tout à gagner. En fait, je pense que, sans cette invention réalisée avec des moyens dérisoires, L'Oréal ne serait pas devenue ce qu'elle est aujourd'hui. Initié au milieu des rigueurs de l'Occupation, dans une usine ouverte à tous les vents, le procédé de saponification en continu a nécessité, par la suite, une longue mise au point, mais il devait nous valoir, après la Libération, la considération de Procter & Gamble. Cette entreprise américaine devint pour moi, pendant un temps, un véritable modèle. Nous devions lui céder, par la suite, nos activités savonnières, ce qui nous a permis de nous concentrer sur L'Oréal.

« Chef d'hommes » par nécessité

Eugène Schueller avait l'habitude de classer ses collaborateurs en deux catégories : les « chefs d'hommes » et les « chefs de choses ».

À l'exception des deux futurs inventeurs du procédé de saponification en continu, nous n'avions, les uns et les autres, guère de prise sur « les choses ». Nous n'avions pas à déployer le moindre talent de négociateurs pour les achats, puisque nos matières premières nous étaient allouées par l'administration. En matière de productivité, aucun progrès ne pouvait être envisagé en raison de la vétusté de nos équipements et de notre incapacité, en temps de guerre, à les moderniser. Nous n'avions pas non plus à faire d'efforts pour vendre. Tout ce qui pouvait être produit trouvait automatiquement preneur, même un savon sans matières grasses, qui n'était donc pas un savon, mais – quelle déchéance pour des savonniers ! – un pain de bentonite et de kaolin, matériaux dont nous allions, sans gloire, prendre livraison dans des péniches, au port de Paris. Nous étions donc des répartiteurs plutôt que des vendeurs.

En revanche, en ces temps difficiles, la direction d'une communauté humaine de travail offrait un champ d'action quasi illimité aux « chefs d'hommes ». Je devins donc un chef d'hommes et, là encore, je peux le dire, par nécessité, en prenant, fin 1943, la direction de Monsavon. De tous les souvenirs que je garde de cette époque, les plus marquants sont, sans aucun doute, ceux qui sont liés à notre extrême dénuement et à la précarité de nos existences. Il fallait faire, depuis l'usine, deux kilomètres à pied pour rejoindre la station de métro la plus proche et, l'hiver – les hivers 42 et 43 ont été particulièrement rigoureux –, on devait patauger dans la neige ; ceux qui venaient à vélo n'étaient d'ailleurs pas mieux lotis car les pneus et les chambres à air étaient dans un état déplorable, les crevaisons fréquentes et il fallait les réparer aussitôt dans la rue, avec les mains couvertes d'engelures. Il est vrai que les vicissitudes de l'heure nous empêchaient de nous apitoyer sur notre sort. L'obsession première était la nourriture. Les obstacles de toutes sortes, ce qu'on devait appeler plus tard « la libre circulation des personnes et des biens », les ponctions faites par l'occupant sur la production du pays, tout cela engendrait une extrême pénurie. Dans les villes, on manquait de tout : de viande, de beurre, d'huile, de pain, de lait, mais aussi de charbon, d'essence et d'électricité. Certains produits, tels que le chocolat ou le café, disparaissaient de la circulation et d'autres faisaient leur apparition : les *ersatz*, de café, de beurre, de confiture, et le fameux rutabaga que l'on donne, en temps normal, au bétail et dont Sartre disait, tout philosophe qu'il était, qu'il avait honte d'avoir dû s'en accommoder à l'époque.

Primum vivere

À la cantine, on dansait devant le buffet, conformément à l'expression consacrée. Mais, comme on va le voir, la danse pouvait avoir des allures macabres. Un jour que je me trouvais attablé devant notre maigre ration habituelle, j'entendis brusquement des éclats de voix à l'autre bout de la salle. Une de nos employées, connue pour son parler rugueux, venait d'apostropher le cuisinier à peu près en ces termes : « C'est une honte, nous sommes affamés, nous pouvons crever et vous vous en foutez ! » Notre cuisinier était un homme merveilleux, qui se donnait un mal fou pour trouver de la nourriture à droite ou à gauche, mais il était comme nous tous, impuissant devant la rafle systématique organisée par l'occupant. Je le connaissais bien et je savais que cela le rendait très malheureux ; c'est pourquoi je trouvai sans difficulté les mots d'apaisement et tout me parut rentrer dans l'ordre. Ce n'était qu'une illusion. En effet, le lendemain de l'altercation, le cuisinier fit irruption dans la salle à manger, en titubant, un couteau de cuisine à la main, avec l'intention manifeste de laver l'affront qu'il avait subi la veille. Je me trouvais heureusement attablé avec trois costauds. Ils se levèrent aussitôt avec moi et, en brandissant nos chaises, nous n'eûmes aucune peine à maîtriser et désarmer notre cuisinier, lequel s'effondra alors et se mit à sangloter. Dès que je le pus, je lui demandai de me suivre dans mon bureau. Il me dit alors tout le mal qu'il avait ressenti à la suite de son humiliation : « Vous pensez, monsieur Dalle, me dire ça à moi et devant tout le monde », ajouta-t-il, avant de me confier que, ne parvenant pas à trouver le sommeil, il avait cherché à noyer son chagrin dans la boisson et ne trouvant rien d'autre à boire, avait avalé une bouteille d'alcool à brûler. « Oui, je sentais bien, en me levant, que j'étais très mal en point, mais je ne savais pas que j'allais devenir fou furieux ; c'est vraiment épouvantable. » Je le calmai comme je pus et je le fis conduire aussitôt à l'hôpital dans l'idée qu'un lavage d'estomac pourrait lui être administré. Il finit par reprendre son service, jusqu'au jour où un coup de téléphone de l'hôpital Cochin m'apprit qu'on avait ramassé la veille, dans la rue, un homme qui avait, dans sa poche, un bulletin de paye de Monsavon, qu'on l'avait conduit à l'hôpital, où il était mort dans la nuit. Je demandai son nom : c'était mon cuisinier. Célibataire, il habitait non loin de l'usine, une chambre minuscule ; il y avait laissé un mot pour moi, dans lequel il demandait pardon à tout le monde. Le directeur de l'usine et moi-même, nous suivîmes son enterrement à pied, jusqu'au cimetière ; le véhicule – une charrette rustique attelée à un cheval – s'arrêta au bord d'un terrain vague, au-delà des tombes ; le fossoyeur déposa le cercueil à même le sol et, en guise d'excuse, nous déclara : « Que voulez-vous, je ne peux rien faire d'autre, car il gèle depuis quatre jours. Il faudra attendre pour creuser la fosse. » Nous étions bouleversés.

Ce triste événement m'incita à redoubler d'efforts pour tenter d'améliorer, si peu que ce fût, l'ordinaire de notre cantine. En 1944, la situation était devenue particulièrement critique. Il me fallait absolument faire quelque chose. Nous n'avions évidemment pas les moyens de recourir au marché noir. Je savais que, dans certaines de nos campagnes, on ne manquait pas de nourriture, mais je ne savais pas à qui m'adresser, jusqu'au jour où notre comptable vint m'apporter la réponse. Petit (il ne devait guère dépasser le mètre cinquante), sec et tout en muscles, il avait des jambes d'acier, une caractéristique, on le verra, éminemment utile et qui devait être de famille car son frère avait été, avant la guerre, champion du monde de course à bicyclette derrière derny. Édouard, c'était son prénom, entretenait une forme véritablement olympique en allant régulièrement faire, à vélo, le dimanche, son ravitaillement dans des fermes de Normandie ou de Picardie. Deux cent cinquante kilomètres ne lui faisaient pas peur.

Le récit de ses exploits, qu'il me fit un jour, me donna l'idée de lui demander de se mettre en quête d'un fermier qui accepterait de nous vendre un bœuf et d'un boucher qui pourrait le débiter sur place. Quelques semaines plus tard, Édouard frappe à la porte de mon bureau : « Tenez-vous prêt à partir vendredi, j'ai ce qu'il vous faut. » Au jour dit, à 5 heures du matin, je m'embarque pour une expédition qui promettait d'être hasardeuse, en compagnie d'un chauffeur de la Société que nous appelions le gros Lemoine. Je me trouve tassé à l'avant de la vieille camionnette à gazogène de l'usine, dont nous avions rempli l'arrière, sous une bâche, d'une montagne de charbon de bois. Lorsque, après un trajet interminable, nous arrivons à destination, le bœuf venait juste d'être tué et n'avait pas encore été débité. Ce petit contretemps est aussitôt mis à profit pour déguster un repas dont nous avions perdu le souvenir. C'est donc repus que nous prenons le chemin du retour, avec 150 kilos de viande enfouis sous notre tas de charbon de bois.

Aux abords d'Orléans éclate un orage épouvantable. La route est noyée sous un déluge, qui nous contraint à rouler au pas, tant la visibilité est médiocre. Tout à coup surgit devant nous comme une espèce de fantôme, un individu coiffé d'un feutre dégoulinant d'eau et enveloppé de la tête aux pieds dans une houppelande noire, fermée par une cordelière argentée. Bras écartés, le personnage – que j'avais pris d'abord pour un officier allemand – nous somme de nous arrêter. À moins de l'écraser, nous n'avons de toute façon guère le choix : nous stoppons net. À travers la portière, dont j'ai abaissé la vitre, j'entends sa voix grave et péremptoire me déclarer tel le Commandeur : « Je dois absolument me rendre à Paris au plus vite. Je suis Bernard de Plas, président de la Fédération nationale de la publicité. » Comme je lui fais remarquer que nous manquons de place à l'avant, je lui indique l'arrière du véhicule ; il me fait aussitôt comprendre du regard et du geste qu'il entend bien que je lui cède ma place. Je m'incline et je ne suis toujours pas parvenu, cinquante ans plus tard, à comprendre pourquoi. C'est donc assis sur le tas de charbon de bois que j'effectue le reste du voyage jusqu'aux portes de Paris, où Bernard de Plas prend congé de nous avec une dignité d'empereur romain, sans un mot, avec simplement un petit salut condescendant de la main. Quant à moi, c'est noir de la tête aux pieds que je parviens à Clichy. Tel est le premier souvenir marquant que m'a laissé la publicité.

Conformément au plan que nous avions élaboré, nous arrivons à l'usine environ une heure avant le départ du personnel. Comme nous devions découper la bête en portions d'un kilo, il nous fallait faire vite car nous étions en pleine illégalité et une irruption des Allemands aurait été dramatique. Chacun y mit de la bonne volonté et de la discipline de sorte que notre opération fut un modèle d'organisation du travail que n'aurait sans doute pas renié Frederick Taylor. Bien entendu, nous n'avions pas de papier d'emballage et nous dûmes envelopper ces morceaux d'une viande de premier choix dans de vieux journaux. Mais quelle importance cela avait-il pour les gens affamés que nous étions ? Il va sans dire qu'on en redemanda et que, avec ou sans moi, on dut répéter l'opération plusieurs fois.

Réfractaires au STO

Une chape d'inquiétude pesait constamment sur nos épaules du fait de la présence, toujours menaçante, de l'occupant. Le concierge de l'usine a sans doute exprimé mieux que quiconque le sentiment de tous, le jour où des troupes allemandes ont défilé, devant l'usine, avec fifres et tambours. Le commissaire de police nous avait prévenus de l'événement. Le portail de l'usine et les fenêtres qui donnaient sur la rue avaient été soigneusement fermés et j'étais descendu sur place afin de prévenir tout incident. Le concierge, qui s'appelait Zébédé, observait la rue, à la dérobée, par une fente du portail et me tournait donc le dos. Il se tourna vers moi lorsqu'il m'entendit arriver. Il était en larmes. Je l'entendis alors chuchoter : « Pour un ancien de Verdun, c'est terrible de voir ça. »

Après les persécutions abominables et systématiques de ceux qui avaient le malheur d'appartenir à des catégories vouées à l'élimination par le régime nazi, les répressions touchaient un nombre croissant de personnes pour des motifs les plus divers. L'Allemagne ayant besoin d'une mobilisation massive de toutes ses ressources économiques et humaines, ainsi que de celles des territoires qu'elle occupait, afin de faire face aux Alliés, elle exigea l'envoi de travailleurs français dans ses usines. En février 1943, le STO (Service du travail obligatoire) avait été instauré. Il touchait tous les hommes valides nés avant 1922. Le commissaire de police se présente un jour à l'usine et me demande de lui établir la liste de tous les employés qui, au regard de la loi, devaient s'engager. Pour prévenir toute velléité de fraude de ma part, il me déclara que cette liste serait rapprochée des feuilles de salaires et dûment vérifiée. La mort dans l'âme, j'ai obtempéré. Deux ou trois jours plus tard, à la suite d'un bombardement allié sur la gare du Nord, le commissaire me téléphone : « Les Allemands sont furieux. Ils réclament que tous les jeunes du STO aillent déblayer les voies. Préparez-vous à y aller ! » Cette journée passée à travailler pour le compte de l'occupant aurait pu donner à rire dans d'autres circonstances, car nous n'avons cessé de faire et défaire notre travail avec une lenteur calculée. Pourtant, je me rendais compte que nous étions dans une impasse et que nous allions fatalement devoir partir pour l'Allemagne.

Cette perspective était pour nous effarante. Nous nous forgeâmes vite des mentalités de réfractaires. Bien sûr, il y avait d'autres réfractaires dans le pays mais, par définition même, ils n'exprimaient pas publiquement leurs sentiments. Le discours officiel – le seul qu'on entendait – engageait au contraire à la soumission. Dans ma petite usine, nous ne voyions pas les choses ainsi. J'allai donc trouver mon commissaire de police, toujours le même, et lui demandai s'il avait déjà transmis notre liste aux Allemands. Comme il répondait par la négative, je réussis à le convaincre de mettre notre liste sous le coude, en attendant une éventuelle réaction des Allemands. Il accepta d'en prendre le risque et j'en fus grandement soulagé, car cette attitude le contraignait à nous protéger jusqu'au bout, s'il ne voulait pas lui-même être broyé par la machine.

C'est ainsi que, contrairement à tant de jeunes Français, aucun de nous ne fut condamné aux travaux forcés en Allemagne.

La parenthèse se referme

Dès les premiers mois de 1944 et jusqu'à la libération de Paris, le 25 août, nous eûmes à faire face à une nouvelle menace : les bombardements alliés, auxquels nous étions d'ailleurs particulièrement exposés à Clichy en raison de la proximité de la centrale électrique de Gennevilliers, qui fournissait le courant à une bonne partie de la région parisienne et constituait, de ce fait, une cible de choix. Face au danger, nous étions extraordinairement solidaires. Ce besoin de solidarité confinait d'ailleurs parfois à l'absurde. On sait bien que, devant une menace, il vaut mieux se disperser. Contre toute raison, le personnel avait tendance à se rassembler, au moment des alertes, derrière la cuve à savon et j'ai eu toutes les peines du monde à obtenir qu'ils se dispersent derrière des piles de cartons qui me paraissaient offrir une bien meilleure protection que des cuves en acier.

À mesure que la victoire nous apparut inéluctable (même si nous ne pouvions pas en prévoir l'échéance), d'autres formes d'imprudence se manifestaient, mais c'étaient, là encore, des façons d'exprimer nos besoins de solidarité. Je me souviens de ce chimiste qui grimpait sur le toit de l'usine en agitant un drapeau tricolore, chaque fois que l'aviation alliée survolait la ville. Il y mettait tant d'ardeur provocatrice que le commissaire de police vint un jour me prévenir que nous risquions d'avoir de très gros ennuis. J'aurais sans doute pu interdire un tel comportement. Mais ce geste de bravade, pour individuel qu'il fût, symbolisait tellement les sentiments collectifs qu'il me paraissait inconvenant d'intervenir. Je décidai donc de couvrir.

Avec la Libération devait sonner l'heure des comptes. Lorsque se libère une haine trop longtemps contenue, la violence spontanée prend le caractère d'un exutoire. C'est ainsi que notre usine de Clichy faillit être le théâtre d'un dramatique règlement de comptes. Au lendemain de la Libération, je m'étais rendu très tôt sur place. Comme je m'y attendais, il y avait foule. Tout le personnel était déjà là, lui aussi, bien avant l'heure. N'était-il pas naturel qu'après avoir été solidaire dans l'épreuve, on cherchât à l'être aussi dans la liesse ? La cantine avait été envahie. Chacun s'était emparé d'un ustensile de cuisine pour le transformer en instrument de percussion. On criait, on riait, on s'embrassait, on chantait tour à tour *La Marseillaise* et *L'Internationale*. Tout à coup, au-dessus de cet incroyable vacarme, on entendit quelqu'un hurler : « Et Grégoire ? » Grégoire était russe. Il aurait pu interpréter le rôle d'un boyard dans un opéra de Moussorgsky, d'autant mieux que sa voix s'accordait à son physique. Cette voix, une splendide voix de basse, était en effet aussi grandiose que Grégoire était excessif. Excessif, Grégoire l'était en tout, et particulièrement dans ses amours et dans le soin qu'il prenait à ne laisser personne les ignorer. Comme il avait en outre accepté plusieurs fois de chanter dans des soirées devant des officiers allemands et qu'il s'en était vanté, il faillit payer très cher sa propension à jouer les matamores.

Lorsqu'on eut finalement retrouvé un Grégoire assez inconscient pour être venu ce jour-là à l'usine, une véritable folie s'empara de tout le personnel qui voulut le précipiter dans la cuve à savon. Avec le directeur de l'usine, je me précipitai sur la passerelle d'accès à la cuve. Mes activités de résistant étaient connues et me donnaient heureusement assez d'autorité pour empêcher une telle folie. Je parvins à surmonter les cris et à être écouté. Je déclarai mon intention de conduire moi-même Grégoire au commissariat, puis, sans trop donner le loisir de réfléchir à mes interlocuteurs, j'attrapai le délinquant par la manche, lui fis traverser la cantine et l'emmenai au commissariat, qui se trouvait à 100 mètres de l'usine. Chemin faisant, à la fois pour donner libre cours à ma fureur et pour apaiser celle des membres du personnel qui nous avaient suivis, j'invectivai mon Grégoire. Il était tout penaud, car il avait eu très peur. Tout en lui secouant le bras, je ne cessai de lui lancer au visage qu'il n'était, à mes yeux, qu'un imbécile. Finalement, une fois rentré avec lui dans le commissariat, je finis par lui lâcher : « Tu es un salaud doublé d'un imbécile, mais j'espère que tu vas t'en sortir, car tu as une trop belle voix et tu aimes trop chanter pour ne pas continuer à vivre ! »

J'ai su que Grégoire avait fini par s'en tirer. La parenthèse était refermée. Elle l'était pour lui, comme pour l'ensemble du personnel de Monsavon, dont moi-même. Elle l'était aussi, pensais-je, pour la France entière.

CHAPITRE II

La France est libérée

Que faire de cette liberté retrouvée ?

Le souvenir des années noires de l'Occupation mit plus de temps à s'estomper que les uns et les autres ne l'avions pensé, dans l'euphorie de la Libération. Celle-ci était survenue en plein mois d'août, période associée depuis l'enfance, dans l'esprit de chacun, aux grandes vacances. Et, en effet, la Libération fut pour nous, comme pour toutes les entreprises du pays, le début d'une période d'exceptionnelles grandes vacances. Bien entendu, le personnel avait déserté les ateliers, qui ne se remirent à produire, vaille que vaille, qu'à partir de ce qu'on n'appelait pas encore, en 1944, la rentrée.

De mon côté, j'ai dû me forcer à fréquenter l'usine pendant cette période. Ma première préoccupation, que je partageais avec de nombreux Français, était de savoir comment le pays allait s'organiser politiquement et économiquement. C'est une préoccupation que j'avais déjà à l'esprit avec tous mes amis pendant l'Occupation et l'on peut dire que parmi ceux qui faisaient effectivement de la résistance, le souci de « refaire la

France » allait généralement de pair avec l'engagement, à des titres divers, contre l'occupant. Plusieurs d'entre eux, dont Jacques Benet et André Bettencourt se réunissaient ainsi régulièrement chez moi, de même que François Mitterrand, jusqu'au moment où ce dernier, recherché par la Gestapo dut, en 1943, quitter Paris. Tous avaient cependant d'autres occupations pendant la journée, mais elles étaient très différentes des miennes. J'habitais à une heure de bicyclette de l'usine, où je devais être, tous les matins à 7 heures, de sorte que j'allais souvent me coucher en laissant mes amis poursuivre leurs discussions. La conséquence est que, après la Libération qui, pour moi, avait été, à l'usine, particulièrement fertile en événements, je me suis trouvé un peu décalé. Je me suis donc efforcé de renouer avec eux. Je me suis rendu, chaque jour, rue de Tilsitt où mon mouvement de résistance, le Mouvement national des prisonniers de guerre, s'était installé. J'y ai retrouvé François Mitterrand. Nous avions sans doute tous changé, mais il me paraissait lui-même particulièrement marqué par ses mois de « cavale ». Je sentais aussi entre nous comme une gêne, due sans doute au souvenir que je ravivais en lui de l'échec d'un grand amour dont j'avais été le confident. Il était manifestement tendu, je sentais qu'il cheminait déjà, par la pensée, dans les allées du pouvoir. Il me confia son souhait de devenir ministre des Prisonniers de guerre. De Gaulle lui préférera Frenay, mais jouer un rôle dans le gouvernement de la France restera l'obsession de Mitterrand.

Il fallut donc bien que je trouve seul des réponses aux questions qui m'agitaient : devais-je m'orienter moi aussi vers la politique, ou reprendre mes études à l'Université, ou bien continuer de diriger Monsavon ?

Aujourd'hui, comme chacun le sait en France, c'est par l'ENA qu'il faut passer pour entrer en politique. À l'époque, c'était souvent par la Résistance et, quand on n'avait pas suffisamment de titres de Résistance, on s'efforçait de faire reluire ceux dont on pouvait faire état, ou alors on cherchait à s'en procurer. Je me sentais étranger à ces jeux, d'autant plus qu'ils finissaient par donner au rôle joué par la Résistance dans la libération du pays une importance trop exclusive. On en arrivait à passer sous silence les rôles joués par les Alliés, la division Leclerc et l'armée de Lattre de Tassigny, dans la libération du pays ! Tout compte fait, l'idée de reprendre mes études m'attirait plus que celle d'entrer en politique. Mais je compris très vite que c'était une gageure. Sans doute, mon ancien maître René Cassin était-il de retour, mais comme on devait l'apprendre par la suite, il s'était concentré sur un important travail qui devait faire de lui un des pères fondateurs de la Vᵉ République. Et puis, j'avais pratiquement abandonné mes livres depuis quatre ans. Après quelques tentatives, je me convainquis que l'enthousiasme n'y était plus.

J'ai donc repris le chemin de l'entreprise. Comparée aux grandeurs qu'on nous promettait, celle-ci paraissait sans doute bien petite et ses activités bien prosaïques, mais j'y avais contracté des liens et, dès lors que des jours meilleurs nous étaient promis, il me paraissait légitime de les vivre avec ceux qui avaient été à mes côtés dans les jours sombres. Je dois ajouter que les longues crises d'asthme qui m'avaient cloué au lit pendant une partie de mes études secondaires et m'avaient affecté ensuite pendant mes années à l'université, puis dans l'armée, s'étaient espacées dès mon entrée à Monsavon, puis avaient disparu. Je me sentais redevable à Monsavon de ce miracle : j'étais guéri, j'avais de nouveau soif d'action. Je sentais en moi une surexcitation dont le rythme m'accompagna d'ailleurs pendant toute ma vie d'entrepreneur. Je me rendais compte, cependant, que les préoccupations de tous, à l'usine, débordaient du domaine de la production dans lequel nous étions confinés pendant l'Occupation. Les interrogations concernaient, au premier chef, la France. Que va-t-elle faire de sa liberté retrouvée ? J'étais évidemment incapable de répondre directement à cette question, mais il ne m'était pas difficile d'évoquer, en contrepoint, la France d'avant-guerre. Je l'ai dépeinte comme une société immobile, dont la démographie était désespérante, un pays qui souffrait d'une asthénie économique apparemment incurable, une nation sous-développée, où la terre demeurait l'une des principales sources de richesse et dont l'industrie s'appuyait, pour survivre, sur les protections douanières et les accords de cartel.

J'avais vécu « la drôle de guerre » qui m'avait laissé, comme à tant d'autres Français de mon âge, un souvenir amer. En face de l'armée allemande, nous avions été ridiculisés du fait de notre insuffisance en matériel, en chars d'assaut, en avions et surtout, du fait de notre incapacité à coordonner efficacement l'utilisation du peu de matériel moderne dont nous disposions. La France avait été ensuite dépouillée par l'ennemi, pendant les quatre années d'Occupation. Ma famille n'avait pas été épargnée. Un de mes frères avait perdu un œil, un autre, mobilisé en 1936, avait été maintenu sous les drapeaux jusqu'au commencement de la guerre ; fait prisonnier, il avait réussi à s'évader en 1943 mais sa santé s'était profondément dégradée. Enfin, un de mes beaux-frères avait été tué en 1940.

Je prends rendez-vous avec la consommation

Monsavon n'était jamais qu'une petite savonnerie qui produisait, avant la guerre, environ deux mille tonnes de savon de toilette, et un peu d'eau de lavande. Son chiffre d'affaires, évalué en francs 2000, était seulement de 60 millions. L'entreprise se trouvait libérée, mais son usine était délabrée, son matériel mis à mal par quatre années de production d'un ersatz de savon à base de kaolin.

Le tableau était donc bien sombre. Mais il y avait dans cette constatation même comme un défi à relever. Et puis, nous avions encore tous à l'esprit le spectacle de ces GI's arrivant dans notre pays avec une profusion de produits industriels dont, pour les uns, nous ignorions l'existence et dont, pour les autres, nous avions oublié l'existence. C'étaient des Jeep, des postes de radiotéléphonie, des crèmes à raser avec blaireau ou sans blaireau, des savonnettes qui produisaient une mousse abondante et parfumée, des cigarettes aux conditionnements alléchants, des boîtes de tabac pour la pipe au goût hollandais, anglais ou américain, des boîtes de chocolat au lait, du chewing-gum et des bonbons acidulés de toutes les couleurs, qui portaient des noms qui étaient pour nous des symboles de temps que nous croyions révolus : Camel, Pall Mall ou Lucky Strike Cadbury, Gillette, Palmolive ou Mennen. Et la sape ! Tous ces garçons et ces filles portaient des vêtements remarquablement bien coupés et pratiques. L'armée américaine avait au fond inventé ce que j'ai appelé plus tard « le négligé esthétique ». Quel contraste avec la lourdeur et l'inconfort des vêtements que notre intendance fournissait aux troufions !

Il est facile de comprendre qu'il y ait eu, dans le spectacle d'une telle abondance, de quoi éveiller l'envie, dans tous les milieux d'une société qui venait de connaître, pendant quatre ans, les privations de la guerre et de l'Occupation. En même temps, les quelques-uns qui, comme moi, avaient acquis une expérience de l'industrie se posaient la même question, mais cette fois en forme de défi. Pourquoi pas nous ? Pourquoi ne serions-nous pas capables, nous aussi, de produire tous ces produits à l'intention de tous ceux qui avaient, en si grand nombre, envie de les utiliser ou de les consommer ? C'est la conjonction de l'éveil de l'esprit d'entreprise et du besoin de consommer exacerbé par les années de privation qui provoqua, avec l'aide du plan Marshall, le rapide redressement des économies belge, allemande, italienne et française. Et si ce redressement fit crier au miracle, c'était parce que son levier était fait d'une matière que les économistes ignoraient encore : le refus des privations. Être mieux nourris, mieux vêtus, mieux logés, plus propres et mieux soignés, plus libres de leurs déplacements, tels étaient les buts que les hommes avaient partout en tête.

J'entendais bien être au rendez-vous de la consommation. Aller de l'avant, je ne me disais rien d'autre, sachant qu'Eugène Schueller continuerait à me faire confiance pour diriger Monsavon. Il était clair que je devais commencer par redresser et, si possible, développer cette PME.

Les espoirs de Monsavon sont dans la performance technique

C'est seulement après 1948 que nous avons pu fabriquer du vrai savon, à partir de vraies matières grasses. Entre 1945 et 1948, nous avons dû en fabriquer avec 20 %, puis 30 %, puis 40 % de matières grasses, le complément étant fait avec l'éternel kaolin. La libération du pays n'a été que le début d'un processus de normalisation de la vie quotidienne qui, on a peine à l'imaginer aujourd'hui, nous parut durer une éternité. Il fallut, en effet, attendre 1950 pour que disparaissent les tickets d'alimentation. Jusque-là, le pain que nous mangions avait une mie jaune, car il était confectionné avec un mélange de farines de blé et de maïs.

À l'usine, la vie mit aussi du temps à se normaliser. De 1945 à 1948, nous n'avons fait qu'attendre. Nous recevions, de la chambre syndicale, une allocation de matières grasses à partir d'un quota basé sur notre production d'avant-guerre. Or ce quota était dérisoire, car il était calculé, pour toutes les savonneries françaises, à partir des tonnages réalisés en 1937/38, époque à laquelle Monsavon était encore une toute jeune affaire. Ces pratiques bureaucratiques absurdes favorisaient évidemment des groupes comme Cadum qui était déjà une grande entreprise avant guerre. Elles ne faisaient qu'accroître notre handicap par rapport à des concurrents qui fabriquaient, outre des savonnettes, des dentifrices et des lessives et rayonnaient dans la plupart des pays du monde, alors que nous n'étions qu'une toute petite affaire franco-française, que l'on tenait donc pour négligeable.

Bien que théoriquement libéré, Monsavon s'est donc trouvé, en réalité, bâillonné de 1945 à 1948. Nous avons alors mis toute notre énergie dans la mise au point définitive de notre procédé de saponification en continu, dont la conception remontait aux années de l'Occupation. Pendant trois ans, nous y avons travaillé d'arrache-pied. L'invention était révolutionnaire. Alors que le procédé habituel nécessitait que l'on fasse macérer les matériaux, pendant huit jours, dans de grandes cuves, la production continue permettait de réduire l'importance des installations et des stocks. En outre, le savon produit était pur et le procédé permettait une récupération importante de la glycérine, ce qui représentait un bénéfice substantiel en raison du prix très élevé de ce produit. En revanche, on avait besoin de dispositifs de contrôles sophistiqués pour assurer la régularité des réactions chimiques. Nous eûmes beaucoup de difficultés à nous les procurer.

J'ai passé beaucoup de temps avec nos techniciens pendant la période de mise au point du procédé. Cela m'a procuré de grandes satisfactions et j'ai pu me rendre compte que, sans doute en raison d'une formation juridique qui m'avait rompu à la recherche des liens de causalité, je comprenais les problèmes de la recherche. Cette révélation fut peut-être à l'origine du souci que j'ai toujours eu de pousser notre recherche afin de conserver ou créer nos avantages compétitifs. En 1945, L'Oréal et Monsavon employaient 25 chercheurs ; quarante ans plus tard, lorsque j'ai quitté l'entreprise, L'Oréal, avec ses filiales allemandes, américaines et Synthélabo, en employait soixante-cinq fois plus.

Lesieur fut notre premier client. La mise en route de son installation fut difficile, mais le directeur de son usine était un homme aussi passionné que nous. Au bout de dix-huit mois, le procédé fonctionnait parfaitement et confirmait tous nos espoirs.

Notre deuxième client fut Unilever. La négociation me valut de me rendre à Londres pour la première fois de ma vie, ce qui montre combien était limité l'horizon d'un jeune Français pourtant issu d'une bonne famille bourgeoise. Je ne parlais pas l'anglais. C'est John Seemuller, américain par son père, qui se chargea de vanter les mérites de notre invention devant l'aréopage de techniciens qui nous attendaient et de répondre aux questions très fouillées, mais toujours courtoises qui nous furent posées. Nous vendîmes finalement à Unilever, pour une somme forfaitaire, les droits d'exploiter notre procédé dans toutes ses usines, ce qui nous permit de combler deux années de déficit d'exploitation de Monsavon. Nous eûmes d'autres contacts avec le groupe Unilever. Lachampt avait eu l'idée de réaliser un « savon acide » – c'est-à-dire l'antithèse d'un véritable savon – qui présente la caractéristique, révolutionnaire pour l'époque, de mousser en eau de mer et de convenir aux peaux réfractaires au pH alcalin. Unilever fit l'acquisition de la formule et vendit la savonnette sous la marque Dove. Je sais que la formule de Dove a été améliorée depuis, mais il est amusant de savoir que ce pain de toilette – c'est aujourd'hui l'appellation de ce type de produit – a été créé avec des moyens de fortune, dans notre petite usine de Monsavon.

Nous avons vendu notre procédé à plusieurs autres clients, y compris aux Soviétiques. Ce fut là d'ailleurs une aventure cuisante. Les techniciens russes que nous avions rencontrés pour la première fois, par l'intermédiaire de l'ambassade de l'Union soviétique à Paris, avaient été très intéressés par notre procédé en raison des économies de glycérine qu'il permettait. Après de longues négociations, nous avons été invités à visiter une usine située en Bohême dont nous devions apprendre, par la suite, qu'elle avait appartenu avant guerre à Unilever. Nous décidons de nous y rendre en voiture, John Seemuller, sa femme et moi. Nous sommes pris en charge, à la frontière, par deux voitures officielles que nous suivons en cortège, pendant six heures, sur des routes désertes, pour aboutir finalement à 10 heures du soir, devant un superbe château tout illuminé, où nous attendait un banquet. Les Russes adorent porter des toasts et c'est passablement éméchés que nous finissons par conclure nos accords avec eux. Nous avions prévu une redevance assez forte pour la première installation et un barème dégressif pour les suivantes, en raison du nombre important d'installations dont nous avaient parlé nos interlocuteurs. Un an après la livraison de notre première installation, Seemuller se rendit à la foire de Leipzig. Il eut la stupéfaction d'y voir exposé un matériel absolument identique au nôtre, en particulier un homogénéiseur, sur lequel une plaque était apposée, portant le nom d'un constructeur russe. Il constata également que toutes nos notices avaient été traduites en russe. Il va de soi que nous ne fîmes en Russie aucune autre vente de notre procédé et que je me suis toujours reproché de ne pas avoir demandé, pour la première livraison, une redevance deux ou trois fois plus importante.

Heureusement, nous avons eu d'autres clients. Le procédé de saponification en continu fut un très grand succès. Il contribua au moral des troupes et fit aussi gagner à notre petite affaire beaucoup d'argent.

La concurrence se déchaîne

L'Occupation avait apporté, à Monsavon, ainsi d'ailleurs qu'aux autres entreprises du pays, son cortège de tracasseries et de difficultés. En revanche, elle nous avait tous affranchis des rigueurs de la concurrence. Notre problème était de produire dans un état endémique de pénurie et le peu que l'on pouvait produire – Dieu sait qu'il était rarement de « qualité marchande » – trouvait automatiquement preneur. Nous ne savions pas ce qu'était vendre, nous n'étions au fond que les instruments des administrations de répartition qui ne répartissaient jamais que ce que l'Occupant leur laissait répartir, de sorte que l'offre était toujours très inférieure à la demande.

Le retour en choc n'allait pas tarder à se produire, après la Libération, avec la réapparition, sur notre marché, des grandes multinationales anglo-saxonnes : Colgate, Unilever, Procter & Gamble. À partir de 1948, nous entrâmes, de ce fait, dans le maelström d'une furieuse concurrence. Tous ces géants bénéficiaient, auprès du public, du prestige que leur valait leur appartenance aux nations qui nous avaient libérés. Ils ne manquèrent pas d'en tirer parti dans la bataille commerciale auprès des points de vente. Droguistes, parfumeurs, herboristes, pharmaciens, coiffeurs, bureaux de tabac, petits magasins d'alimentation, tous ces commerçants étaient au nombre de cent mille environ. La bataille concurrentielle consistait à les « bourrer » de produits, afin de laisser le minimum de place au concurrent suivant. Le moyen du bourrage était la remise ou la promotion. Nos géants se livrèrent alors aux surenchères les plus folles, en multipliant les remises en quantités. On commença par le « 4 pour 3 », ce qui signifiait qu'on « banderolait » les savonnettes par 4 et qu'on en facturait seulement 3 au détaillant. On alla même jusqu'au « 3 pour 2 ». Procter avait imaginé, pour Bonux, d'offrir en prime des objets promotionnels qui n'avaient rien à voir avec la lessive avec laquelle ils étaient livrés. Ce fut l'origine des « offres spéciales », qui se multiplièrent par la suite. Pendant plusieurs années, ce fut du délire. Chez Monsavon, nous dûmes consacrer, à notre tour, beaucoup de temps à imaginer des opérations promotionnelles pour contrer celles de nos concurrents. Naturellement, ces opérations provoquaient – c'était d'ailleurs le but recherché – une embellie des ventes pendant la période où elles se déroulaient, mais cette embellie était aussitôt suivie d'une période de déprime, pendant laquelle les détaillants écoulaient les stocks que nous avions réussi à placer chez eux. Il en résultait, pour l'usine, des à-coups très pénalisants, d'autant plus pénalisants que nous entendions garantir à notre personnel la stabilité de l'emploi et des horaires de travail. La combinaison du système du « yoyo promotionnel » et de notre politique sociale nous coûta très cher : nous dûmes, en effet, constituer et financer des stocks de produits finis pour absorber les à-coups. Nos concurrents furent moins pénalisés que nous, car leurs catalogues étaient plus différenciés que le nôtre. Il leur suffisait donc de lancer leurs promotions à des périodes différentes pour les lessives, les savonnettes et les dentifrices, pour parvenir à lisser la charge globale de leurs usines en transférant leur personnel d'une activité à une autre. Ils bénéficièrent aussi, plus tôt que nous, après la Libération, d'approvisionnements en corps gras de qualité.

La promo Suez

C'est un peu plus tard que se produisit un événement qui s'inscrivit dans nos mémoires, sous le nom de promo Suez. On se rappelle qu'en juillet 1956, le colonel Nasser, après avoir pris le pouvoir en Égypte, avait nationalisé le canal de Suez, ce qui avait entraîné, quelques mois plus tard, l'intervention conjointe des armées britannique, israélienne et française. Mais ce conflit, que les nations en question avaient voulu régional, comme on dit dans les chancelleries, menaça vite de s'étendre, suite aux protestations très vigoureuses de l'URSS. L'Amérique se désolidarisa de ses alliés occidentaux, le Conseil de sécurité des Nations unies fut saisi et, au bout de quelques jours, les combats cessèrent en Égypte. Mais la peur d'une conflagration générale avait créé en Europe, et en particulier en France, une atmosphère de drame. Affolés et ayant à l'esprit le souvenir des privations qu'ils connaissaient encore dix ans plus tôt, les consommateurs s'étaient rués sur les magasins pour constituer des réserves de tout ce qui pouvait se stocker sans risque de détérioration : le sucre, le café, l'huile, le chocolat, etc. et, bien entendu, les produits d'entretien et d'hygiène.

Nous étions à la fin du mois d'octobre et, comme chaque année à pareille époque, nous nous étions chargés en stock de savonnettes. Conformément à l'habitude, nous étions en train de préparer nos campagnes promotionnelles de rentrée quand survinrent les événements que je viens de rappeler. L'affolement des consommateurs eut pour conséquence de vider rapidement les magasins. Nous n'avions plus besoin de déclencher les promotions commerciales que nous avions préparées. Nous n'avions même plus besoin de nous préoccuper de livrer nous-mêmes nos clients. Soucieux d'être servis avant les autres, les grossistes nous envoyaient tous leurs camions, dès potron-minet, de sorte que des files d'attente d'une quinzaine de camions se formaient tous les matins devant l'usine, dans la rue Martre, qui était, à l'époque, très étroite. Cette période de folie ne dura que quelques jours mais, lorsqu'elle se termina, il ne restait plus une seule savonnette à l'usine. Sur le moment, nos vendeurs connurent l'euphorie d'une promotion commerciale exceptionnelle et exceptionnellement réussie, qu'ils s'empressèrent de baptiser « la promo Suez ». Mais ils déchantèrent vite en constatant que leurs clients croulaient sous les stocks, car les consommateurs, rassurés, s'étaient mis à consommer leurs propres stocks de précaution. Les commerçant gardèrent donc les leurs et cessèrent de nous passer commande. Cela dura plusieurs mois.

À la recherche de nouveaux clients

Je dois ajouter que nous avons d'autant plus souffert des conséquences de « la promo Suez » que notre force de vente n'était pas au niveau de celles de nos concurrents. Je décidai donc de concentrer nos efforts sur Paris, où notre savonnette était appréciée car, si elle moussait mal dans les eaux calcaires, elle moussait très bien dans l'eau douce du Bassin parisien. Nous avions la sympathie de nos clients de la région parisienne qui avaient gardé le souvenir des émissions du « crochet » radiophonique des années d'avant-guerre. Le gros de nos ventes se faisait chez les forains avec lesquels nous entretenions les rapports les plus chaleureux. Je connaissais bon nombre d'entre eux – Charlot, Bouboule, Mimile – que je voyais souvent. Je n'ai jamais rencontré de commerçants plus gais. Ils travaillaient dur, car ils devaient installer leurs stands très tôt le matin, au moins une heure avant l'arrivée des premiers clients. Ils avaient beaucoup de bagout ; pleins d'entrain, ils étaient toujours sur la brèche. Il y avait chez eux une véritable mystique de l'effort et ils étaient aussi d'une parfaite correction en affaires. Jamais nous n'avons eu un impayé chez les forains. Chaque année, nous organisions avec eux un grand banquet sur les bords de la Marne, auquel je n'ai jamais manqué d'assister. On mangeait et on buvait bien, on chantait en chœur, chacun y allait de son histoire.

Cependant, il nous fallait absolument développer notre chiffre d'affaires en province. Nous savions que nos savonnettes étaient mal adaptées à ces marchés, où l'eau était beaucoup plus calcaire qu'à Paris et que cela entraînait inévitablement une décote de nos produits. Nous avions donc besoin de vendeurs motivés et aguerris. Il me fallait aussi donner de ma personne. À l'époque, nous commencions à disposer d'indicateurs de richesse vive pour chacune de nos régions et c'est en me servant de ces indicateurs que j'appris le métier de chef de ventes. Cela consistait à délimiter, d'une manière à peu près équitable, les secteurs de clientèle affectés aux différents vendeurs, à programmer leurs visites, à définir leurs objectifs de vente et à contrôler leurs performances. Mais le travail le plus important se faisait sur le terrain, pour animer les vendeurs.

Je me rendais donc de ville en ville, pour soutenir le moral des troupes et les accompagner dans leurs démarches, ce qui est toujours resté, à mes yeux, le b a ba de l'animation d'une force de vente. Je savais bien que rien ne valait l'établissement de rapports de confiance entre nos vendeurs et nos clients. Il nous fallait, pour cela, des hommes de premier plan, attachés à la Maison comme à leurs clients, d'une grande sensibilité, sachant pratiquer la seule forme de politesse qui importe dans le commerce des hommes, c'est-à-dire la politesse du cœur, qui exige que l'on soit toujours attentionné, prévenant et surtout infiniment patient. Il fallait que nos vendeurs aient des profils de ce type pour parvenir à établir et maintenir des rapports de qualité avec des interlocuteurs qui étaient des artisans du commerce, à la fois acheteurs, manutentionnaires et vendeurs. Nous avions peu de contacts avec les grossistes jusqu'au moment où j'ai eu la bonne fortune de rencontrer, à Mâcon, Maurice Labruyère, qui était président de l'Association nationale des grossistes en alimentation. C'était un Bourguignon plein d'entrain, d'une grande compétence, jovial et généreux, qui me prit en amitié et m'organisa des rencontres, avec un grand nombre de grossistes, sur tout le territoire. Cela contribua beaucoup à développer nos affaires.

Petit à petit, cependant, nous avons assisté à la transformation de la distribution. Les supérettes, les supermarchés et les hypermarchés ne devant apparaître que bien plus tard, c'est par le succursalisme que se manifesta, d'abord, l'évolution. Le succursalisme consistait, pour les détaillants, à adopter une enseigne commune et à regrouper leurs achats. Il va de soi que cette concentration des achats modifia aussi le travail de nos vendeurs. Ce ne fut d'ailleurs pas toujours en bien. Les acheteurs de ces maisons à succursales multiples ne recevaient les représentants qu'une fois par semaine, à jour fixe. À Reims, où se trouvait le siège de la plupart d'entre elles, ce jour était le mercredi. Casino, dont le siège était à Saint-Étienne, avait des pratiques similaires. Comme les représentants des fabricants étaient nombreux, les files d'attente étaient longues et la journée passait souvent sans que le représentant soit reçu. C'est ce qui se produisit justement chez Casino, une semaine après l'autre, pendant deux ans et demi. Il fallut tout ce temps à notre représentant pour obtenir sa première commande dans cette enseigne ! Nous eûmes plus de chance avec les Coop qui étaient déjà, avant la guerre, de grands acteurs dans la distribution nationale. Au cours de ma première visite à cette importante organisation, son président me demanda si j'étais apparenté avec Alphonse Dalle. Après lui avoir répondu que c'était mon père, il me déclara qu'il était heureux de me rencontrer et désireux de m'aider s'il le pouvait, car il n'avait pas oublié le militantisme social de mon père qui avait été, avant guerre, avec la Coop du nord de la France, un propagandiste des allocations familiales.

Nos produits ont été aussitôt référencés dans les Coop, ce qui fut, pour nous, d'une très grande importance.

Nous créons le panel Secodip, le père de l'Audimat

Roger Berthier, un des plus grands forains de la région parisienne, avait ouvert un magasin à l'enseigne de La Maison du Savon, dont il fit la première supérette de France car il l'aménagea en libre-service. Berthier inventa aussi à la fois le discount et le prix d'appel, qui consistaient à pratiquer des rabais de 10 à 20 % sur les prix des articles dont les ventes bénéficiaient d'une forte publicité. Très rapidement les consommateurs affluèrent chez lui. Il ouvrit successivement en Normandie, dans l'Oise, en Seine-et-Marne, plusieurs magasins à la même enseigne, qui vendaient d'ailleurs de nombreux produits de consommation courante en dehors du savon et de la lessive.

Je me rappelle avoir visité, un matin, son magasin de Rouen et, l'après-midi, accompagné du représentant du secteur, quelques-uns de nos petits clients de la ville. Partout, j'entendais la même plainte : « Nous sommes révoltés car La Maison du Savon vend 20 % moins cher que nous et nos clients nous prennent pour des voleurs. » Comme ils exprimaient couramment leur dépit devant leurs clients, ces commerçants faisaient, du même coup, sans s'en rendre compte, la publicité de leur concurrent. Les consommateurs opinaient par politesse, ce qui ne les empêchait pas d'avoir retenu la bonne nouvelle. Toute la ville ne tarda pas à être au courant.

Comme il y avait de bonnes raisons de penser que le phénomène était reproductible, je me suis dit que Berthier allait vite devenir, nationalement, un débouché très important et je me suis donc inquiété de savoir ce qu'étaient ses ventes de nos produits en comparaison de celles des produits concurrents. En raison du caractère confiant de nos rapports, il accepta très volontiers de me communiquer les chiffres qui m'intéressaient. Mais il me semblait que nous devions aller plus loin encore.

Je lui fis rencontrer un de mes camarades d'université, Albert Lanceau, que je savais très doué pour les statistiques et à qui j'avais dit : « Si tu t'entends bien avec Berthier, pourquoi ne monteriez-vous pas ensemble un instrument national d'évaluations des achats, par les consommateurs, des produits de grande consommation ? » Berthier et Lanceau se réunirent à plusieurs reprises, ce qui permit de mettre au point, à partir du 1er janvier 1953, ce que l'on appela les statistiques Berthier. Ces informations furent régulièrement achetées par Unilever, Nestlé et L'Oréal. Fort de ce premier succès, Lanceau, toujours de connivence avec Berthier, eut alors l'idée d'analyser directement les consommations des Français en les interrogeant à leur domicile. Il recruta un échantillon de 80 « panélistes » et, après avoir démontré, à cette échelle, l'intérêt de la manœuvre, il porta l'échantillon à 650 personnes et créa ainsi les Statistiques françaises de consommation plus connues, à l'époque, sous le nom de panel Stafco.

Stafco devint par la suite Secodip et constitua un instrument d'analyse de la consommation qui se révéla d'une très grande utilité pour l'industrie française. Le réseau de panélistes de Secodip fut aussi, par la suite, celui de l'Audimat. L'Oréal fut le principal actionnaire de Secodip. En raison du caractère stratégique des informations que cette entreprise détenait, j'ai toujours résisté à la tentation qu'elle soit vendue à son concurrent américain, Nielsen. Finalement, notre participation a été cédée, en 1995, à la Sofres et j'ai profondément regretté, qu'à cette occasion, Albert Lanceau n'ait pas reçu la rétribution qu'il méritait. Pour ma part, je n'aurais certainement pas oublié qu'il avait été le créateur et l'âme de Secodip et qu'il avait eu à s'imposer à des concurrents agressifs et d'une dimension mondiale, comme Nielsen. Mais c'est bien là la France : les gestionnaires l'emportent trop souvent sur les entrepreneurs.

De grandes opérations publicitaires au service de Monsavon

Il fallait, pour vendre nos savonnettes, inciter les Français à se laver plus souvent. Connaissant le succès qu'avait rencontré une émission de Radio-Cité qui avait permis à Monsavon, avant guerre, de prendre place sur le marché parisien, je cherchais le moyen de faire de la publicité à grande échelle. L'idée me vint naturellement de faire des opérations à la fois pour les savonnettes et pour les parfums. C'est alors que l'on me présenta Louis Merlin, qui avait conçu un projet extraordinaire. Ce fut une grande aventure, dont François Clauteaux, qui la vécut à mes côtés, rendit compte avec talent.

La Radio nationale était pauvre, mais elle se voulait une radio indépendante des « puissances de l'argent », donc une radio sans publicité. Elle représentait néanmoins une grande puissance, car elle avait le monopole des émissions radiophoniques en France. De son côté, le grand duché du Luxembourg disposait d'une importante antenne qui, émettant en grandes ondes, pouvait couvrir une part notable du territoire français. Mais, pour lancer Radio-Luxembourg, il fallait une audience et des programmes. L'idée de Merlin – « On Chante dans mon Quartier » – répondait à ces deux exigences.

C'était une idée d'une grande simplicité : on choisit une chanson, un succès du moment et, autour d'elle, on bâtit un programme d'un quart d'heure qui sera diffusé, chaque jour à midi et demie, heure de très grande écoute à l'époque ; l'enregistrement se fait en public, en pleine rue, au centre-ville. Les animateurs que choisit Merlin s'appelaient Saint-Granier (dit le Marquis), Georges Gosset (le troubadour), François Chatelard (le baladin), l'accordéoniste Louis Ferrari (dit Bouclettes parce qu'il était chauve.) Trois amateurs venaient chanter, devant le micro, le refrain de la chanson du jour et le public, en brandissant le pouce baissé ou levé, décidait de les éliminer ou les garder pour une finale mensuelle. Apparaissait ensuite « la vedette du jour », créatrice de la chanson, et le public reprenait en chœur le refrain. Les plus grandes vedettes de l'époque vinrent sur le plateau, et presque gratuitement : les Compagnons de la Chanson, André Dassary, Tino Rossi, Édith Piaf, et bien d'autres...

La première émission avait eu lieu le 26 mai 1947 sur la place de la Mairie de Clichy, devant quelques centaines de badauds étonnés. Mais bientôt les foules accoururent. Des foules énormes, gigantesques : 30 000 personnes à Calais, 20 000 à Pont-à-Mousson, 50 000 à Bruxelles. Il y avait parfois plus de monde qu'il n'y avait d'habitants dans la ville, au point qu'une bande de cambrioleurs, ayant remarqué que les maisons se vidaient, suivaient la tournée avec profit. Ils furent arrêtés mais l'aventure donna l'idée à des producteurs de réaliser un film sur ce thème inhabituel.

L'émission était entrée dans la vie de millions de Français. Très vite, on ne l'appela plus « On chante dans mon quartier ». On l'appela « Ploum Ploum », en référence à son indicatif musical :

Ploum Ploum, Tra La La...
Voilà c' qu'on chante, voilà c' qu'on chante.
Ploum Ploum Tra La La...
Voilà c' qu'on chante chez moi...

Partout en France on chantait « Ploum Ploum ». C'était sans doute déjà bien, mais je ne me satisfaisais pas du fait que Monsavon était simplement cité comme ayant patronné l'émission. Pourquoi la France ne chanterait-elle pas aussi la gloire de nos autres produits ? Saint-Granier eut alors l'idée de ce refrain :

Et hop, parfums Monsavon, parfums de bon ton
Doux parfums de France

Pour s'assurer que les foules le reprendraient bien en chœur, Georges Gosset n'hésitait pas à le faire répéter plusieurs fois avant l'émission.

On imagina ensuite de proclamer chaque jour « la plus chic fille du quartier » et « la plus chic fille du mois », puis celle de l'année. La popularité de l'émission et donc celle de Monsavon étaient telles que le nom de Monsavon était devenu un passeport. Nos collaborateurs qui franchissaient les frontières de l'Hexagone étaient accueillis comme des personnalités par les douaniers qui n'examinaient même pas leurs bagages.

Les foules chantent Monsavon, mais elles achètent Cadum

J'avais une trentaine d'années et, fort de nos succès publicitaires, je pensais que nous étions armés pour lutter efficacement contre la concurrence. En réalité, nous n'étions armés que pour les parfums, car le marché de l'hygiène était toujours bloqué et notre part de marché plutôt en baisse. Toute la France chantait Monsavon, mais elle achetait Cadum.

Je pris vite conscience que notre savonnette n'avait pas la qualité des concurrents. Elle ne moussait pas à l'eau froide, ni à l'eau calcaire. Or, dans les foyers, l'eau chaude était rare et, dans la plupart des régions, l'eau était calcaire : notre savonnette se fendillait et se craquelait. Ces défauts n'apparaissaient sans doute pas immédiatement, mais quand on s'adresse à des millions de consommateurs, le moindre manque de qualité est redoutable. C'est une chose qui est d'ailleurs rarement comprise : elle ne l'était pas encore, par exemple, en 1968, quand on entendait dire un peu partout que les produits de grande consommation se valaient tous. Mais c'est un fait d'expérience : la plus petite différence de qualité finit toujours par être perçue par le consommateur.

La bataille de la qualité de Monsavon fut très rude et il nous fallut des années pour arriver au niveau de nos concurrents. Il faut dire que les savonniers américains avaient reçu, de leurs maisons mères, des matériels performants bien avant que nous n'en recevions, à notre tour, au titre du plan Marshall. En outre, nous avions plus de difficultés qu'eux à obtenir les matières premières qui nous convenaient parce que notre capacité d'achat sur les marchés africains était très inférieure. Nous étions donc tributaires du commerce international et de l'évolution des cours du coprah, de l'huile de palme, du suif, des résines, etc.

Pour qu'un fabricant reconnaisse que sa qualité est inférieure, il lui faut aussi beaucoup d'humilité. J'avais eu l'occasion de rencontrer le président de Cadum au moment où Procter & Gamble lançait sa savonnette. Je lui avais déclaré mon admiration pour Camay, dont la qualité me paraissait très supérieure à celle de Monsavon et peut-être même supérieure à celle de Cadum. Mon interlocuteur ne voulut pas me croire, ce qui n'empêcha pas Camay de prendre rapidement place sur le marché. Fabriquer un bon savon est difficile. En chimie, lorsqu'on fabrique des produits dont les spécifications sont très précises, on peut obtenir une qualité stable et le faire dans tous les pays où l'on produit. Partout, la chimie est la chimie. Mais pour fabriquer un savon, il faut être aussi un bon cuisinier, et pour être un bon cuisinier, il faut avoir de l'expérience.

C'est seulement à partir de 1956 que nous avons atteint le niveau de qualité de nos concurrents. En attendant, il nous avait fallu vivre. Nous y sommes parvenus grâce à la réussite commerciale de nouveaux produits.

À la recherche de nouveaux produits

Il y avait quelque chose de débilitant dans le fait que les profits résultant de la vente du procédé de saponification en continu servaient à éponger les pertes que Monsavon enregistrait dans son exploitation. Depuis 1948, nous n'avions plus l'excuse du contingentement des matières premières. Les freins étaient donc ailleurs. Ils étaient dans la mauvaise hygiène des Français.

Les Allemands, les Hollandais et les Anglais consommaient cinq fois plus de savons de toilette que les Français, qui se lavaient avec du savon de ménage. Les dermatologues les y encourageaient d'ailleurs, car ils proclamaient que le savon de ménage était bon pour la peau et que le savon de toilette provoquait des allergies. On pouvait aussi se demander si les Français ne se lavaient pas moins que les autres tout simplement parce qu'ils ne pouvaient pas faire autrement. On estimait, en effet, que 80 % des logements étaient dépourvus de salles d'eau... Dans les pays de l'Europe du Nord, on raillait couramment l'habitude qu'avaient les Français de s'asperger de « sent bon » plutôt que de se laver. Et en effet le marché de l'eau de Cologne était, en France, très développé. Cela m'a d'ailleurs donné l'idée d'adjoindre à l'Eau de Lavande, que Monsavon commercialisait depuis toujours, une gamme de parfums que je décidai d'appeler Les Parfums Monsavon. Parfum à l'œillet, parfum à la lavande, parfum de Cologne, chacun d'eux avait une présentation fruste en regard des parfums de couturiers, mais elle était sympathique.

J'avais eu droit, cependant, aux sarcasmes de mon entourage, et aux critiques des secrétaires de direction de L'Oréal qui trouvaient sans doute que mes initiatives de banlieusard s'accordaient mal avec le prestige de la rue Royale où se trouvaient leurs bureaux. Je résolus un jour, par jeu, de les confondre. Je fis mettre, dans des flacons de parfums Monsavon quelques-uns des parfums de couturiers qui faisaient la gloire de la parfumerie française et je les ai présentés comme des variantes améliorées de nos petits parfums. Rares furent les personnes qui se doutèrent de la supercherie. La plupart confirmèrent leurs critiques initiales. Le No 5 de Chanel n'y échappa même pas. Cela m'amusa beaucoup et je résolus d'aller de l'avant avec les « petits parfums ».

Les produits furent tout de suite bien accueillis par la distribution, mais leur réussite commerciale nous obligea à agrandir l'usine car nous étions coincés dans des locaux trop exigus.

Nous sommes obligés d'agrandir l'usine

Un mur séparait notre usine d'un joli jardin qui, au printemps, était un vrai bouquet d'arbres en fleurs. Il m'avait paru naturel de chercher à acheter ce terrain en raison de sa proximité. Le directeur de l'usine m'avait appris qu'il appartenait à une certaine Mme Bénard, « une femme très gentille, avait-il ajouté, qui avait été premier prix du Conservatoire de piano ». Elle avait alors 72 ans et vivait dans le souvenir de son mari, disparu cinq ans plus tôt et je compris que, pour des raisons sentimentales, elle n'était certainement pas désireuse de céder son terrain.

Je résolus néanmoins de la rencontrer pour lui annoncer mes intentions, sur quoi elle me fit part, très gentiment, de son désir de réfléchir. Je lui rendis par la suite plusieurs visites, sans jamais revenir sur la question. Nous parlions de ses fleurs et elle évoquait son passé de pianiste. Il lui arrivait de se mettre au piano et d'interpréter, pour moi, la *8e Polonaise* de Chopin, car je lui avais confié que je l'aimais beaucoup. Et puis, un soir, elle demanda à me voir et me tint le langage suivant : « Je suis d'accord pour vous vendre mon terrain, vous pourrez agrandir votre usine jusqu'au cerisier auquel je tiens et qu'en aucun cas on ne pourra abattre, mais je ne veux pas d'argent ; je veux être payée en nature. » Et comme je lui demandais ce qu'elle entendait par là, elle me répondit : « Je veux que vous payiez toute ma nourriture et mes impôts fonciers jusqu'à ma mort ; je veux une femme de ménage, l'argent ne me sert à rien. Si vous m'aidez, cela m'évitera de faire des courses et je serai sûre d'avoir quelqu'un pour entretenir ma maison. » Et elle ajouta : « Vous savez, maintenant je ne peux plus jouer, j'ai des rhumatismes dans les doigts. Je vous donne mon piano, ou bien si vous avez, dans votre personnel, quelqu'un qui joue du piano, qu'il vienne jouer chez moi, et quand je mourrai, je lui laisserai mon piano. »

Bien entendu, nous n'avions aucune difficulté à satisfaire ses exigences matérielles, au demeurant bien modestes et pour la bonne règle, il fallut bien établir un papier pour concrétiser nos accords. La petite cérémonie de signature fut très émouvante. Mme Bénard me prit dans ses bras et me déclara : « Je vous aime bien, je suis simplement triste que vous n'ayez pas pris mon piano. » Elle avait les larmes aux yeux.

Le lendemain matin, je fus accueilli par le directeur de l'usine qui me montra un visage consterné. « Savez-vous ce qui est arrivé cette nuit », me dit-il ? En moi-même, j'imaginais un incendie ou un grave incident de machine. Il enchaîna : « Mme Bénard est décédée. » Ce fut un choc. Je dus prendre sur moi pour assister aux obsèques. J'avais en effet le sentiment d'avoir commis un acte répréhensible. Je me dis qu'au moins il fallait respecter ce cerisier auquel elle tenait tant. Un de nos cadres habitait à Valmondois, dans les environs de Paris, où il possédait un jardin. Je fis venir un spécialiste, qui nous donna l'assurance que la transplantation était possible et qu'il pouvait s'en charger. Malheureusement, malgré toutes les précautions qui furent prises, la transplantation ne réussit pas. L'année suivante, le cerisier était mort. Nous en fûmes tous, à l'usine, très affectés.

CHAPITRE III

À L'Oréal aux côtés d'Eugène Schueller

Eugène Schueller m'appelle à L'Oréal

Un beau dimanche de l'année 1948, Eugène Schueller m'avait prié de venir le voir dans sa maison de Franconville et informé qu'à partir du lendemain, je devrais m'occuper aussi de L'Oréal. Ses propos avaient été lapidaires : « Vous assumez la direction de Monsavon et je souhaite que vous continuiez à le faire prospérer, mais il faut aussi que vous vous intégriez à L'Oréal. » Comment ? Il ne m'en avait rien dit. J'avais simplement compris qu'il avait décidé de me mettre quelque part à côté de lui et qu'il s'agissait d'une grande marque de confiance.

J'étais flatté, cela va sans dire, mais en même temps terriblement embarrassé, car j'ignorais tout du monde des coiffeurs et j'ignorais tout de ce que L'Oréal y vendait. Je me rappelais vaguement que, bien des années plus tôt, alors que je venais d'entrer chez Monsavon, j'avais rencontré, par hasard, un cadre de L'Oréal qui habitait dans mon quartier. Il avait cherché à m'expliquer, avec force détails, ce qu'était une teinture pour cheveux mais, je l'avoue, je n'avais pas retenu grand-chose de ses propos. D'ailleurs, je ne m'étais jamais arrêté à cette simple constatation que les femmes, en vieillissant, avaient des cheveux blancs et encore moins à l'idée que l'on pouvait teindre ces cheveux blancs et, si je l'avais fait, j'aurais sans doute trouvé curieux, voire choquant, que l'on désirât modifier l'ordre naturel des choses. J'étais issu d'un milieu où il était mal vu qu'une femme se maquille. Je me souviens qu'une de mes cousines avait dû quitter la table familiale lorsque son père s'était aperçu, horrifié, qu'elle avait du rouge aux lèvres. Et pourtant, elle en avait bien peu, selon les critères d'aujourd'hui...

C'est dire combien la proposition d'Eugène Schueller me rendait perplexe. Parler d'une proposition est d'ailleurs un euphémisme, car il s'agissait bel et bien, je le sentais, d'une injonction. Et cela ajoutait à mes préoccupations, car, au fond, je connaissais mal Eugène Schueller. Il m'avait délégué la responsabilité à peu près totale de Monsavon, de sorte que je le voyais rarement, et presque jamais pour des confrontations. Il me faisait pleinement confiance. Cela tenait peut-être au fait que Monsavon était une affaire qu'il n'avait pas créée lui-même, alors que L'Oréal était réellement son enfant. Cette idée ne pouvait qu'ajouter à mon embarras.

Le premier problème qui se posa fut de me trouver un bureau. Ce n'était d'ailleurs pas qu'un problème d'ordre pratique. Eugène Schueller avait bien compris qu'il me serait difficile de me faire accepter par son entourage. Aussi décida-t-il que je partagerais le bureau d'un administrateur de la Société, personnage très important, le numéro deux dans l'ordre des préséances, mais qui était très souvent absent. Je dus aussi organiser mes journées de travail. Comme je ne pouvais pas abandonner Monsavon, j'y passais mes matinées, à l'exception d'une matinée par semaine que je consacrais à l'usine de L'Oréal. Tous les après-midi, je les passais au siège de L'Oréal. Très vite cependant, je dus me mettre au rythme d'Eugène Schueller. Celui-ci m'avait dit : « Personne ne vous donnera d'ordres, mais vous ne pourrez donner d'ordres à personne » et il avait ajouté : « Il vous faudra être partout, tout voir et tout connaître, accepter de vivre dans le tourbillon Schueller. » Il était donc clair qu'il entendait faire de moi son double, que je devais me concerter avec lui sur tous les problèmes qu'il soulevait lui-même chaque jour et me plier, par conséquent, à sa méthode de travail. Or, c'était une méthode tout à fait particulière.

Eugène Schueller dormait très peu. Dans sa thébaïde, une grande maison bourgeoise située dans la région parisienne, au milieu d'un immense parc, il se levait chaque jour très tôt, se mettait en robe de chambre et, pendant deux heures, de 4 heures à 6 heures du matin, il examinait toutes les notes qui lui avaient été adressées la veille par ses collaborateurs et y répondait, de sa main, en exprimant un point de vue ou en donnant des instructions. Ensuite, accompagné d'un professeur de gymnastique, il faisait une promenade d'une heure, avant de prendre son petit déjeuner en lisant les journaux. Certains attribuaient ce besoin de communiquer par l'écrit plutôt que par le verbe, au fait qu'Eugène Schueller était atteint de surdité. Il était, en fait, très exigeant pour lui-même comme pour son entourage. *Verba volant scripta manent*, seule la chose écrite était, à ses yeux, l'expression d'une pensée réfléchie. Pour sa part, il n'en finissait pas de réfléchir. De 9 heures du matin jusqu'à midi, il dictait des notes à sa secrétaire. C'était une femme tout à fait étonnante, qui prenait la sténo à une vitesse stupéfiante. Eugène Schueller était d'ailleurs très fier de sa collaboratrice, dont les qualités professionnelles lui permettaient de fonctionner, à son tour, comme il aimait à le dire, « à la vitesse d'un cheval au galop ».

Il fallut m'adapter à ce rythme de travail dont je ne cacherai pas qu'il me parut, au début, proprement infernal. Je dus, à mon tour, consacrer deux heures, dès 6 heures du matin, à la lecture des notes manuscrites et du courrier qu'Eugène Schueller avait dicté la veille à sa secrétaire. Je prenais mon petit déjeuner vers 8 heures, et comme j'habitais non loin de Bagatelle, je pris l'habitude de faire ensuite le tour de ce parc magnifique. Je le faisais généralement d'un pas alerte, et je me rappelle que l'hiver, je n'y rencontrais jamais qu'un homme, toujours le même, dont le parcours se faisait en sens inverse du mien. Toujours emmitouflé dans un vieux pardessus, il ne donnait pas l'impression d'être très heureux. Alors que, pour moi, cette promenade était toujours un plaisir, car je sentais qu'elle contribuait à ma santé, elle paraissait être pour lui une contrainte. J'eus souvent le désir de l'aborder. Qui était-il pour faire cette promenade en solitaire ? Il devait se dire la même chose de moi. Je regrette encore aujourd'hui de ne pas avoir élucidé cette énigme. De retour chez moi, je retrouvais ma secrétaire et lui dictais mes réponses aux notes d'Eugène Schueller, ainsi que le reste de mon courrier. Je me rendais ensuite à Clichy, chez Monsavon, avant de rejoindre L'Oréal, à Paris, dans l'après-midi. J'y restais jusqu'à 21 heures, au moment où Eugène Schueller quittait lui-même son bureau.

Il lui arrivait souvent de m'appeler au téléphone, tôt le matin. Au début, il soliloquait avant de me communiquer ses instructions sur un ton plutôt comminatoire. Mais, au bout de quelques mois, considérant sans doute que j'en savais assez sur L'Oréal, il prit l'habitude de m'écouter et de tenir avec moi des conversations téléphoniques qui duraient parfois très longtemps. Dès lors, il n'utilisa plus le ton des rapports de subordination. Nos relations prirent progressivement le caractère de relations de maître à disciple. Sans jamais me donner d'ordres, Eugène Schueller exerçait sur moi une grande pression, dans le but de me faire juger les hommes et les choses à sa manière.

D'autres personnes faisaient cependant partie de la direction générale de L'Oréal. La plupart avaient côtoyé Eugène Schueller depuis bien plus longtemps que moi. En outre, comme il avait, jusqu'en 1948, consacré beaucoup de temps à exposer dans des conférences publiques, ses théories du salaire proportionnel, puis de l'économie proportionnelle et enfin de l'impôt sur l'énergie, les personnes de son entourage historique s'étaient trouvées plus ou moins livrées à elles-mêmes. Aucun des caciques ne s'intéressait véritablement à la politique de produits de l'entreprise. En revanche, ils donnaient tous, chacun à sa manière, libre cours à des marottes. Le comptable s'était fait une réputation de grand bon sens et tenait la trésorerie sur un petit carnet. Très rapidement, je dus me rendre compte qu'il faisait souvent de très grossières erreurs. L'homme de la finance, dont je partageais le bureau, était un homme d'une très grande intelligence, qui avait un jugement très sûr. Mais il ne voulait en aucun cas s'immiscer dans les problèmes opérationnels. Ceux-ci étaient pris en charge par un cadre supérieur qui déployait, dans son travail, une énergie de tous les instants, mais qui se laissait parfois égarer par son dynamisme. Tous les soirs, il faisait un compte rendu détaillé de ses activités à Eugène Schueller, lequel prenait un malin plaisir à lui demander son avis sur tel ou tel sujet, puis à fixer sur lui son œil bleu, et à lui faire exprimer parfois une opinion différente de celle qu'il avait eue au début de l'entretien.

Je mis à peu près dix-huit mois à vaincre la résistance de ce milieu. À vrai dire, il ne m'était pas franchement hostile, car mon arrivée inopinée ne manqua pas d'être interprétée comme une marque particulière de confiance de la part d'une personne à l'égard de laquelle tous éprouvaient un respect qui confinait à la dévotion. Il faut dire que, vis-à-vis de ces personnages historiques, je me suis constamment efforcé, de mon côté, de faire preuve de beaucoup de souplesse, de tact et je dirai même d'humilité. Quoi qu'il en soit, ils finirent par s'accommoder des connivences qui s'étaient très vite établies entre Eugène Schueller et moi-même. Ils apprirent d'ailleurs que ce dernier avait mis à ma disposition, pour mes vacances, la magnifique propriété qu'il possédait en Bretagne au bord de la mer, à la pointe de l'Arcouest, sans se douter, pas plus que moi, que le cadeau s'était révélé un peu empoisonné. Les choses s'étaient passées comme elles se passaient toujours entre Eugène Schueller et moi. Un beau jour du printemps 1950, il me prend à part à la sortie d'une réunion de travail : « Dalle, vous êtes surmené, vous avez besoin de repos ; allez donc passer huit jours avec votre famille dans ma propriété de l'Arcouest, vous y serez merveilleusement bien, dans un air vivifiant. » Inutile de dire que je m'empressai d'accepter. J'avais effectivement besoin de changer d'air, j'étais assez impécunieux et la proposition m'agréait tout à fait. Je découvris malheureusement la

Bretagne sous des cieux qui n'avaient rien de clément : il plut sans arrêt pendant tout le séjour, de sorte que, l'année suivante, lorsqu'Eugène Schueller renouvela son invitation, et cette fois pour quinze jours, je dus accepter d'y aller seul. Ce fut encore un été particulièrement pluvieux. Au bout de deux jours, je commençais à m'ennuyer ferme et à penser au courrier qui s'accumulait à Paris et auquel je devrais répondre à mon retour. Comme il m'était impossible de faire à Eugène Schueller l'affront de quitter l'Arcouest, je pris la décision de faire venir ma secrétaire et de reprendre là-bas mes habitudes parisiennes de travail. Je me suis toujours demandé si Eugène Schueller n'éprouvait pas secrètement le désir de me voir organiser, de cette façon qu'il avait adoptée pour lui-même, les séjours de vacances qu'il m'avait offerts dans sa propriété.

Féal et courtois

Il reste que, pendant les sept années qui s'écoulèrent jusqu'à sa mort, brusquement survenue en 1957, j'ai vécu avec lui dans une atmosphère de collaboration et de concertation quotidiennes. La qualité de nos rapports fut constamment entretenue par la sollicitude qu'il me manifestait et par le profond respect que j'éprouvais pour sa personne. J'avais pu constater, en effet, que s'il n'hésitait pas à provoquer des conflits parmi ses collaborateurs, c'était toujours pour les stimuler et les inciter à se dépasser. Il savait apaiser les tensions lorsqu'il sentait qu'elles risquaient de blesser les uns ou les autres, ou de desservir la Maison. De notre côté, nous avions tous fait nôtre son souci de servir en toute occasion L'Oréal, et nous nous efforcions de ne jamais laisser aller jusqu'à lui l'écho de nos inévitables chamailleries, car nous savions bien qu'il en aurait été profondément affecté.

Les hommes furent d'ailleurs très vite le sujet principal de mes conversations avec lui. Il m'invitait à lui communiquer, à peu près chaque semaine, mon jugement sur nos principaux collaborateurs. Sur ce sujet, comme sur bien d'autres, il arrivait bien entendu que nous nous opposions. Pour ma part, j'étais enclin à former, avec soin, les nouveaux venus, en confiant leur tutorat à des anciens. Eugène Schueller était plutôt partisan de placer les jeunes stagiaires sous notre surveillance directe. Il exigeait alors d'eux des rapports écrits très fréquents, rapports qui, bien entendu, rejoignaient le flux des notes sur lesquelles nous devions quotidiennement réagir. La méthode permettait de se faire très vite une idée des qualités du nouveau collaborateur et notamment de son esprit critique, mais elle avait aussi pour effet de provoquer des conflits avec les responsables des services sur lesquels se trouvait attirée, de façon intempestive, l'attention du patron. Toujours dans le souci de faire progresser les choses, ce dernier ne manquait pas une occasion de souligner les faiblesses constatées. Il y mettait tant d'insistance qu'il donnait parfois l'impression de tyranniser son monde. En réalité, ce n'était jamais là qu'une manifestation de son désir constant d'élever ses collaborateurs. Dès qu'il sentait que les limites de résistance pouvaient être atteintes, il calmait le jeu d'un de ces sourires désarmants dont il avait le secret. Jamais je ne l'ai entendu menacer un collaborateur de le mettre à la porte. Il assumait. C'est une leçon que je n'ai jamais oubliée.

En réalité, si Eugène Schueller donnait parfois le sentiment d'être tyrannique, c'est parce qu'il l'était d'abord avec lui-même. Il était très tourmenté. Sa maxime était : « Faire, défaire pour mieux faire. » Je crois qu'elle résumait parfaitement sa philosophie de l'entreprise. Mais il accepta très vite que je le prenne moi-même au mot et que je fasse mienne cette maxime, ce qui fit que je pus à mon tour m'opposer à lui sur ce qu'il convenait de faire ou de défaire. Ce parti fut à la base de toutes nos confrontations. Celles-ci se dénouaient d'ailleurs le plus souvent à l'avantage d'Eugène Schueller. Il m'apprit à me défier de ma propension aux décisions hâtives. Je voulais toujours faire ou défaire sans attendre, ce qui ne manquait pas de provoquer ses réactions : « Dalle tout, tout, tout de suite », me lançait-il alors en riant.

Il arrivait aussi que nos confrontations résultent de divergences plus fondamentales. Il en fut ainsi pour nos produits, dont certains me semblaient avoir vieilli. J'éprouvai beaucoup de difficultés à faire comprendre à Eugène Schueller la nécessité de prendre des initiatives rapides à leur sujet. J'avais l'impression de le violenter. C'est qu'il avait découvert les charmes de la publicité – il s'était d'ailleurs très vite affirmé à mes yeux comme un véritable génie de la publicité – et il était convaincu que la publicité permettait de pousser l'aventure d'un produit jusqu'à son paroxysme. J'avais plutôt tendance à penser, de mon côté – et je n'ai d'ailleurs pas changé – que la publicité ne pouvait pas tout résoudre et qu'il fallait souvent investir dans la recherche de nouveaux produits plutôt que dans la publicité sur les produits anciens. Nous finîmes cependant par convenir qu'au lieu d'opposer nos conceptions, nous devions chercher à les faire coexister pour le plus grand bien de L'Oréal. Après m'avoir appris à juger les hommes, à être plus clairvoyant et plus patient quand il fallait l'être, Eugène Schueller accepta très vite que je puisse apporter à l'entreprise, parfois en opposition avec lui, mon désir de parcourir, à ma manière, les chemins du « grand L'Oréal ». C'est aussi en cela qu'il fut, à mes yeux, un homme d'exception.

Je découvre le métier de la coiffure

Ce que nous appelons à L'Oréal « la coiffure » était un monde nouveau pour moi. Un monde, en effet, avec ses habitudes, ses rites, sa culture en somme, qui m'apparut, d'entrée de jeu, très différent de celui auquel j'étais habitué. Monsavon m'avait cependant enseigné une leçon qui me fut très précieuse pour aborder intelligemment L'Oréal : ne pas trop se fier aux confidences et aux opinions des gens du siège social, ne pas s'attarder non plus à regarder les chiffres comptables et les « statistiques » ; aller sur place, aller « sur le terrain » comme disent si volontiers ceux qui n'y vont jamais.

Ma première impression fut une impression de très grande complexité. Les clients de Monsavon étaient sans doute très différents les uns des autres mais, en règle générale, ce n'étaient jamais que des revendeurs : j'entends par là qu'ils ajoutaient peu de valeur aux produits qu'ils nous achetaient et achetaient à nos concurrents pour les revendre à leurs propres clients, ce qui explique d'ailleurs que ce type de commerce se soit, par la suite, transformé en libre-service. Rien de pareil avec le coiffeur. Celui-ci achète des produits professionnels pour les appliquer sur la chevelure de ses clientes selon un processus long et compliqué, de sorte que la valeur des produits ne représente qu'une fraction de celle du service finalement rendu par le coiffeur. Cela vaut d'ailleurs à ce dernier d'être parfois considéré comme étant cher. Mais c'est là un préjugé sans fondement : le coiffeur est en effet un artisan, dont le processus de production ne saurait être assimilé à un processus industriel ni bénéficier, par conséquent, des mêmes progrès de productivité que ceux dont bénéficient les produits qu'il utilise. Le coiffeur est un technicien qui exerce son art, non pas sur un morceau de métal inerte, mais sur une matière vivante symbole, de surcroît, de la beauté féminine.

On comprend du même coup que le métier de coiffeur soit un métier à risque. Coiffer des cheveux courts, longs ou mi-longs, fins ou épais, réussir des coiffures bombées, lisses ou ondulées, en tenant compte de la forme du visage, des désirs de la cliente et des tendances de la mode, tout cela nécessite beaucoup d'habileté mais aussi beaucoup d'audace. Et que dire de la coloration ! De l'extérieur, il est impossible de se rendre compte de la difficulté du métier de coloriste : il faut des années de formation et d'expérience pour devenir un bon professionnel.

Bien sûr, les risques ont évolué et les fabricants comme L'Oréal peuvent légitimement se flatter d'y avoir contribué : par exemple, l'instabilité des teintes et les phénomènes d'allergie sont correctement maîtrisés de nos jours. Il reste qu'une erreur dans la coupe, dans le choix de la coloration ou dans l'application de la permanente, peut rendre une cliente furieuse et même procédurière.

Certains coiffeurs sont véritablement des artistes. Ils sont capables de transformer un visage par une coupe de cheveux, de rendre plus jeune une femme qui a des cheveux blancs, de rendre moins tristes des cheveux châtains. Les grands coiffeurs sont les hérauts de la profession. Ils ont le privilège de pouvoir approcher des personnalités célèbres et parfois de devenir leurs confidents. Ce fut d'ailleurs le cas pour un Champagne au XVIIe siècle ou, au XVIIIe, un Léonard, le coiffeur de Marie-Antoinette. Les grands coiffeurs d'aujourd'hui sont de la même veine et renouvellent l'histoire de leur profession.

D'une manière générale, les coiffeurs ont, avec leurs clientes, des rapports d'une qualité peu commune. L'ambiance des salons, le confort des installations, la gentillesse du personnel, incitent les femmes les plus discrètes à révéler, par un trait de leur visage ou par l'éclat du regard, les joies, les peines, les soucis, les appréhensions du moment. D'autres, moins discrètes, étalent volontiers l'histoire de leur vie et leurs amours. Les femmes des hommes politiques sont souvent bavardes : les coiffeurs connaissent les petits potins du pouvoir, partagent les secrets d'alcôve, pénètrent parfois, avec leurs clientes, dans l'intimité des gouvernements. Qu'ils soient anonymes ou qu'ils fassent partie de la cohorte des célébrités du métier, tous les coiffeurs se doivent, pour conserver durablement la confiance de leurs clientes, d'être aussi des psychologues ; ils doivent savoir manifester du tact, de la gentillesse, de l'humour et surtout une très grande discrétion. Il leur faut ces qualités pour pouvoir trouver un compromis entre ce que leurs clientes souhaitent et qui n'est pas toujours souhaitable, et ce qui est souhaitable mais pas toujours souhaité.

Je découvre que L'Oréal est attaquée sur son marché de la coloration

En interrogeant les coiffeurs, je me suis rendu compte que L'Oréal était menacée dans ce qui constituait, depuis l'origine, son apanage, c'est-à-dire la coloration des cheveux. Les services techniques du siège n'avaient pas perçu cette menace parce qu'ils en étaient restés aux méthodes d'application d'origine qui imposaient aux coiffeurs un cérémonial lourd et compliqué. Avant de colorer, il fallait décolorer, opération délicate qui s'appelait, comme pour le textile, le mordançage et qui nécessitait beaucoup de professionnalisme. Il se trouva qu'un de nos concurrents allemands avait mis au point un produit qui combinait, en une seule application, les deux opérations de décoloration et de coloration. Bien entendu, les coiffeurs qui avaient su maîtriser les techniques du mordançage étaient peu enclins à s'intéresser à ces nouveautés et, à l'intérieur de la Maison, on se gardait bien de bousculer leurs habitudes. Ce sont les jeunes coiffeurs qui devaient s'en charger et il n'y eut à cela rien d'étonnant. Nous étions au début des années 50, la France et l'Europe entraient dans les Trente Glorieuses, la coiffure était en pleine expansion, et voilà qu'un concurrent proposait à de jeunes professionnels des produits de coloration plus faciles à appliquer et bénéficiant, de surcroît, de la caution prestigieuse de l'industrie chimique allemande.

Deux techniques de coloration se trouvaient donc en concurrence. Je décide d'étudier, avec le plus grand soin, leurs mérites respectifs. Mais je savais que, pour valider les résultats d'une bonne coloration, il fallait avoir un regard très averti. Je me suis donc mis à la recherche des meilleurs coloristes dont pouvait disposer L'Oréal. Je savais en outre que M. Lefebvre, notre agent de Bruxelles, était un ancien coiffeur et précisément un excellent coloriste. Il en était de même de M. Berli en

Suisse. L'un et l'autre avaient d'ailleurs beaucoup contribué à m'alerter sur les dangers que présentait pour nous le succès de la teinture décolorante allemande, car celle-ci faisait déjà des ravages dans leurs pays.

Je décidai donc de passer une semaine à Bruxelles et d'y mettre en route nos essais comparatifs avec MM. Berli et Lefebvre d'une part, et nos meilleurs coloristes de Paris d'autre part. Je fis appliquer systématiquement le produit de la Maison et celui du concurrent sur environ 200 chevelures allant du brun au blond clair. Je me suis interdit de prendre moi-même parti, mais j'en ai profité pour exercer mon œil à juger des qualités respectives des deux méthodes. Il fallut bien se rendre à l'évidence : nous étions en face d'un concurrent dangereux. Sa teinture décolorante était d'une excellente qualité ; présentée sous la forme d'une crème, elle se révélait très facile à appliquer de la racine à la pointe des cheveux. Ce fut pour nous une telle leçon que l'utilisation de la méthode des tests comparatifs a été aussitôt rendue systématique dans l'ensemble du groupe L'Oréal.

Nous contre-attaquons

Il va de soi que, fort des conclusions de nos travaux de Bruxelles, je pris la décision immédiate de mettre en route, dans nos laboratoires, le développement d'une teinture décolorante.

Il nous fallut un travail acharné pour mettre au point un produit qui se révéla incontestablement supérieur à ceux de nos concurrents. Ce fut le point de départ d'un processus continu de création de plusieurs formulaires successifs de coloration. Cela nous prit, à chaque étape, beaucoup de temps. C'est que, pour créer un nouveau formulaire de coloration, il ne suffit pas d'utiliser de nouveaux colorants, il faut aussi s'assurer que le nouveau produit ne sera ni cancérigène ni mutagène et qu'il répondra aux attentes de colorations plus légères et plus transparentes. Notre chimie fut à la hauteur.

Dès que les formules sortirent des laboratoires, tous les représentants furent convoqués dans nos centres techniques de Paris et des principales villes de province. Ils eurent tous à faire eux-mêmes les essais comparatifs sur têtes. Tous purent ainsi se rendre compte, concrètement, que nos produits avaient désormais atteint un niveau de qualité supérieur. L'opération fut menée avec la plus grande rigueur. Au bout d'un mois, toute la force de vente était gonflée à bloc. Cette initiative a inspiré les méthodes que nous avons développées pour la formation permanente de nos représentants et de nos clients.

Nous inventons la coloration à reflets pour cheveux naturels

La mobilisation de notre recherche pour contrer la concurrence allemande sur le marché traditionnel de la coloration des cheveux blancs mit nos laboratoires sur une voie nouvelle.

Nos laboratoires nous présentèrent des produits donnant des reflets chatoyants et légers après application sur des cheveux naturels sans cheveux blancs. Ces reflets s'atténuaient rapidement après un ou deux shampooings et le démêlage des cheveux était très facile. Nous avons aussitôt pensé que cette coloration, beaucoup moins implicante que la coloration-teinture traditionnelle, conviendrait particulièrement aux jeunes femmes. Ce fut l'origine du lancement de Régé Color en 1952. En raison de sa facilité d'application – à la manière d'un shampooing, sans exiger l'utilisation d'un pinceau – Régé Color connut un énorme succès dans les salons de coiffure et permit aux coiffeurs de réaliser un chiffre d'affaires supérieur à celui de la coloration traditionnelle. Toujours en raison de sa facilité d'application, cette coloration à reflets devait également connaître, par la suite, toujours sous la marque Régé Color, un succès extraordinaire sur les marchés publics.

L'internationale de la coiffure

Aux yeux d'Eugène Schueller, la formation des coiffeurs à l'utilisation de nos produits revêtait une importance d'autant plus grande que ces produits, et spécialement les produits de coloration, imposaient généralement beaucoup de précautions d'emploi. Il avait naturellement commencé par s'intéresser aux jeunes qui étudiaient dans des écoles professionnelles reconnues par l'État pour obtenir un certificat d'aptitude professionnelle ou un brevet professionnel. Mais le programme de ces écoles ne concernait que la coiffure proprement dite, c'est-à-dire la coupe et un peu la permanente. En concertation avec les animateurs de la Fédération de la coiffure, nous avons pris en charge l'enseignement de la coloration et un complément de formation très important pour la permanente et la mise en plis. En bref, nous avons fonctionné à la manière de l'Allemagne, où la partie théorique de la formation professionnelle relève de l'État et la partie pratique des acteurs privés.

Il s'agissait aussi d'aider les coiffeurs déjà installés à s'adapter au progrès technique. Là encore, nos programmes visèrent essentiellement la coloration et la permanente. Nous les avons proposés le lundi, jour de fermeture des salons, dans nos centres techniques de Paris et des grandes villes de province, formule que nous avons naturellement étendue à tous les marchés extérieurs. Par la suite, Jean Laudereau, qui dirigeait nos services techniques avec une autorité incontestée dans la profession, a mis sur pied les « Journées d'études techniques », dites JET, qui réunissaient à Paris, toutes les semaines, 250 à 300 coiffeurs venant de France et de l'étranger pour des cours théoriques et des démonstrations. Ces JET se déroulaient pendant trois jours complets. La dernière matinée était consacrée à un échange de questions-réponses avec les participants, qui se révélait généralement très fructueux, après quoi un déjeuner était servi et on se quittait dans la bonne humeur. Il m'est souvent arrivé de participer moi-même aux séances de travail et de faire un petit discours de clôture à l'heure du déjeuner. Je m'efforçais de parler de la profession et de montrer combien le travail que nous faisions ensemble était utile.

Nous faisions aussi régulièrement appel aux grands coiffeurs au cours de ces journées, afin d'offrir aux participants des moments de détente consacrés à la création artistique et aux tendances les plus récentes de la mode. Nous prenions le plus grand soin de ne pas donner l'impression à nos clients que nous cherchions à les asservir à une espèce d'impérialisme parisien. D'une manière générale, nous n'avons d'ailleurs jamais enregistré de réactions de mauvaise humeur, de vexation ou de refus. Bien entendu, nous avons fait bénéficier de ces formations les coiffeurs de tous les pays dans lesquels nous étions implantés, ce qui a beaucoup contribué à cimenter des solidarités transfrontalières et à créer ce que nous avons appelé, entre nous, l'internationale de la coiffure.

Le syndicat des coiffeurs de Moscou nous a invités, un jour, à animer une grande manifestation qu'il avait organisée à l'occasion d'une exposition de l'industrie française, au parc Sobolmiki. La Russie vivait alors en pleine économie planifiée de sorte que le syndicat des coiffeurs dépendait, très curieusement, du syndicat des dames-pipi et des employés des vestiaires de la ville ! La manifestation se déroula dans une salle immense, en présence de 2 000 coiffeurs environ. Albert Pourières, qui conduisait notre équipe de grands coiffeurs, fit le discours introductif. Nous pensions être inconnus à Moscou et, lorsque je me suis présenté sur la scène avec Alexandre, les sœurs Carita, Maurice Franck, Jacques Dessange et leurs modèles, toute l'assistance se leva et nous applaudit à tout rompre. Le président du syndicat vint alors à moi et me tendit un rasoir, une brosse et un peigne, en me faisant comprendre qu'il s'attendait à une démonstration de coupe de ma part. Il va sans dire que j'étais très embarrassé... Je me suis finalement tiré de ce mauvais pas en déclarant que j'étais incapable d'égaler le talent des grands ambassadeurs de la coiffure française qui m'entouraient. Mais j'avais eu chaud. Cette aventure m'a révélé, en tout cas, que les arts de la coiffure avaient réussi à traverser, par des voies mystérieuses, le rideau de fer. J'avais la conviction qu'ils imposeraient, peu à peu, l'internationale de la beauté au triste conformisme que le régime soviétique avait imposé à la société russe.

Le quitte ou double Dop

Avant la guerre déjà, Eugène Schueller avait pressenti l'intérêt d'un shampooing qui ne soit pas à base de savon. Des recherches avaient abouti, à partir d'une molécule qui avait l'avantage sur le savon de ne pas laisser les cheveux rêches après séchage. Eugène Schueller reprit l'idée après la Libération et trouva assez rapidement la possibilité de faire fabriquer les matières premières nécessaires, ce qui permit la mise au point d'un shampooing moderne, le premier shampooing moderne qui fut proposé aux Français.

Eugène Schueller baptisa son shampooing Dop, le fit conditionner dans des flacons de verre faciles à tenir en main et, naturellement, commença par le proposer à la clientèle des coiffeurs de L'Oréal. Mais, très vite, il décida d'étendre sa distribution à une clientèle plus vaste. Je n'eus pas de mal à le convaincre qu'il nous fallait stimuler la demande car, comme j'avais pu le constater chez Monsavon, les Français ne se lavaient pas et ils se lavaient encore moins la tête que le reste du corps. Peut-être par pudeur, on ne faisait pas, à cette époque, d'études de marché approfondies dans ce domaine, mais il était admis que la plupart des femmes ne se lavaient les cheveux que deux fois par mois, de peur de compromettre leur permanente ou leur mise en plis. Les hommes se lavaient les cheveux plus souvent, mais avec du savon.

Eugène Schueller avait été très impressionné par l'opération publicitaire « Ploum Ploum Tra La La », qui avait permis à Monsavon de réunir, chaque année, quelque 2 millions de personnes au cours de 250 manifestations publiques. Forts de ce succès, nous avons décidé de mettre sur pied, à la gloire du shampooing Dop, la plus grande campagne publicitaire que la France ait jamais connue. Bien entendu nous réalisâmes cette opération avec notre enchanteur Merlin, lequel imagina des manifestations radiodiffusées qui se déplaceraient en province, sous le chapiteau d'un cirque. L'idée du « Radio Circus » était née. Notre choix se porta sur le cirque Gruss qui voyage toujours aujourd'hui en France. Il nous fallait un animateur, ce fut Zappy Max. Ce garçon avait tout pour devenir une vedette : la gueule d'abord, avec des yeux en boules de loto dont il savait merveilleusement jouer, une voix qui en fit un grand diseur de publicités, enfin un débordement de gentillesse qui le fit adorer des foules et surtout des enfants. On démarra l'émission, qui passa le lundi, en heure de grande écoute – en *prime time* comme on dit aujourd'hui – et s'appela le Crochet Dop. Très rapidement, le Radio Circus devint le Radio Circus Dop. Radio-Luxembourg avait complètement supplanté la radio nationale et disposait de l'écoute des trois quarts des Français, de la moitié des Belges et naturellement des Luxembourgeois. Mais nous ne nous satisfaisions pas d'une seule émission par semaine. Merlin nous proposa un jeu radiophonique dont il avait eu l'idée, et qui devint vite célèbre : il s'agissait du Quitte ou Double. Le principe en était simple. On posait une question à un candidat dans un registre de connaissances de son choix ; si sa réponse était correcte, il avait le droit de dire « quitte » ou « double ». Justement parce qu'il était simple et parce que son déroulement avait une très grande intensité dramatique, le jeu eut un énorme succès. Il nous donna l'occasion de mettre en vedette des personnages dont les connaissances étaient absolument stupéfiantes, dans des domaines comme l'histoire, la géographie, la littérature ou la musique.

Un jour, un candidat d'une quarantaine d'années s'inscrivit dans la catégorie Histoire de la musique. Il répondit aux premières questions qui lui furent posées avec une assurance qui nous étonna d'autant plus qu'avec beaucoup de simplicité, il nous avait déclaré, au cours de l'entretien préliminaire, qu'il était maçon. Je dois ajouter qu'il ne nous avait pas donné l'impression d'une grande curiosité d'esprit en dehors de son sujet d'intérêt. Notre étonnement ne fit que croître à mesure que les questions, toujours plus difficiles, s'enchaînaient avec ses réponses, toujours aussi aisées. Notre maçon finit ainsi par gagner une somme très importante. Mais l'affaire nous valut de recevoir, d'un peu partout en France, plusieurs lettres d'auditeurs qui n'hésitaient pas à nous accuser de tricherie tant il leur paraissait inconcevable qu'un simple maçon puisse avoir de telles connaissances dans le domaine de la musique. Il va de soi qu'il eût été malhonnête de faire gagner des candidats qui ne le méritaient pas. Aussi avions-nous veillé, avec les organisateurs de l'émission, à ce que toutes les précautions soient prises pour éviter les fuites et les tricheries. Les suspicions continuant à se manifester, nous résolûmes de frapper un grand coup. Nous organisâmes à la salle Pleyel une réunion radiodiffusée qui fit salle comble. J'étais apparu sur la scène pour déclarer qu'en ma qualité de directeur général de L'Oréal, je patronnais l'émission Quitte ou Double et que j'avais demandé à plusieurs personnalités de grand renom de faire partie de son jury avec Roberto Benzi qui, malgré son jeune âge – il devait avoir 18 ans à l'époque – était unanimement considéré comme un chef d'orchestre prodige. J'expliquais enfin que les membres du jury avaient accepté de préparer les questions sur place, une demi-heure avant le début de l'émission. Évidemment, j'étais angoissé à l'idée que nos experts, piqués au jeu, poseraient des questions tellement difficiles que notre candidat serait rapidement disqualifié.

Le rideau s'ouvre. Je me trouvais dans les coulisses, tremblant de peur et, à la première question, le maçon répond instantanément. Ce n'était pourtant pas une question facile, puisqu'il s'agissait, si mes souvenirs sont bons, de donner les prénoms des quatre fils de Jean-Sébastien Bach, qui avaient été aussi compositeurs de musique. Le jury posa une autre question relative à *Pelléas et Mélisande* et demanda de citer les noms de deux compositeurs qui avaient été inspirés, comme Debussy, par le drame de Maurice Maeterlinck. Comme disent les enfants des écoles, notre maçon avait tout juste. J'étais stupéfié par sa mémoire électronique.

Cependant, à mesure que la séance se poursuivait, je commençais à m'inquiéter de l'ampleur des gains accumulés par le candidat ; je craignais qu'elle paraisse scandaleuse au public et puis, pour tout dire, le budget que nous avions affecté à l'opération commençait à être sérieusement dépassé. Le jury, avec lequel je n'avais évidemment aucun moyen de me concerter, partageait sans doute ma gêne. C'est donc avec beaucoup de soulagement que j'entendis son président proposer au maçon d'arrêter le jeu, ce que celui-ci, manifestement très ému, accepta sous les applaudissements frénétiques d'une foule ébahie, mais qui aurait sans doute été plus désolée que lui s'il avait tout perdu.

L'émission Quitte ou Double accueillit aussi l'abbé Pierre, qui venait de créer les Pèlerins d'Emmaüs, et recherchait des concours financiers pour son œuvre. C'est un homme d'une grande culture, ce qui lui valut de remporter un gain substantiel. Cela réjouit tout le monde, le public comme les responsables de Radio-Luxembourg et nous-mêmes, car nous avions tous tremblé à l'idée qu'il aurait pu être prématurément éliminé. Il se trouva que la famille Gruss avait organisé, au début des années 90, à l'occasion des fêtes de Noël, une rétrospective de l'émission. Interrogé au téléphone par le Monsieur Loyal du cirque, l'abbé Pierre s'était très bien rappelé l'émission et le gain qu'il y avait réalisé. En revanche, il n'avait pas soufflé mot de Dop, sans doute parce que cela aurait fait marchand du Temple...

La campagne de la propreté

Nous financions aussi une émission quotidienne à l'heure du déjeuner qui s'appelait Sur le banc. Deux personnages bien de chez nous, Carmen et La Hurlette, y échangeaient avec l'accent du terroir, leurs commentaires sur l'actualité. À cette époque, beaucoup de Français rentraient déjeuner chez eux à midi et c'était naturellement une occasion de « mettre la radio ». Finalement, avec cette émission quotidienne et deux émissions par semaine, le soir, aux heures de grande écoute, à quoi s'ajoutaient nos films publicitaires dans les cinémas et nos affiches dans le métro et pour la première fois en France, dans les autobus, nous disposions, pour Dop, d'une force de frappe publicitaire considérable. Mais, comme pour la savonnette Monsavon, nous nous sommes très vite rendu compte, Schueller et moi, que nous n'avions guère de chance de faire bouger les choses, pour Dop, si nous n'incitions pas les Français à se laver. Alors, commença ce que nous appelâmes entre nous « la croisade de la propreté » au bénéfice des deux produits. À l'occasion des parades du Radio Circus, le présentateur Marcel Fort se savonnait les mains en public ; on organisa même le Rallye de la Propreté pour les petits enfants : on procédait à un shampooing général sur scène avec de jeunes concurrents qui amusèrent beaucoup les foules. Ensuite vinrent les concours de mousse, la Croisade des enfants propres, le jeu de la Toilette Monsavon et même le jeu de la Propreté des dents. « Lavez-vous ! Sentez bon ! », le slogan était affiché chez tous les commerçants des villes où s'installait le chapiteau.

Rodolphe – un petit garçon de 7 à 8 ans – fut la grande vedette de ces émissions. Nous étions devenus les plus gros annonceurs français ; nous avions multiplié les présentations du produit : à côté du flacon Dop, nous avions lancé les doses Dop – des doses colorées, pour évoquer les différents parfums, œillet, lavande, etc. – qui étaient offertes à la vue, dans un bocal, à l'entrée des magasins. L'offre était très attractive. L'écoulement, dans les points de vente, commençait à démarrer mais, malgré toutes nos initiatives, le marché restait maussade. Et puis, un beau jour, le petit Rodolphe, répondant à Zappy Max, s'exclama en regardant un de ces bocaux remplis de doses Dop : « Tout ça, ce sont des berlingots ! » Nous sautâmes aussitôt sur l'occasion et il fut décidé de baptiser désormais « berlingots Dop » ce que nous appelions jusqu'alors « doses Dop ». Visitant, le samedi suivant, un magasin Monoprix, j'eus la stupéfaction de constater que, du fait de ce simple changement de désignation, l'écoulement du produit était en train de se multiplier par deux ou trois. Les vendeurs du rayon de parfumerie n'en croyaient pas leurs yeux. Le succès fut partout foudroyant : la rencontre entre le besoin d'hygiène que nous avions stimulé et le produit s'était enfin opérée. Comme quoi on a raison de dire que la vérité sort de la bouche des enfants.

Eugène Schueller consacrait beaucoup de temps au renouvellement des messages publicitaires. C'était pour lui une passion qu'il avait réussi à faire partager à une collaboratrice que tout éloignait pourtant du monde de la publicité, de ses rites et de son maniérisme. C'était en effet une normalienne, retraitée de l'Éducation nationale et de surcroît la sœur de Jacques Sadoul, qui avait été, à Moscou, un des compagnons de Lénine. Mais il avait été aussi un condisciple de Schueller à l'école primaire de Belleville. Aux yeux de sa sœur, cela avait créé des liens. À vrai dire, nous nous étions tous piqués au jeu de la création publicitaire et l'un d'entre nous avait même eu l'idée d'obtenir de l'orchestre de l'Opéra qu'il interprète, au grand complet, tous les couplets de la musique publicitaire de Dop et de Monsavon. Je me rappelle encore l'étonnement qui m'avait saisi au spectacle de tous ces musiciens interprétant avec application nos ritournelles. Bien entendu, on ne manqua pas d'appeler ces airs, entre nous, les air de l'opéra Dop.

Il me semblait pourtant qu'Eugène Schueller se laissait un peu trop prendre au jeu et qu'il avait fini par accorder une confiance excessive à la publicité. Nous avions réussi avec les shampooings, car l'écoulement de Dop était devenu très important. Dans le domaine de l'hygiène capillaire, la France était désormais très bien placée, vraisemblablement juste après l'Amérique, et très en avance sur les autres pays d'Europe. Mais les arbres ne poussent pas jusqu'au ciel. J'avais le sentiment que la marque Dop était devenue tellement populaire que notre publicité ne portait plus. Schueller cependant s'entêtait. Nous eûmes, à ce moment-là, des confrontations fréquentes, car je considérais qu'avec les moyens publicitaires dont nous disposions, nous aurions pu lancer une autre marque de shampooing. Schueller s'y opposa et nous commençâmes à subir la concurrence de marques qui, profitant du marché que nous avions créé, prenaient peu à peu leurs places à côté de Dop. Bien entendu, nous réagîmes. Nous lançâmes Bio Dop pour contrer un produit qui s'appelait Vitapointe et dont la promesse était d'éviter le dessèchement de la pointe des cheveux. J'aurais préféré lancer un autre shampooing sans référence à Dop, ce qui nous aurait permis de mieux occuper le marché. Quoi qu'il en soit, nous avions atteint notre but. Même s'ils ne le faisaient pas seulement avec Dop, les Français, grâce à Eugène Schueller, avaient fini par se laver les cheveux.

Eugène Schueller disparaît

Ma collaboration avec Eugène Schueller s'était caractérisée, dès le début, par une énorme demande de travail de sa part, qui n'était jamais qu'à la mesure de celle qu'il s'imposait à lui-même. Nous avons travaillé ensemble, sans interruption, pendant neuf ans, à partir de 1948, en manifestant un dynamisme commun éprouvant, dans une confrontation sans cesse renouvelée.

C'est en 1957 qu'il évoqua pour la première fois, à l'occasion d'un congrès de représentants, l'idée que je devais être son successeur. Il le fit à sa manière, au milieu de son discours, avec une certaine brusquerie destinée à cacher son émotion :

« Je pense que Dalle fera le grand L'Oréal. » Bien entendu, la phrase fit le tour de la Maison. Mais jamais plus Eugène Schueller ne fit allusion à sa succession à l'Oréal. Toutefois, il me manifesta un nouveau témoignage de sa considération en me faisant transmettre par son notaire (toujours en 1957, c'est-à-dire avant la naissance de sa petite-fille) l'extrait suivant de son testament : « J'institue comme légataire universelle en toute propriété ma fille Liliane, en cas de décès de ma fille avant moi, Monsieur André Bettencourt, mon gendre, en cas de décès de ma fille et de mon gendre avant moi, Monsieur François Dalle. »

Je fus d'autant plus touché de cette marque de confiance que nous vivions une période difficile dans tous les domaines d'activité de l'entreprise. L'évolution de Dop était bloquée. Sur le marché de la coiffure, nous avions réussi à contrer les Allemands. Mais nous étions harcelés par des concurrents – Garnier, Kleinol, Perma, Eugène – qui multipliaient les opérations promotionnelles et allaient même jusqu'au 24/12, qui consistait à livrer 24 produits pour 12 facturés. Les concurrents se concentraient sur la vente de nuances allant du noir au châtain foncé, qui couvraient facilement et étaient aussi plus faciles à fabriquer. Ils nous abandonnaient le marché des teintes plus claires, plus cendrées ou plus proches de l'acajou, qui nécessitent l'adjonction de colorants très délicats à mettre en œuvre et ne représentaient qu'un tiers du total du marché. Sur le marché de la coiffure, L'Oréal était donc dans une bataille de prix aussi féroce que celle que vivait Monsavon sur les marchés publics face à Unilever, Procter & Gamble et Colgate Palmolive.

Eugène Schueller et moi, nous nous sentions plus unis que jamais devant toutes ces difficultés. Je continuais à lui manifester, en toute occasion, un très grand respect et, de son côté, il entretenait avec moi des rapports très familiers, et je crois pouvoir dire paternels. Il lui arrivait de rentrer dans mon bureau le soir, vers 18 heures – c'était son heure – et de s'installer en face de moi. Ma table de travail était gigantesque, car il avait exigé que ce soit, comme pour lui, un meuble de Ruelmann, pour lequel il avait une très grande admiration. Invariablement, Eugène Schueller appuyait ses coudes sur la table comme s'il s'apprêtait à bondir, et me regardait alors en souriant. Le courant passait. Il n'avait pas à me dire qu'il m'estimait, pas plus que je n'avais à lui marquer mon attachement. Il savait que je lui étais totalement dévoué ainsi qu'à L'Oréal. Nos sentiments personnels passaient au second plan, nos préoccupations personnelles étaient oubliées, seul importait à nos yeux l'intérêt de l'entreprise. Ce n'était pas l'argent qui guidait Eugène Schueller. Fils de pâtissier, il avait eu le génie de fonder L'Oréal et L'Oréal avait toujours été le centre de sa vie. J'y avais plongé moi-même et à sa manière. Ce n'était pas non plus l'argent qui me guidait. Comme Eugène Schueller l'avait demandé, je voulais être l'homme du « grand L'Oréal », je voulais faire d'une petite affaire une grande affaire, bouter hors de nos frontières tous nos concurrents étrangers et parvenir, un jour, à les battre dans leurs propres pays.

Nous vécûmes ainsi, tous les deux, jusqu'à la fin de sa vie. Il avait toujours voulu être l'homme-orchestre de son entreprise, voyant tout, agissant sur tout, dans les moindres détails. Il s'était peu à peu déchargé sur moi et prenait un peu plus de vacances. Un jour, il me confia que, ne supportant plus l'eczéma qu'il avait sur les mains et sur les bras, il avait eu recours à l'hydrocortisone. Je crois même, sans en être sûr, qu'il la prenait par voie buccale. Il faut dire qu'à l'époque, les effets secondaires de l'hydrocortisone étaient mal connus. Je pense qu'il en abusait car, parfois, il manifestait une très grande nervosité. Sa santé déclina brusquement en juillet 1957. Il s'était installé en Bretagne, mais je ne recevais plus aucune note de lui, plus aucun coup de téléphone. J'étais seul à la barre. Je ne parvenais pas à me faire à l'idée qu'il ne reviendrait pas. Il refusait les visites et je souffrais de ne pas le rencontrer, mais je sus qu'il avait très tôt compris qu'il était fini. Jusqu'à la fin, sa curiosité demeura cependant intacte. Il discutait des remèdes qu'on lui donnait, de la composition des médicaments. Il ne voulait pas qu'on oublie qu'il avait été un grand chimiste.

Il demanda à me voir quelques jours avant sa mort. Je lui trouvai bonne mine, il était bronzé, mais les apparences étaient trompeuses. Il était profondément atteint. Je représentais à ses yeux l'espoir, l'espoir pour L'Oréal et, s'il ressentait durement l'approche de la mort, c'était parce qu'elle le priverait, pour toujours, d'être associé, si peu que ce fût, à cet espoir. Le futur, c'était moi alors qu'il n'était plus, lui-même, que le présent. Il était bouleversé. Je l'étais aussi et c'est accablé, conscient de vivre la fin d'une époque, que je rentrai à Paris. Je vécus un autre moment d'intense émotion lorsque, le jour de ses obsèques, sa fille Liliane me pria de prendre place à ses côtés dans l'église, me prit la main et, sans un mot, la serra dans la sienne. Nos liens étaient désormais scellés.

Deuxième partie

LES ANNÉES 60

CHAPITRE IV

Successeur d'Eugène Schueller

Seul à la barre

Le lendemain des obsèques d'Eugène Schueller, je me réunis avec les principaux collaborateurs de nos affaires européennes. Ils étaient encore tous, comme moi, sous le coup de l'émotion, mais je sentais qu'ils attendaient de moi que je les rassure et que je leur communique ma vision de l'avenir de L'Oréal.

J'ai commencé par leur parler de Monsavon que, pour la plupart, ils connaissaient mal ; je leur ai dit ce qu'étaient les difficultés organiques de cette affaire et les tentatives que j'avais faites, du vivant de M. Schueller, pour que nous nous séparions d'elle. Je ne leur ai pas caché que ce dernier n'avait même pas voulu discuter mes arguments : « Vous vous êtes toujours tiré d'affaire, me disait-il à chaque fois, vous allez bien continuer. » Mon sentiment était que, depuis que Monsavon lui avait permis de se découvrir la passion de la publicité, il était devenu très attaché à cette affaire, ce qui l'empêchait de la considérer avec la lucidité qu'il avait su montrer en tant d'autres occasions. L'affaire Monsavon étant une affaire strictement française, les assistants écoutèrent mes propos avec politesse, mais je sentais que leurs problèmes étaient centrés sur L'Oréal et, comme L'Oréal avait déjà acquis une dimension internationale, personne n'émit la moindre protestation lorsque je fis état de mon projet de céder Monsavon.

J'évoquai alors la grande réussite publicitaire de Dop, je rendis hommage au génie manifesté par M. Schueller dans ce domaine, mais je ne cachai pas non plus que nous ne pouvions pas prétendre exploiter, avec un seul produit, un marché qui était en pleine expansion. En outre, pour des raisons historiques, Dop était vendu depuis quelques années en France, par la force de vente de Monsavon. Dop était donc tributaire du modèle de commercialisation de Monsavon, modèle qui était lui-même celui des lessiviers et impliquait une forte présence dans les circuits de distribution alimentaire qui étaient symbolisés, à l'époque, par « la petite épicerie du coin ». Le résultat était, qu'en France, Dop était « dans les pommes de terre » comme nous disions entre nous et, qu'avec son shampooing à la moelle, notre concurrent Garnier risquait de nous éliminer progressivement des parfumeries, drogueries et pharmacies.

En revanche, les autres pays d'Europe se trouvant libres de l'hypothèque Monsavon, avaient pu lancer Dop en parfumerie et en droguerie, c'est-à-dire dans le *drug*, et non pas chez les épiciers, c'est-à-dire dans le *food*. Mais ils n'avaient pas bénéficié de la formidable publicité radiophonique consacrée à Dop dans les émissions de Radio-Luxembourg. En somme, nos affaires de shampooings étaient en quelque sorte assises entre deux chaises : dans les autres pays d'Europe, nous étions dans le *drug* mais, comme nous faisions peu de publicité, notre expansion était relativement limitée ; en France, au contraire, Dop bénéficiait d'une forte publicité, mais nous en tirions insuffisamment parti pour développer nos ventes puisque nous étions de plus en plus écartés du *drug*.

Heureusement, notre affaire coiffure pouvait connaître une grande expansion. J'exposai aux assistants ma conviction que nous ne ferions le grand L'Oréal qu'à partir de la coloration pour cheveux et que, pour cela, il fallait que la France donne l'exemple. En 1957, le marché de la coloration était très peu développé. On voyait beaucoup de femmes, dans la rue, avec des cheveux gris qui les vieillissaient prématurément. J'étais convaincu qu'un jour, les femmes n'accepteraient plus de sortir de chez elles sans les avoir camouflés. Pour ne pas manquer le rendez-vous, nous devions poursuivre dans la voie que nous avions déjà tracée en contribuant, dans nos centres techniques, à la formation professionnelle des coiffeurs. En même temps, nos produits devaient être conçus pour permettre une plus grande facilité d'application de la coloration par les coiffeurs. Enfin, nous devions convaincre ces derniers que leurs propres services de coloration ne se développeraient pas sans une animation d'ensemble du marché de la coloration dans les salons, soutenue par des applications à domicile, par les clientes elles-mêmes. Mais je ne cachais pas aux assistants que nous n'y parviendrions véritablement qu'en diversifiant nos propres structures. En effet, les accords d'assistance technique avec la société Roja, que nous venions de signer en 1957, étaient susceptibles de servir cette ambition car Roja, qui était leader du marché de la brillantine, avait la possibilité de commercialiser des produits de coloration destinés au grand public. Nous devions donc envisager le rachat de cette affaire. Cela ne pouvait que renforcer ma détermination de céder l'affaire Monsavon, opération que je devais mener à bien au début des années 60.

Nous vendons Monsavon et faisons l'acquisition de Cadoricin

J'étais donc déterminé à céder Monsavon, mais je ne voulais pas le faire à n'importe quel prix, car j'avais le sentiment, étayé par les chiffres, que cette affaire était devenue une bonne affaire. Procter & Gamble l'avait d'ailleurs reconnu puisque, depuis la fin des années 50, Monsavon était devenu son sous-traitant pour la fabrication de la savonnette Camay. Cet accord présentait pour nous un double intérêt : il nous permettait de réduire nos coûts de production, mais il nous incitait aussi à une plus grande rigueur de gestion. La qualité des deux produits, Camay et Monsavon, était sans doute supérieure à celles des produits d'Unilever et de Cadum Palmolive. Cette supériorité faisait qu'à la fin des années 50, nous étions aussi en tête sur le marché, comme le montraient les statistiques de Secodip. Les responsables de Monsavon étaient, à juste titre, fiers de ce résultat. Malheureusement, la rentabilité de l'affaire était toujours précaire. Mon opinion sur le sujet était faite depuis plusieurs années : Monsavon était pratiquement une affaire monoproduit, alors que ses trois concurrents avaient d'autres cordes à leur arc, de sorte qu'ils pouvaient se permettre beaucoup d'initiatives pour gêner leur petit concurrent. À l'époque, je ne pouvais m'empêcher de penser qu'ils avaient chacun, en réalité, résolu de nous éliminer d'une manière ou d'une autre. D'ailleurs, le marché s'est progressivement assaini après la décision que j'ai prise de céder Monsavon à Procter.

Le choix de Procter était pour moi naturel, car nous entretenions, au moins sur le plan des usines, des relations très étroites avec ses dirigeants. Nous avions reçu du gouvernement français l'autorisation d'installer une nouvelle usine L'Oréal à Aulnay-sous-Bois, mais notre usine de Clichy était au centre de la ville et les habitants du quartier se plaignaient des odeurs que dégageaient nos ateliers de fabrication. Bref, nous étions dans l'obligation de déménager à assez courte échéance. Je savais en outre que Procter & Gamble était en train d'achever la construction, dans la Somme, d'une grande usine pour ses lessives, et je me doutais qu'il n'aurait aucune difficulté à y aménager un atelier pour la fabrication des savonnettes. Je pensais donc que l'heure était venue d'entreprendre des négociations avec Burt Smith, le président de Procter & Gamble pour la France. Je m'étais rendu plusieurs fois à Cincinnati, cette petite ville du Middle West où cette multinationale géante a toujours son siège aujourd'hui. Mais les tractations avaient commencé dans des conditions difficiles, car Burt Smith avait appris, par des indiscrétions, que le gouvernement nous obligeait à évacuer notre usine de Clichy. Son intérêt était donc de faire traîner les choses. Je suis donc allé voir les gens de Cadum et leur ai proposé de produire pour nous la savonnette Monsavon dans leur usine. Ils se déclarèrent intéressés. Burt Smith l'apprit et comprit que nous étions décidés à nous battre.

Nous nous sommes mis d'accord assez rapidement sur les conditions matérielles de la cession à Procter : nous vendions tout, sauf le personnel et l'établissement de Clichy où se trouvait notre usine. Je n'avais pas de problème pour transférer le personnel de production dans la nouvelle usine que nous avions décidé de construire, pour L'Oréal, dans la région parisienne. Ce qui me préoccupait, en revanche, c'était le sort de la force de vente de Monsavon, ces vieilles troupes que j'avais conduites, depuis 1943, à travers tant de vicissitudes. J'avais formé tous nos représentants à l'effort. Je connaissais les noms de chacun d'eux. J'étais au courant de leurs problèmes familiaux et je ne pouvais pas m'empêcher de me dire que vendre Monsavon revenait à les abandonner.

C'est alors que j'appris que l'affaire Cadoricin était à vendre. Cadoricin avait dans son catalogue des shampooings, Flipflap, Dulsol, un produit de coloration publique, Mousse Color, une permanente à froid destinée également à être appliquée à domicile, Coldys. Il était évident que la force de vente de Monsavon se trouverait tout à fait à son aise dans cette entreprise. Celle-ci appartenait au baron Michel de Beaulieu, un homme de grande prestance qui était en même temps un redoutable homme d'affaires. Comme je n'avais pas d'argent, je me suis dit qu'en vendant Monsavon, je pourrais peut-être acheter Cadoricin. J'entrai donc en discussion avec Michel de Beaulieu et finis par me mettre d'accord avec lui sur les conditions du rachat, comme je l'avais fait avec Burt Smith sur les conditions de la vente de Monsavon.

Bien entendu j'avais prévu des clauses suspensives qui faisaient qu'aucun des deux contrats n'était exécutoire si l'autre n'était pas signé. Tous les textes avaient été vus et revus par nos avocats respectifs. Au jour fixé pour les signatures, j'avais installé Beaulieu dans un bureau et Smith dans un autre. Je vécus alors une aventure à la Pirandello. Beaulieu était arrivé le premier et il avait aussitôt manifesté le désir de relire avec moi certaines pages de notre contrat. À ma grande surprise, il s'arrêta sur un alinéa qui stipulait qu'au cas où il viendrait à décéder avant une certaine date, des modifications précisées dans le texte devraient être apportées au contrat. « J'ai réfléchi, ce texte se réfère à ma mort ; je ne peux pas signer une chose pareille, car j'aurais l'impression de signer mon arrêt de mort », me déclara-t-il tout à trac. « À moins, ajouta-t-il, que vous me juriez que je ne mourrai pas à la date en question. » J'étais abasourdi et ne voyais pas comment échapper à cette superstition. Je me trouve donc en pleine perplexité lorsque l'huissier vient me prévenir que Burt Smith s'impatiente. J'en profite pour demander à Beaulieu de faire une pause. Je me rends donc dans le bureau où se trouvait mon deuxième interlocuteur. Je lui trouve l'œil mauvais car – il devait me le confier par la suite – il s'était un peu attardé la veille sur une bouteille de whiskey. Le sachant gourmand, je décide, pour le faire patienter, de lui faire servir un bon déjeuner. Je demande qu'on me passe Ladurée au téléphone. Sentant Burt Smith rasséréné, j'en profite pour lui dire que j'avais encore à régler, avec Beaulieu, quelques détails de mise en forme de notre contrat qui avaient échappé à nos avocats. Je m'esquive donc, mais c'est pour retrouver Michel de Beaulieu exactement dans les mêmes dispositions d'esprit que lorsque je l'avais quitté quelques dizaines de minutes plus tôt. Pris d'une inspiration subite, je lui déclare alors : « Je vous sens bouleversé et, pour vous apaiser, je peux vous dire ceci : je ne peux pas jurer que vous n'allez pas mourir. mais je peux jurer qu'il n'y a aucune relation possible entre la mention portée dans notre contrat et une quelconque probabilité de votre décès. » Il se redresse et, avec le plus grand sérieux, me demande de m'exécuter. Je lève alors la main droite et prononce les paroles convenues. Il prend aussitôt son stylo et signe. Inutile de dire que j'étais soulagé. Je l'étais d'ailleurs doublement, d'abord pour les intérêts de L'Oréal, ensuite pour ceux d'un homme pour lequel j'avais de l'estime et que je ne voulais, en aucune manière, léser.

Mais je n'étais pas au bout de mes peines. Burt Smith, que je retrouve aussitôt, était manifestement plus détendu et satisfait du déjeuner qu'il avait pris. « Tout est d'accord entre nous, dit-il, mais j'ai oublié de vous indiquer que je voulais aussi votre usine de Clichy. » J'étais à nouveau abasourdi. Le terrain et les bâtiments de l'usine appartenaient à une filiale de L'Oréal et non à Monsavon. Mais j'étais surtout choqué, car il n'avait jamais été question de ce terrain dans nos pourparlers. Cependant, mon interlocuteur était un homme d'une grande droiture ; il était donc certainement, lui aussi, sincère. Je lui fis valoir à plusieurs reprises que je ne pouvais pas m'engager à vendre ce qui ne m'appartenait pas. Mais il s'obstinait. De mon côté, je me disais que je n'allais pas faire échouer la négociation pour un terrain qui, à l'époque en tout cas, n'avait pas grande valeur. Je résistais néanmoins. Tout à coup, j'entendis mon Burt me proposer de jouer à pile ou face l'objet de notre litige. Je résolus d'accepter pour en finir. Burt choisit pile et c'est face qui sortit. Le terrain nous resta et c'est là que nous devions, quelque vingt années plus tard, construire le siège social de L'Oréal.

La vente de Monsavon et l'achat de Cadoricin eurent une très grande répercussion sur la fortune de L'Oréal. D'un côté, nous vendions une affaire difficile qui exigeait de moi presque autant de temps que L'Oréal, dont devaient de surcroît s'occuper à temps plein des collaborateurs de très grand talent, notamment John Seemuller. D'un autre côté, en rachetant Cadoricin, nous neutralisions un concurrent et j'entrevoyais, de ce fait, la possibilité de renforcer nos positions sur un marché porteur, celui du shampooing, alors que le marché de la savonnette stagnait malgré les efforts acharnés de quatre concurrents. Une nouvelle aventure commençait et j'étais heureux d'avoir pu conserver la force de vente de Monsavon pour la vivre avec nous.

Mon exaltation se teintait tout de même d'une certaine amertume. J'avais fait mes débuts dans l'industrie chez Monsavon et je lui avais consacré vingt ans de ma vie professionnelle. Je m'y étais finalement attaché comme on s'attache à un enfant d'une santé délicate. On le savait autour de moi et, à partir de 1962, personne ne se serait avisé, au bureau pas plus chez moi, de mettre une savonnette Monsavon sur mon passage. Il me fallut attendre plus de trente ans pour que le charme opère à nouveau. Je me trouvais chez un de mes neveux qui, pensant me faire plaisir, avait placé, bien en évidence, dans ma salle de bains, une savonnette Monsavon. Je pus constater, non sans émotion, que les chevrons bleus, la bande blanche de l'habillage, le logo, n'avaient pas été modifiés depuis mon époque. Je retrouvais, à l'intérieur, la même savonnette que j'avais connue. Le parfum de lavande était toujours là.

CHAPITRE V

Les années 60

Au début des années 60, on sentait que le monde était en train de changer et je sentais moi-même que le changement qui s'annonçait pouvait nous offrir de nouvelles opportunités de développement. L'économie française était sortie des hésitations et des maladresses des années d'après-guerre. Les revenus ayant progressivement augmenté, toutes les classes de la population étaient prises de boulimie. Nous étions en plein milieu de ce que Fourastié devait appeler les Trente Glorieuses. Les achats se multiplient pour tous les produits d'équipement du foyer qui apparaissent de plus en plus comme étant les moteurs de la croissance. Tous les Français rêvent de posséder une automobile et, avec l'allongement de la période des congés payés, on entre dans la civilisation des loisirs. Le tennis n'est plus réservé à une élite, le Club Med ouvre ses premiers villages et les sports d'hiver se démocratisent.

Le *baby-boom* commence à produire ses effets. Salut les copains, l'heure n'est plus à la morosité, l'emploi est assuré pour tous, on devient gai, on chante *Yellow Submarine* et on danse le twist. La mode est aux tenues décontractées, à l'opposé du maniérisme bourgeois dont les jeunes se détournent de plus en plus. On porte des jeans, des blousons, des mocassins. Les filles gardent les cheveux longs, Courrèges triomphe avec ses robes courtes, ses bottes blanches et ses ceintures qui seront imitées par tous les couturiers. On adopte les matériaux les plus excentriques, comme ceux que propose Paco Rabane. On assiste à une véritable démocratisation de la mode, qui donne naissance au prêt-à-porter des couturiers, au style rive gauche et provoque l'apparition de nombreux créateurs inconnus jusqu'alors. On assiste également à un renouveau du cinéma. Les silhouettes se transforment. Bref, tout change autour de nous, nous nous apprêtons à vivre dans l'abondance. La consommation entre dans sa gloire. La beauté va devenir progressivement l'objet d'un culte. Avons-nous senti tout cela à l'époque ? Je crois que oui, car nous avions les yeux ouverts.

Elnett, notre premier grand succès

Les habituées des salons de coiffure voulaient être assurées du maintien de leurs cheveux dans l'agitation de la vie quotidienne. De leur côté, les jeunes femmes ne voulaient ni permanentes, ni mises en plis ; elles cherchaient néanmoins à donner à leurs coiffures de la tenue, mais dans une atmosphère de liberté, conformément à l'air du temps. Certaines laissaient tomber leurs cheveux sur leurs épaules, parfois jusqu'à la taille, à la manière de Bardot. On commençait à voir apparaître aussi des chevelures très courtes. Il fallait que nous soyons dans le coup. Mais être dans le coup, c'était être dans tous les coups à la fois, afin de répondre aux besoins de tenue quotidienne des cheveux permanentés comme des chevelures en liberté, qu'ils soient longs ou courts.

Il nous fallait trouver un produit pour satisfaire tous ces besoins. C'était évidemment là une gageure. Quelques années plus tôt, nos laboratoires avaient mis au point, à partir de polymères, un produit que l'on appela par la suite laque pour cheveux ; nous l'avions baptisé Oréol Net et l'avions fait expérimenter par des coiffeurs, mais sans succès. Une expérience analogue avait été faite par un de nos confrères aux États-Unis ; elle n'avait pas donné non plus de bons résultats. Mais je me rappelai que nos expériences avaient été menées sans grande conviction. Cette fois, nous étions tous conscients de l'importance de l'enjeu. Nos laboratoires finirent par nous présenter un produit qui maintenait la coiffure sans qu'elle « cartonne ». Les essais effectués dans nos centres techniques, ainsi que parmi les femmes de nos entourages familiaux ou professionnels, se révélèrent tous concluants. Toutes les femmes qui avaient essayé le produit avaient été conquises. Nous étions bien décidés à aboutir très rapidement.

La particularité de notre lancement a été la vitesse foudroyante avec laquelle le produit a été conçu, réalisé, baptisé et conditionné. Comme ce fut le cas, par la suite, pour la plupart des autres marques de la Maison, j'ai personnellement travaillé sur le nom à donner au produit, d'autant plus que son lancement revêtait, à mes yeux, une importance déterminante. Après de longues recherches, mon choix s'est finalement arrêté sur « Ellenett ». Ce nom avait une résonance franco-française, mais le préfixe « elle » évoquait évidemment la femme et fut compris ainsi dans beaucoup de pays. Le suffixe « nett » était international mais il avait été utilisé par les Américains dans le sens de « filet ». Cette ambiguïté nous parut, tous comptes faits, de peu d'importance : Ellenett sonnait bien et c'était là l'essentiel. Pour améliorer le graphisme, nous avons raccourci « Elle » en « El » et joué sur la hauteur de la lettre « l » que nous avons fait dépasser légèrement de la majuscule « E ». Pour valoriser encore le préfixe El, j'ai choisi de diminuer la hauteur du suffixe net. J'ai hésité longtemps sur le choix final de la police de caractères, car je voulais respecter la dignité de la marque, éviter les fioritures et la rendre facile à lire. Il me suffisait, d'ailleurs, de regarder autour de moi les produits de consommation diffusés sur le marché pour me rendre compte que cette exigence de lisibilité de la marque était souvent sacrifiée aux fantaisies des maquettistes.

Il fallait faire choix d'un conditionnement. J'avais auprès de moi, dans notre studio de création, une collaboratrice de très grand talent, Annette Louit. Je me souviens encore de l'après-midi que nous avons passé ensemble. Nous avions devant nous un bidon vide, des feuilles de papier de couleur, des flacons de peinture, des pinceaux, des ciseaux et de la colle. La présentation qui fut finalement donnée à l'aérosol de laque Elnett fut mise au point en quelques heures. La technique du « brossé or » allait donner un aspect satiné au bidon et en faire un conditionnement élégant. Nous hésitions sur la forme et la couleur à donner au capuchon. Pour finir, nous avons choisi la simplicité : un capuchon rond et blanc. Sur l'aplat en brossé or, il nous fallait représenter un visage et une chevelure de femme évoquant à la fois l'élégance et la légèreté. Je me suis alors rappelé une affiche qui avait été réalisée à l'occasion d'une manifestation professionnelle de la coiffure. Annette alla la chercher dans son studio et la transposition à laquelle elle procéda sur-le-champ me rassura pleinement. Nous n'avions plus qu'à transmettre la maquette au service des achats. Elnett ne fut d'ailleurs pas le seul succès professionnel d'Annette Louit. Elle devait notamment réaliser, avec le même bonheur, quelques années plus tard, le conditionnement de l'eau de toilette Anaïs-Anaïs de notre ligne Cacharel.

Ce ne fut pas facile de trouver un fournisseur capable de garantir la qualité du brossé or qui faisait toute l'élégance du conditionnement mais, finalement, l'usine a pu être approvisionnée en moins d'un mois. Comme la formule était prête, le lancement sur le marché a pu être réalisé aussitôt. Le produit fut très bien accueilli par les coiffeurs, les parfumeurs et les pharmaciens qui s'empressèrent de le mettre en avant. Elnett s'assimilait à un article de prestige et aucun de nos concurrents ne parvint à égaler sa présentation. Nous avions, en outre, gagné trois mois sur le délai que nous aurait demandé une agence de publicité pour mettre au point le conditionnement. Nous avons choisi de réaliser l'annonce publicitaire du produit en collaboration avec deux publicitaires amis, MM. Ferrandou et Pradère. Les concepteurs professionnels ne manquent généralement pas d'idées, mais ils ont trop souvent tendance à s'éloigner de la promesse fondamentale du produit. Or, en l'espèce, cette promesse était tout entière contenue dans la qualité de la formule et nous savions, de surcroît, qu'elle correspondait très exactement aux attentes des femmes : il fallait donc dire tout simplement qu'Elnett ne collait pas les cheveux et surtout qu'elle s'éliminait très facilement lors du brossage du soir. Pour traduire ces mérites, nous sommes donc allés à contre-courant des idées reçues selon lesquelles il n'est de bon argument publicitaire que positif. Notre argumentation – « Elnett, la laque qui s'élimine au plus léger brossage » – a fait le tour du monde.

Une merveilleuse formule, un merveilleux conditionnement, une argumentation publicitaire au service de la performance du produit, un marché qui s'éveille : toutes les conditions étaient réunies pour assurer à Elnett un succès foudroyant. Mais il nous fallait protéger ce succès. Avec Elnett, on reconstituait le prestige de L'Oréal qui avait été compromis par le caractère tapageur de la publicité et de la distribution de masse du shampooing Dop. Au départ, Elnett a été exclusivement vendu chez les coiffeurs, les parfumeurs et les droguistes de qualité. Nous avons évité la publicité radio en raison de son caractère trop réductionniste. C'est pourquoi nous avons choisi d'exposer, dans des magazines féminins, notre argumentation de « la laque qui s'élimine au plus léger brossage ».

Avec le succès d'Elnett, nous tenions aussi un principe de diversification de nos structures qui se révéla d'une très grande fécondité pour la poursuite de notre développement. Dorénavant, nous aurions deux catégories de produits que, en toute innocence, nous avons respectivement dénommés, dans le jargon maison, les produits de droite et les produits de gauche. Ici, des produits de consommation courante, Dop, Cadoricin, Roja et des *commodities* comme disent les Américains, distribués principalement, pour cette raison même, avec les produits alimentaires. Là, des produits signés L'Oréal, à forte valeur ajoutée et à forte valeur perçue par la femme, présentés dans des magasins élégants, donc des produits à prix relativement élevés et de grande qualité : outre la laque Elnett, des produits de coloration des cheveux, le shampooing Traital, la Moelle Garnier et, plus tard, bien d'autres produits...

Nous faisons d'Elnett une marque internationale

Elnett devait aussi nous permettre de nous lancer sur les marchés européens des produits publics d'où nous étions pratiquement absents. Fort de cette conviction, je me suis mis à prêcher « la théorie de la brèche » que j'ai énoncée avec le plus grand soin à l'intention des dirigeants de nos filiales européennes. Lorsqu'on tient un bon produit, il faut avoir l'audace de « mettre le paquet » ; toutes les forces de l'entreprise doivent être concentrées sur sa réussite. Il faut commencer par « vider la caisse », ne pas tolérer le moindre retard dans la production ou dans les livraisons, il faut donner aux représentants un moral de vainqueurs et les mettre en condition de transmettre leur enthousiasme à leurs clients. J'ai toujours eu beaucoup de difficultés à faire mettre en pratique cette théorie par nos directeurs de filiales étrangères, lesquels avaient tendance à « jouer petit bras », à démarrer lentement, en se disant qu'il leur serait toujours loisible d'appuyer sur l'accélérateur si le lancement leur paraissait prometteur. Ils ne se rendaient pas compte qu'un départ timide, avec une publicité trop discrète, finit par émousser la confiance des clients et ne permet pas le décollage du produit. L'histoire d'Elnett nous a permis de démontrer que, quand un produit a réussi dans le pays qui l'a lancé et qu'il a donc fait la brèche, tous les autres pays doivent l'imiter sans retenue. Leurs dirigeants doivent savoir que le succès appelle le succès, car il y a un véritable déterminisme du succès. Si ça marche en Allemagne, ça doit marcher aussi en Angleterre et en Hollande ; si ça marche en Allemagne, en Angleterre, en Hollande, ça doit marcher aussi en Norvège, en Espagne et au Portugal. Bien entendu, l'inverse est également vrai : l'échec appelle l'échec et, s'il y a échec quelque part, il faut se retenir partout. Car il y a aussi un déterminisme de l'insuccès.

En outre, quand un produit est susceptible, comme cela a été le cas d'Elnett, de s'imposer par une qualité supérieure à celle des produits déjà présents sur le marché, il serait absurde de le vendre au prix du marché, c'est-à-dire au prix fixé par des produits de moindre qualité. Il faut au contraire le vendre en tenant compte de sa supériorité, c'est-à-dire plus cher que les autres. Vendre au prix du marché, voire au-dessous, est le recours de ceux qui n'ont pas confiance dans la qualité de leurs produits ou de ceux qui s'imaginent qu'ils vont pouvoir faire des affaires avec de pâles imitations des produits des autres. Depuis Elnett, ma philosophie est très simple : quand on a des produits meilleurs et mieux présentés que ceux des concurrents, il ne faut pas avoir peur de les vendre cher. C'est d'ailleurs bien ce que font les grands constructeurs allemands d'automobiles, comme Mercedes, BMW et Audi pendant que d'autres constructeurs, naguère très inventifs, en sont venus parfois à brader leurs voitures, dans l'espoir que cela permettra de compenser leur banalité. Quant à nous, nous avons vendu pendant des années, sur le marché allemand, la laque Elnett, à égalité de contenance, deux fois plus cher que les concurrents. Ces derniers s'épuisaient pendant que nous gagnions de l'argent.

Elnett fait partie des mythes fondateurs du grand L'Oréal. Elle a 40 ans et, en quarante ans, il s'en est vendu plus d'un milliard d'unités dans le monde. Elle n'a pas pris une ride puisque ni l'esprit de sa formulation, ni son conditionnement n'ont été modifiés depuis l'origine. Sur le marché des laques, elle est devenue une institution. Alors que la règle générale veut qu'un fabricant cherche à faire référencer ses produits par la grande distribution, c'est la démarche inverse à laquelle nous avons assisté pour Elnett. Les directions commerciales des hyper et supermarchés n'ont cessé de demander, voire d'exiger, qu'on accepte de leur vendre Elnett. J'ai longtemps résisté, car je craignais une détérioration de l'image du produit ainsi que des réclamations de la part de ses distributeurs naturels, les clients privilégiés du départ. Mais la grande dame a très bien supporté le choc ; elle a gardé ses fidèles, bien qu'après quelque temps, elle soit sortie de sa distribution d'origine.

Avec Printil nous débloquons le marché français des déodorants

Le succès d'Elnett nous avait permis d'affermir notre crédibilité dans les circuits de distribution sélectifs du *drug* : nous étions à peu près assurés que toute initiative nouvelle de notre part y serait bien accueillie. Nous disposions en outre d'une force de vente motivée, prête à la conquête de nouveaux marchés. Les conditions étaient donc réunies pour nous permettre de nous engouffrer, avec de nouveaux produits, dans la brèche qu'Elnett venait de créer dans les marchés publics.

Il m'apparut cependant que ces marchés n'offraient pas seulement des opportunités de développement pour des produits capillaires, c'est-à-dire des produits issus de notre métier de base. L'Oréal a conclu, en 1964, avec la société Mennen un accord pour la commercialisation, en Europe, de sa ligne de produits de rasage. La même année, Roja, qui commercialisait depuis toujours des produits de maquillage, a démarré la commercialisation, sous la marque Mixa Mains, d'une crème pour les mains. Nous avons également lancé, à la même époque, la ligne de bains moussants Obao. Cependant, ces initiatives n'avaient rien d'aventureux. Les besoins étaient évidents et il suffisait d'aller à leur rencontre avec de bons produits pour avoir des chances de succès.

Avec les déodorants, ce fut une autre affaire. Nous nous étions rendu compte qu'en comparaison de ce qu'il était dans les pays anglo-saxons et même dans des pays latins comme l'Espagne et l'Italie, le marché des déodorants corporels était, en France, totalement sous-développé. Il était essentiellement exploité par Odorono. C'était un bon produit, mais qui se trouvait assimilé, du seul fait de son nom, à un médicament contre les mauvaises odeurs. Or, comme nous avions pris l'habitude de le dire à L'Oréal, on ne trouve dans un marché que ce qu'on y a mis : dès lors qu'on y avait mis un médicament, il ne fallait pas s'étonner que les consommateurs qu'on pouvait y trouver aient été plus ou moins des malades avoués et, par la force des choses, peu nombreux. Le marché était donc sous-développé, non pas parce que le besoin n'existait pas – il suffisait de traverser un bureau pour être incommodé par certaines effluves... – mais parce qu'on n'avait pas su le créer. Je m'étais fait ce petit raisonnement depuis quelque temps déjà lorsque l'occasion me fut donnée de rencontrer Ferret, le plus important grossiste en produits de parfumerie de la région parisienne, qui avait la distribution d'Odorono pour la France.

– Vous serez déçu, car vendre des déodorants en France, c'est comme vendre du parfum à des Japonaises ou du café à des Anglais, m'avait déclaré Ferret.

– Dans vingt, trente ou peut-être cinquante ans, les Japonaises utiliseront du parfum comme les Américaines, lui avais-je répondu, et je suis convaincu que les Anglais se mettront à boire du café.

En me remémorant aujourd'hui cette conversation, je ne peux pas m'empêcher de sourire car les Japonaises se mettent, petit à petit, à utiliser du parfum. Quant aux Anglais, ils boivent aujourd'hui, par tête d'habitant, autant de café que les Français. Que l'entreprise me soit apparue comme très difficile, cela n'avait rien d'étonnant, car les observations que j'avais faites à l'époque de Monsavon m'avaient montré que les Français se lavaient peu et changeaient peu souvent de linge. On avait donc peu de chances d'ouvrir le marché du déodorant corporel en s'attaquant de front aux problèmes de l'hygiène des adultes. C'est d'ailleurs la raison pour laquelle nous avions orienté les campagnes de propreté de Monsavon vers les enfants, avec le slogan « lavez-vous, sentez bon » qui devint vite célèbre. Mais, ce faisant, nous travaillions évidemment pour les générations futures... Il nous fallait donc trouver une autre approche pour pouvoir relever, dans des délais raisonnables, le défi que Ferret m'avait en quelque sorte lancé. Nous avons tenu plusieurs réunions avant d'arrêter notre stratégie de lancement. Nous avions nos certitudes : d'une part, la qualité du produit mis au point par nos laboratoires égalait celle des meilleurs déodorants anglo-saxons, d'autre part, il n'était pas question d'évoquer dans la publicité, comme on le faisait dans certains pays, des ruptures de fiançailles en raison de mauvaises odeurs corporelles... À force de chercher, nous finîmes par nous arrêter à l'idée de se sentir bien dans sa peau, ce qui nous conduisit à évoquer le printemps et à choisir, comme marque, Printil. Le message : « Être fraîche c'est facile, le rester c'est Printil » fut, en raison de sa délicatesse, très bien accueilli par la clientèle du *drug*.

Le succès fut acquis dès la première année. Pour l'étayer, nous avions entrepris des recherches sur le phénomène de la transpiration, mais nous nous sommes rendu compte que nous nous trouvions devant un problème d'une très grande complexité, dans lequel les facteurs physiologiques et les facteurs psychologiques interagissent constamment d'une manière très subtile. D'autres entreprises, bien plus importantes que la nôtre, étaient déjà très avancées dans cette voie de recherche et j'ai estimé que nous avions suffisamment à faire ailleurs pour ne pas devoir nous y engager à notre tour. Néanmoins, je crois pouvoir dire que notre succès a été important, surtout en France, où le marché était à ouvrir. Conformément à notre doctrine de l'autoconcurrence, nous ne nous sommes pas limités à la marque Printil. Nous avons ajouté des déodorants à nos lignes cosmétiques Mennen, Biotherm, Vichy et surtout Obao, puis à nos lignes de parfums. Le lancement de Printil fut suivi, deux ans après, par le lancement de Narta, qui fut très réussi.

La leçon que j'ai tirée de l'ouverture du marché français des déodorants est qu'il faut parfois dépasser les réalités du moment et prendre des risques. « Vous ne vendrez pas plus de deux millions d'unités par an », disait Ferret. Or le marché français est, aujourd'hui, de 150 millions d'unités ! Combien de fois me suis-je trouvé face à des collaborateurs qui avaient, eux aussi, d'excellents arguments à opposer au lancement d'un nouveau produit : « Le marché n'existe pas », ou bien « le marché est très limité », ou bien « il concerne une catégorie très particulière de consommateurs », etc. Il est vrai qu'en France, l'erreur est tragique. Celui qui a fait de mauvaises affaires est marqué au fer rouge. Il ne trouve plus de crédit et n'a donc aucune chance de mener à bien un projet nouveau. Or, considérés globalement, l'innovation et le progrès résultent de tout un ensemble d'initiatives individuelles qui, pour une part, seront nécessairement des échecs. Ne pas accepter le risque d'échec, c'est donc censurer le progrès. La formule « on ne trouve dans un marché que ce qu'on y a mis » est devenue une formule maison. Mais chacun, à L'Oréal, le sait bien, elle signifie aussi qu'on ne risque pas de trouver sur le marché ce que l'on n'a jamais osé y mettre. C'est dans ce sens qu'il m'arrivait de dire que L'Oréal était pour nous comme un casino et, jouant sur le fait que notre siège était installé à l'époque rue Royale, un Royal Casino.

L'acquisition de l'humus Garnier pour développer le marché des shampooings

Depuis la fin des années 50, notre concurrent Garnier était devenu l'obsession de nos forces de vente tant dans le domaine de la coiffure que dans celui des produits publics. Il faut dire que cette affaire était animée par M. Wicart, son fondateur, un homme extrêmement ingénieux et d'une très grande finesse commerciale.

Certaines femmes, parmi celles qui se coloraient les cheveux, reprochaient à Dop de rendre les cheveux secs et électriques et cela dura d'ailleurs jusqu'à la fin des années 60. Wicart avait eu l'idée de tirer parti de ces critiques pour créer un shampooing à la moelle qui eut très vite un grand succès, car il était très peu détergent. Nos collaborateurs avaient tendance à minimiser ses qualités et à prétendre que la moelle était un argument artificiel. Mais les femmes appréciaient le produit : elles ne demandaient d'ailleurs pas un shampooing Garnier, elles demandaient une moelle Garnier. Je fis procéder à des tests comparatifs très rigoureux sur cheveux très secs et décolorés. Ils levèrent vite tous nos doutes : la moelle avait effectivement une action bienfaisante, qui confirmait le sentiment dont faisaient état les utilisatrices du shampooing Garnier. En outre, c'était un adjuvant dont la présence dans le produit sautait littéralement aux yeux, puisque la moelle décantait dans le flacon, de sorte que, conformément à l'expression consacrée, il fallait vraiment « secouer avant d'utiliser ». Le produit présentait donc beaucoup d'attraits. En outre, il avait eu d'autant moins de difficultés à mordre sur Dop que notre shampooing était devenu un produit très populaire, en raison de sa publicité et de sa distribution, qui allait jusqu'aux épiceries de détail où il se trouvait souvent, faute de place, dans le rayon des légumes.

Wicart avait, au contraire, pris soin de vendre son shampooing dans les circuits du *drug*. Nous avons sans doute contré ses initiatives en lançant, dans les mêmes circuits, sous la marque Traital, une famille de shampooings à tous égards différents de Dop. Mais, les gens de Garnier, décidément redoutables, n'avaient pas hésité à critiquer notre initiative auprès des coiffeurs en claironnant que nous n'hésitions pas à les trahir en vendant en dehors des salons de coiffure les shampooings qui étaient censés leur être réservés. Ils ne manquaient pas d'ajouter que l'on reconnaissait bien là « le comportement impérialiste de la grande maison ». Le recours à cet argument était d'autant plus scandaleux que Garnier ne faisait rien d'autre avec son shampooing à la moelle. Face à tant de mauvaise foi, nous nous sentions désarmés. Je me suis dit qu'une campagne de désintoxication, à supposer qu'elle eût réussi, nous aurait certainement coûté très cher, plus cher peut-être que l'acquisition pure et simple de notre concurrent. C'est donc vers cette solution que je me suis orienté.

Les négociations furent menées, avec la plus grande adresse, par Georges Glass, qui tenait, depuis 1940, une place importante à L'Oréal. Elles ont été très difficiles. M. Wicart et son gendre, qui l'assistait, émirent des prétentions que nous jugions exorbitantes. Après maintes tergiversations, je finis par me mettre d'accord avec eux sur un prix. Mais il me fallut alors faire face à une vive critique de nos comptables. L'examen des comptes montrait, en effet, que la société Garnier était devenue déficitaire et son actif net largement négatif : en stricte orthodoxie financière, elle ne valait donc que ses dettes, ce qui autorisait nos financiers et nos comptables à me dire et me redire que cet achat était insensé. J'aurais pu me borner à leur servir l'argument que Wicart utilisait pour justifier ses prétentions : « En achetant le numéro 2, vous éliminez une nuisance et vous vous donnez la possibilité d'assainir le marché ; vous aurez tôt fait de récupérer votre mise. » Cela ne correspondait pas à mes vues : pour moi, c'était plutôt un développement complémentaire et important sur le marché des shampooings que nous offrait l'affaire Garnier. J'expliquai à mes contestataires que si nous n'achetions certes pas un actif comptable, nous achetions néanmoins un actif potentiel considérable, que nous avions les moyens de faire fructifier. Garnier, dis-je, est un peu comme une terre en jachère, mais son humus est très riche, c'est un terreau sur lequel on peut obtenir, peu à peu, de très belles récoltes, à condition de vouloir l'ensemencer et de le travailler correctement. Liliane Bettencourt fut la première à se rendre à mes arguments. C'est une marque de confiance qu'elle me renouvela plus d'une fois, par la suite, dans des conditions analogues.

Il faut dire qu'à l'époque – nous étions, je le rappelle, au début des années 60 – bien peu d'hommes d'affaires français avaient compris ce que pouvait représenter l'actif immatériel d'une entreprise. Nous avons mis beaucoup plus de temps que les Anglo-Saxons à comprendre l'importance d'une bonne image institutionnelle d'une entreprise et de bonnes images de marque de ses produits. Avec le recul, je ne m'étonne donc pas d'avoir eu tant de difficultés à faire comprendre à mes financiers que la Moelle Garnier était associée, dans l'esprit des consommatrices, à un produit susceptible de restaurer le cheveu et que la puissance de cette évocation suffisait à ajouter « un plus » à la valeur comptable négative de l'affaire. Il reste qu'en imposant à mon entourage l'achat de Garnier, je fis entrer dans le patrimoine de L'Oréal, un nouveau territoire. Mais il était nécessaire, pour l'exploiter au mieux, d'y semer des graines qui soient en conformité avec la graine originelle. Nous avons donc conçu un plan en trois volets : d'abord mobiliser nos laboratoires sur l'amélioration de la qualité du shampooing à la moelle, car cette amélioration était possible ; ensuite faire bénéficier cette marque de notre expérience de la publicité de produits destinés au grand public ; enfin améliorer la gestion de l'affaire, qui avait été très négligée. Tout cela prit du temps, mais aboutit finalement à faire de Garnier la raison sociale d'une nouvelle entreprise en situation d'autoconcurrence avec L'Oréal. L'affaire Garnier, comme nous la dénommions désormais, avait ses propres produits. Elle conserva de la moelle le souvenir de la douceur qui caractérisait le shampooing originel, mais le produit ne s'appela plus Moelle Garnier : il devint le shampooing Ultra-Doux, qui fut exploité simultanément en France, en Italie, en Belgique et en Suisse, c'est-à-dire dans tous les pays où il existait un humus Garnier. En même temps, nous fîmes en sorte de confier à l'affaire Garnier la commercialisation de certains produits nouveaux issus de nos laboratoires ou de produits déjà existants, dont la nature nous paraissait mieux s'associer à l'image de Garnier qu'à celle de L'Oréal.

En bref, nous avions acheté un produit. Sur l'humus qu'il représentait, nous avons construit une véritable entreprise. Garnier est, en effet, aujourd'hui une affaire très prospère.

Avec Kérastase, les coiffeurs se révèlent aussi des commerçants

Les négociations pour l'acquisition de Garnier furent difficiles. Je ne pouvais pas en attendre l'issue, qui fut d'ailleurs longtemps incertaine, pour chercher à rétablir, sur le marché des shampooings, un prestige que la moelle Garnier avait entamé. Il nous fallait donc reprendre rapidement l'initiative par des produits d'une technicité reconnue. Nous devions, en outre, nous orienter en priorité vers le marché des produits professionnels pour coiffeurs, parce que ce marché était un peu notre apanage et aussi parce que, du fait des manœuvres obliques des gens de Garnier, les coiffeurs n'avaient pas réellement adopté nos shampooings techniques Traital.

Si nous avions mené et gagné, dans les salons de coiffure, la bataille de la coloration et de la permanente, nous n'avions, en somme, rien entrepris ni réussi de décisif dans le domaine des soins capillaires. Cette négligence était d'ailleurs générale. Nous avions sans doute lancé, quelques années plus tôt, des crèmes pour cheveux secs comme, par exemple, la crème Kirone ; un de nos concurrents, Eugène, avait mis au point un produit traitant sous la marque Kéranove ; l'Allemand Wella Kollestone avait lancé une crème de traitement pour cheveux décolorés. Mais ces initiatives ne menaient pas très loin. Il me semblait qu'en analysant de plus près la diversité des besoins de soins capillaires des consommatrices et en créant des produits pour répondre à chacun de ces besoins, on devait pouvoir mettre sur pied une gamme de produits de soins susceptibles d'être appliqués, par les coiffeurs, dans leurs salons.

Nous avons mobilisé nos laboratoires au service de cette idée. Nous avions intérêt à accrocher les différents produits de la gamme à une seule marque. À ce sujet, mon choix s'est arrêté sur Kérastase, dont le préfixe grec *kera* évoque le cheveu. Sa consonance avec métastase a éveillé, sur le moment, des craintes, mais une étude nous a révélé qu'elles n'étaient pas fondées. J'ai pensé, en outre, qu'il serait impossible de réussir la commercialisation de cette ligne, sans lui affecter une équipe de représentants spécialisés. Il fallait aussi que nous limitions nos ambitions à une cible de coiffeurs relativement étroite, une sorte de club, dont les membres accepteraient de jouer le jeu avec nous. Nous avons, sans attendre, mis au point des programmes de formation appropriés, pour les coiffeurs Kérastase comme pour nos représentants. La limitation de la clientèle n'a pas manqué de créer les problèmes habituels : il faut toujours se battre pour convaincre un coiffeur de s'intéresser à une nouvelle ligne de produits, mais on n'évite pas non plus que les coiffeurs auxquels la ligne n'a pas été proposée se considèrent comme délaissés. Comme d'habitude, nous nous en sommes tirés en plaidant la nécessité de prendre le temps de bien faire les choses, dans l'intérêt de tous.

Les soins étaient proposés dans une nomenclature de traitement très originale : Surfactif triple, Émulsion riche, Hydractif divalent, Soluté antisébo, Masque à l'huile de germe de blé, Sève réparatrice, Bain volumateur antigras, etc. Comme les produits étaient excellents, ils furent appréciés par les consommatrices et les coiffeurs furent heureux et fiers de ce nouveau service qui contribuait, par son prestige, au prestige de leurs salons.

Au départ, les produits signés Kérastase ne furent vendus qu'aux coiffeurs pour des applications faites par eux, dans leurs salons. L'idée m'est alors venue de créer, sous la même marque, une collection jumelle de la collection professionnelle, dont les produits seraient destinés à la vente par les coiffeurs à leurs clientes pour des utilisations, par elles, à domicile. Le projet parut irréaliste à la quasi-totalité de mes collaborateurs, y compris aux grands spécialistes de la coiffure qui étaient mes conseillers habituels, Jean Schmidt à Paris ou M. Berli en Suisse. Tous estimaient que les coiffeurs étant des artisans, ils répugneraient à revendre en l'état des produits sur lesquels ils n'auraient pas eu la possibilité d'exercer, d'une manière ou d'une autre, leur art. Pour ma part, j'estimais, au contraire, que la revente de produits de traitement pouvait faire exception à cette règle générale, car elle était une façon de prolonger, et ainsi de valoriser, les services de traitement rendus par le coiffeur à ses clientes, dans son salon.

Il convenait cependant de contrer l'argument selon lequel, en vendant à une cliente un produit Kérastase pour une application à domicile, le coiffeur se priverait de la possibilité de vendre à sa cliente un produit pour une application dans son salon, car il se ferait ainsi concurrence à lui-même. Mon raisonnement était simple. Il consistait à dire au coiffeur : « Vous venez de faire une application Kérastase sur les cheveux d'une cliente ; elle est satisfaite, mais elle ne va pas revenir demain pour se faire faire un nouveau soin ; elle sera peut-être en week-end, en tout cas, elle ne peut pas venir deux ou trois fois par semaine chez vous. Or les femmes ont besoin de s'occuper quotidiennement de leurs cheveux. Que vont faire vos clientes ? Elles vont acheter, ici ou là, un produit qui ne pourra pas leur donner vraiment satisfaction. Pourquoi ne leur proposeriez-vous pas un produit dérivé de celui que vous avez utilisé pour elles, dans votre salon, et qu'elles pourront appliquer elles-mêmes chez elles ? »

J'ai rendu visite au président de la Fédération de la coiffure pour lui démontrer que nous avions une occasion unique de permettre à des coiffeurs, qui sont des artisans, de devenir aussi des commerçants. Nous avons fait une énorme campagne en faveur de la vente, par des coiffeurs, des produits de la collection Kérastase, en utilisant l'argument que les produits à appliquer à domicile ne sont jamais que des produits relais, vendus exclusivement par les coiffeurs, pour prolonger les soins dans le salon.

La question fut réglée par le marché. La ligne réservée à la revente pour utilisation à domicile fut et reste un énorme succès. Il fallait, bien entendu, convaincre les directions coiffure de L'Oréal dans tous les pays. Elles furent, au début, réfractaires mais finirent, cependant, par être convaincues, car les faits ont été plus têtus qu'elles. Kérastase représente, aujourd'hui, une magnifique affaire.

Colorelle ouvre le marché de la coloration

Au début des années 50, nous avions mis à la disposition des coiffeurs, sous la marque Régé Color, des produits de coloration légère qui présentaient, sur la teinture classique, un très grand avantage aux yeux de beaucoup de femmes. Ces produits, qui donnaient aux cheveux un aspect chatoyant, eurent un grand succès, à telle enseigne que, très rapidement, les coiffeurs réalisèrent, avec eux, un chiffre d'affaires du même ordre de grandeur que celui des teintures. Nous avons alors décidé de mettre le produit en parfumerie, toujours sous la marque Régé Color, mais sans publicité, par conséquent d'une manière relativement confidentielle. Notre discrétion n'a malheureusement pas empêché une violente réaction de la profession des coiffeurs, qui se réunit en congrès extraordinaire. La thèse qui prévalait était que notre initiative risquait de démythifier la teinture pour cheveux, activité que les coiffeurs considéraient, à juste titre d'ailleurs, comme étant leur apanage. Nous fûmes invités à nous défendre et ne manquâmes pas de faire valoir que la prospérité des coiffeurs était pour nous essentielle, et que nous comptions bien que le développement progressif du marché de la coloration à domicile y contribuerait. La plupart des vedettes de la profession se rangèrent à nos arguments mais, comme nous le rapportaient nos représentants, un malaise profond subsistait chez beaucoup de coiffeurs.

Il fallut, pour le dissiper, que survînt l'affaire Michel Simon et que l'on s'avisât que la teinture pour cheveux, telle qu'on la pratiquait, était effectivement menacée, mais que nous n'étions pour rien dans ces menaces. Michel Simon nous intenta, un jour, un procès à la suite d'un grave accident allergique qu'il attribua à une teinture qu'on avait appliquée sur ses cheveux pour les besoins d'un film. L'acteur était très populaire. Sa mésaventure fit la une de *France Soir* et la presse tout entière se déchaîna contre la teinture pour cheveux. Un journaliste, rapportant le décès d'une femme dans une petite ville de province avait même cru devoir signaler que « la victime » s'était fait faire une teinture dans la semaine qui avait précédé sa mort ! L'affaire Michel Simon me paraissait d'autant plus dangereuse pour L'Oréal que le public n'est jamais enclin à attribuer le moindre tort à ses idoles. Or Michel Simon avait des torts. Il était défendu par maître Floriot, grand pénaliste de l'époque. Cela ne nous empêcha pas de gagner le procès. Mais l'opinion demeurait insensible à la réalité. Je dois ajouter que ce fut aussi le cas de beaucoup de soi-disant scientifiques. Le milieu des toxicologues ne cachait pas ses préventions à l'égard de nos produits, de sorte que les tests destinés à contrôler leur innocuité consistaient à administrer, chaque jour, à des rats ou à des souris, des quantités de molécule active pouvant représenter jusqu'au sixième de leur propre poids, alors que nos teintures contenaient des doses infimes de ces substances et que les risques étaient d'autant moins grands que les cheveux étaient immédiatement lavés après les applications. À force de rigueur et d'objectivité, nos chercheurs, aidés par de grands experts européens et américains, finirent par avoir raison de ces jugements absurdes.

Malgré tout, les remous médiatiques de l'affaire Michel Simon avaient entamé la confiance de nombreux coiffeurs et de leurs clientes dans l'aptitude de nos teintures à traiter, sans réactions secondaires, le problème des cheveux blancs. La psychose était telle que les tests classiques de sensibilisation allergique ne pouvaient plus suffire. Il nous fallait donc adopter une approche novatrice du problème. En premier lieu, nous devions substituer à la teinture, en raison des connotations négatives qui lui étaient désormais attachées, un produit qui apparaîtrait clairement comme moins dangereux et, par conséquent, différent. Nous mobilisâmes nos laboratoires autour du concept de shampooing colorant, ce qui donna naissance à Colorelle. L'application était beaucoup plus simple et le produit lui-même assimilable à un shampooing classique, c'est-à-dire un produit fugace et sans mystère. Les coiffeurs firent alors preuve de beaucoup d'intelligence. Ils comprirent que le shampooing colorant leur donnait la possibilité d'aborder, d'une manière beaucoup plus délicate, le problème des cheveux blancs de leurs clientes. En effet, parler de ses cheveux blancs à une femme, cela revient à lui demander son âge. Tout le monde savait qu'avec le shampooing colorant on masquait les cheveux blancs, mais on n'avait plus à le dire. Désormais, le coiffeur pouvait se borner à dire à sa cliente : « Je vous propose un petit shampooing colorant, vos cheveux seront plus lumineux et chatoyants, et puis vos cheveux blancs disparaîtront. » La cliente comprenait très bien que l'essentiel était de couvrir les cheveux blancs, mais elle jouait le jeu. Nous appuyâmes le lancement de Colorelle par des panneaux publicitaires qui mettaient en évidence, dans les vitrines des salons de coiffure, la beauté des nuances apportées par le shampooing colorant. Le succès commercial du produit fut éclatant.

Ainsi, avec Colorelle qui permettait, sans le dire, de couvrir les cheveux blancs et Régé Color qui donnait des reflets plus fugaces aux cheveux naturels, enfin avec les différents procédés qui furent à l'origine du développement des mèches colorées ou décolorées, nous étions parvenus à parer aux menaces que faisait peser sur la profession de coiffeur la contestation de la teinture. En même temps, nous avions pu transformer et moderniser l'ensemble des techniques de coloration du cheveu dans les salons. Le shampooing colorant s'ajoutant à la coloration légère, nous avions aussi pratiquement doublé nos moyens d'attaquer et développer le marché public de la coloration.

Hygiène et Confort, une moisson merveilleuse

Un jour, un homme d'une trentaine d'années vint m'exposer une idée toute simple dont l'ingéniosité me stupéfia.

Elle consistait à remplacer par une fente le trou rond qui était jusqu'alors pratiqué dans les tétines des biberons. La fente présentait l'avantage de faire facilement varier le débit du lait. Celui-ci étant minimum lorsque la fente est parallèle aux gencives, il suffisait, pour l'augmenter, de tourner progressivement le biberon dans la bouche de bébé. C'était l'œuf de Christophe Colomb !

Je fus également stupéfait d'apprendre que j'étais la quatrième personne à laquelle l'inventeur avait proposé son brevet. D'après ce que j'avais compris, les trois premières avaient paru amusées, mais aucune n'avait osé s'intéresser à l'invention, sans doute parce que son objet – remplacer un rond par une fente – leur paraissait futile. Pourtant, l'invention répondait à un besoin évident, car les tétines classiques à trous posaient constamment des problèmes aux parents, à commencer bien sûr par la mère de famille et surtout le « président bébé ». Ou bien le trou était insuffisant, bébé pleurait et il fallait alors percer d'autres trous pour se trouver souvent devant le problème inverse : le débit était trop fort et bébé manquait de s'étouffer. Les prétentions de l'inventeur me paraissant très raisonnables, je fis aussitôt rédiger un compromis d'achat du brevet, sous réserve, bien entendu, de sa validité. Or le brevet, à mon grand étonnement d'ailleurs, se révéla valide.

Il fut à l'origine d'un magnifique succès commercial. Malgré son prix de vente plus élevé, la tétine Dodie avait pris en quelques mois la moitié du marché et, à la fin de la deuxième année d'exploitation, les trois quarts. Cette affaire nous amusa tous tellement que, piqués au jeu, nous y sommes allés, nous aussi, de notre invention : comme nous avions remarqué que les biberons cylindriques roulaient trop facilement sur le sol lorsqu'ils échappaient des mains de la mère ou de celles de son bébé, nous fîmes réaliser un biberon à base triangulaire qui fit partie, avec la tétine, de notre ligne Dodie dont l'exploitation se révéla très profitable. Elle fut intégrée à une division commerciale que nous baptisâmes Hygiène et Confort.

La division Hygiène et Confort avait toutes les apparences du fourre-tout, mais elle avait, dans son catalogue, outre

Dodie, un ensemble de produits d'une réelle originalité qui avaient tous été mis au point par des hommes à l'esprit parfaitement inventif. Personne, avant Scratch, n'avait eu l'idée d'une pastille désinfectante et déodorante pour les cuvettes de w.-c. K_2R, mis au point par un ingénieur italien se distinguait des autres détachants par une grande commodité d'emploi. Le tampon ob, concurrent de Tampax, représentait, lui aussi, un réel intérêt, que prouvait suffisamment son implantation très importante en Allemagne.

Malheureusement, si le brevet Dodie et la marque nous appartenaient, si Scratch nous appartenait, nous n'étions pas propriétaires des marques K_2R et ob. Toutes les marques de la division Hygiène et Confort ont été cédées il y a quelques années avec une plus-value très substantielle. Marc Ladreit de Lacharrière réalisa la transaction avec beaucoup d'habileté et, comme pour minimiser ses mérites dans cette affaire, il me confia, en se référant aux inventeurs de Scratch, K_2R, Dodie et ob, qu'il était décidément plus facile de vendre des entreprises que d'en créer.

L'essor attendu de la distribution de masse

Dès 1960, il était apparu que les petits épiciers, qui représentaient la moitié des débouchés des lessives, des savons de toilette et du shampooing Dop, n'étaient plus intéressés par la distribution des produits cosmétiques. De leur côté, les droguistes, essentiellement préoccupés de vendre des produits d'entretien et d'équipement du foyer, avaient tendance à négliger nos produits. Nous n'avions plus que les Magasins Populaires – Monoprix, Prisunic, Nouvelles Galeries – comme clients structurellement organisés. Je m'étais même fait, à l'époque, cette réflexion : « Nous avons un bon produit, la publicité de Dop est devenue une institution nationale, mais nous n'avons plus personne pour le distribuer aux consommateurs. »

Mon ami Maurice Labruyère, qui était président de la Fédération française des grossistes en alimentation, m'apprit sur ces entrefaites qu'une nouvelle formule de distribution en libre-service se répandait aux États-Unis comme une traînée de poudre, qu'elle avait un nom, le supermarché et un gourou, un certain Trujillo qui organisait des séminaires pour « ouvrir le chemin de la prospérité au commerce alimentaire ». Outre le libre-service, la formule était basée sur le discount des produits de grandes marques et, par conséquent, sur la promesse « d'un océan de profits pour quelques îlots de pertes », car les produits de grandes marques bénéficiant d'une forte publicité, les rabais qui étaient faits sur leurs prix suffisaient à établir la réputation de *discounter* du magasin, qui pouvait alors vendre les autres produits à prix fort ou avec des rabais moins importants. Les propos de Maurice Labruyère faisaient d'ailleurs écho à ceux que me tenait Pierre Faye, un de nos collaborateurs très dévoué et compétent qui avait, lui aussi, entendu le message de Trujillo. Labruyère m'avait également appris qu'un membre de sa fédération, Marcel Fournier, lui paraissait avoir compris, mieux que quiconque, les avantages de la formule, qu'il était très inventif et désireux d'aller de l'avant, qu'il fallait donc que je prenne contact avec lui, ce que je fis sans tarder. J'ai rencontré Marcel Fournier, pour la première fois, dans son magasin de famille d'Annecy où il s'était empressé de mettre en œuvre la formule trujillienne du discount. Fort de ce premier succès, il avait déjà décidé d'ouvrir, en 1963, à Sainte-Geneviève-des-Bois, dans la banlieue sud de Paris, le premier hypermarché Carrefour. Il m'exposa également que les responsables de ce magasin bénéficieraient d'une très large autonomie de gestion, qu'ils auraient la responsabilité de leurs approvisionnements, la direction générale de l'entreprise se limitant au référencement des principaux fournisseurs et à la définition des grandes lignes de la politique de discount. Finalement, Marcel Fournier me proposa de prendre, pour 5 millions de francs, une participation de 10 % dans le magasin suivant, en me laissant entendre que si l'expansion était aussi forte qu'il l'escomptait, il nous laisserait la possibilité de doubler notre participation.

À cette époque, nous étions très tributaires des Magasins Populaires, où nous réalisions la plus grande partie de nos ventes de shampooings Dop, mais il n'était pas difficile de comprendre que Carrefour allait les concurrencer et que je n'avais pas intérêt à répondre, sans eux, à la proposition de Marcel Fournier. Je pris donc contact avec leurs dirigeants et argumentai sur la modicité du prix à payer pour entrer chez Carrefour et sur l'intérêt qu'il y avait, pour eux, à s'ouvrir sur un autre type de distribution. Ils parurent convaincus, mais ils me demandèrent d'avoir une nouvelle conversation, en présence, cette fois, de leur banquier, un directeur général du Crédit Lyonnais dont je tairai le nom. La rencontre eut lieu au siège de la banque. Dans l'atmosphère compassée de ce bâtiment solennel, la rencontre ne pouvait être que solennelle. Je n'eus même pas l'occasion de démontrer l'intérêt qu'offrait une entrée dans le nouveau type de distribution de masse que représentait Carrefour. Comme j'avais eu le malheur d'évoquer le parti pris décentralisateur de ses dirigeants, le banquier me coupa la parole pour déclarer, sur un ton péremptoire, qu'une entreprise de distribution qui prétendait ouvrir un magasin de cette importance sans avoir organisé au préalable sa centrale d'achats et sa comptabilité était, à ses yeux, une entreprise condamnée. L'esprit jacobin triomphait, là comme ailleurs en France.

J'étais révolté et les dirigeants des Magasins Populaires, quant à eux, étaient décontenancés. À l'issue de la réunion, ils me déclarèrent, un peu gênés, qu'ils n'avaient d'autre choix que d'abandonner notre projet. Comme ils sentaient bien que j'étais tenté de poursuivre seul l'aventure, ils ajoutèrent que, dans une telle hypothèse, nous perdrions chez eux notre position de fournisseur privilégié. Je vécus alors un moment très difficile. En renonçant au projet, il était clair que je perdais une occasion exceptionnelle d'entrer dans une entreprise dirigée par un homme de grande envergure, un entrepreneur au sens plein du terme, passionné par son entreprise, toujours très discret sur les résultats qu'il obtenait car il les savait excellents mais ne voulait pas en faire étalage. J'ajoute que L'Oréal renonçait, du même coup, à une participation financière qui aurait dû lui rapporter plusieurs dizaines de milliards de francs. Mais nous n'étions pas suffisamment forts pour risquer un conflit avec les Magasins Populaires. La mort dans l'âme, j'annonçai donc à Marcel Fournier que je devais renoncer à sa proposition et j'eus aussitôt l'impression qu'il avait interprété mon refus comme une manifestation de désinvolture à son égard. J'en fus atterré. Il me fallut des années pour reconquérir son estime et je compris qu'il me l'avait redonnée le jour où l'on fêta son 65e anniversaire et où je découvris que j'étais le seul invité extérieur à sa famille. Cette cérémonie marquait aussi la date de son retrait des affaires car, avec ses associés dans Carrefour, Marcel Fournier avait établi, à cet égard, une règle très stricte. Comme beaucoup d'autres de ses amis, j'ai toujours pensé que son brusque retrait de la vie active avait profondément affecté sa santé qui déclina malheureusement très vite. Il aura cependant donné à son entreprise un style et une personnalité qui sont toujours perceptibles aujourd'hui, bien après sa disparition. Carrefour eut cependant la chance de trouver deux successeurs de grande qualité, les frères Deforey ainsi que Jacques Fournier, le propre frère de Marcel.

Nous luttons contre les excès du discount et ses effets d'annonce

Le succès de Carrefour a fait des émules. Il a attiré vers la grande distribution de nombreux entrepreneurs qui avaient compris qu'avec la démocratisation de l'automobile, le créneau des magasins suburbains pratiquant le discount devenait extraordinairement prometteur. En France comme aux États-Unis, quelques familles – les Mulliez, les Guichard, les Hallais – ont pu prospérer ; elles se réclamaient d'une longue tradition commerciale et, pour la plupart, évoquaient avec fierté leurs passés d'épiciers. Bref, on pouvait faire fortune dans la distribution, dans les années 60, comme on faisait fortune, au début du siècle, dans l'industrie manufacturière. Il en fut de même aux États-Unis où Sam Walton, le fondateur de Wal-Mart a été longtemps considéré comme l'homme le plus riche du pays. Pour ma part, je me suis réjoui du développement de la distribution de masse parce qu'il a été, comme disent les militaires, le vecteur de nos produits destinés au grand public. Sans lui, nous n'aurions pas pu donner à nos affaires la croissance qu'elles ont connue au cours des années 60. Mais comme elle était basée sur le discount, la grande distribution a éprouvé le besoin de commercialiser les marques les plus prestigieuses et de les faire entrer, plus encore que les autres, dans la tourmente du bradage des prix. Or ces marques prestigieuses tenaient justement leur prestige du fait qu'elles étaient commercialisées dans des circuits de distribution sélectifs tels que, dans notre cas, ceux des parfumeries, des pharmacies, des salons de coiffure ou des drogueries de qualité. Comme nos marques étaient automatiquement bradées par les hypers, nous avions droit aux plaintes légitimes de leurs distributeurs naturels. Finalement, tous les acteurs, la distribution de masse comprise, se trouvaient pris dans un cercle vicieux. En effet, si la distribution de prestige s'amenuisait, le prestige des marques de prestige s'en trouvait entamé et la politique de discount de la distribution de masse perdait une de ses raisons d'être.

Les pouvoirs publics, quant à eux, ne voulaient voir que le prix finalement payé par le consommateur. Il faut dire que, la croissance battant son plein, l'économie était en état endémique de surchauffe et, pour réfréner l'inflation, le gouvernement avait décidé de contrôler étroitement les prix. Ses contrôleurs se souciaient peu de pénétrer les arcanes de la comptabilité des hypers et de comprendre que, livré sans retenue et sans contrôle à sa logique, le mécanisme du discount aboutirait inéluctablement à la disparition du commerce de proximité. Placée dans le même type de conjoncture inflationniste, l'administration américaine a été plus avisée. Elle avait compris que les fabricants pouvaient, dans une économie concurrentielle, réfréner par eux-mêmes les abus du système du discount en choisissant, avec le minimum de contraintes, les modes de distribution de leurs produits. Alors qu'en France, le refus de vendre un produit à un commerçant est interdit par la loi, il est au contraire autorisé aux États-Unis. La seule restriction qu'apporte le Robinson Pattman Act à cette règle est l'interdiction de la discrimination : un fabricant a le droit de refuser de vendre ses produits à un commerçant, mais il n'a pas le droit de les vendre à des prix différents à des commerçants d'un même circuit.

Le dirigisme français fut à l'origine du conflit qui m'opposa à Gérard Mulliez, le patron des hypermarchés Auchan, au sujet de la laque Elnett. Celle-ci était, au départ, uniquement commercialisée en parfumerie, en pharmacie, chez les coiffeurs et chez certains droguistes et, comme je tirais parti des ambiguïtés de la réglementation pour résister à la vendre aux magasins Auchan, ces derniers s'en étaient procuré chez un grossiste du Nord. Bien entendu, ils s'étaient aussitôt mis à la brader conformément au principe de l'îlot de pertes dans un océan de profits, ce qui aurait été à la rigueur supportable s'ils n'avaient pas accompagné l'opération d'une campagne de publicité fracassante dans la presse locale. Je suis donc allé voir Mulliez et, après une discussion assez vive, nous nous sommes mis d'accord sur un compromis : il obtenait que L'Oréal vende Elnett à ses magasins, mais il acceptait de limiter le bradage de son prix.

Parmi les fabricants de produits de consommation, nous étions cependant quelques-uns à penser qu'il devenait nécessaire d'inviter nos confrères à réfléchir aux problèmes posés par l'évolution de la distribution et de s'imposer, à ce sujet, comme des interlocuteurs des pouvoirs publics. C'est dans ce but que nous avons favorisé la création de l'ILEC, l'Institut de liaison des entreprises de consommation, qui est demeuré depuis un lieu de rencontre entre les représentants des fabricants et ceux de la distribution, ainsi qu'un centre de réflexion sur des problèmes tels que le crédit aux fournisseurs, les prix, les exigences de présentation de certaines catégories de produits, le refus de vendre. Il nous paraissait insupportable que, du fait de leur pratique systématique du discount, les grands distributeurs apparaissent, aux yeux du gouvernement et des consommateurs, comme les héros de la baisse des prix face à des fabricants qui se trouvaient ravalés au rang de profiteurs et finissaient par être considérés comme les responsables uniques de la hausse du coût de la vie. Édouard Leclerc, en particulier, avait su remarquablement jouer cette carte, ce qui lui valait, disait-on, d'avoir ses entrées à l'Élysée, dans l'entourage du général de Gaulle. Depuis qu'il lui a succédé à la tête de l'enseigne, son fils Michel donne, en toute occasion, son point de vue sur les grands problèmes qui agitent notre société. Il le fait avec une très grande élévation d'esprit, au service de l'idéologie du bien public qui animait déjà son père.

L'évolution vers la grande distribution, nous y avons assisté dans tous les pays à l'exception du Japon, qui y a longtemps résisté du fait de l'exiguïté de son territoire. En Belgique, la concentration de la distribution est considérable. En Allemagne, elle l'est aussi, mais le commerce indépendant, avec les drogueries-marchés, a gardé une certaine importance. En Italie, l'évolution a été moins rapide, mais elle est en marche. Aux États-Unis, pays de la grande concurrence, le producteur a pratiquement le droit de choisir son assiette de distribution, à l'inverse de ce qui se passe en Europe. La distribution des produits cosmétiques et de parfumerie dans les *department stores* ne pose aucun problème. D'une manière générale, les acheteurs de la grande distribution ont toujours pratiqué une politique assez pesante sur les prix. Les grandes entreprises ont pu maintenir, avec eux, des rapports fructueux dans la mesure où leurs produits sont toujours restés de grande qualité, en perpétuel renouvellement et, le plus souvent, appuyés par une forte publicité. C'est, en tout cas, ce que nous nous sommes toujours efforcés de faire là-bas à L'Oréal.

Nous nous équipons pour la production de masse

Le shampooing Dop avait été, jusqu'à la fin des années 50, le seul de nos produits destinés au grand public. Nos activités de production avaient trait, pour l'essentiel, à des produits professionnels destinés aux salons de coiffure. Or, ces produits étaient d'une très grande diversité et les caractéristiques du marché auquel ils étaient destinés faisaient qu'ils étaient tous fabriqués en petites séries, dans des ateliers mal adaptés au changement d'échelle que notre arrivée en force sur les marchés de produits publics devait exiger d'eux. Nous avions décidé, à la fin des années 50, de rassembler sur un même site nos unités de production et nous nous étions orientés vers la banlieue nord de Paris, où se trouvait déjà la petite usine dans laquelle nous fabriquions nos produits pour la coiffure. Nous étions très attachés à son personnel dont nous souhaitions faciliter le transfert dans la nouvelle usine et il fallait, pour cela, tenir compte du fait, qu'à l'époque, les conditions de transport étaient très limitées et les logements difficiles à trouver.

Notre choix s'est finalement porté sur la ville d'Aulnay-sous-Bois, dont la municipalité communiste était particulièrement soucieuse de régénérer le tissu industriel local, que plusieurs entreprises avaient abandonné pour s'implanter en province, où elles avaient été attirées par les subventions que les pouvoirs publics distribuaient largement dans le but de décongestionner la région parisienne. C'est précisément ce qui avait amené une petite fabrique de wagonnets à déserter le terrain sur lequel nous nous sommes finalement installés. À L'Oréal nous ressentions, au contraire, à l'époque, le besoin de maintenir nos activités de production au plus près des directions commerciales de nos affaires qui, en raison du caractère emblématique de la coiffure parisienne, devaient naturellement rester basées à Paris. Cela nous valut la sollicitude de la municipalité d'Aulnay, en particulier celle du sénateur-maire de la ville, qui était membre du comité directeur du Parti communiste français et président du groupe parlementaire de ce parti. Il avait avec moi des rapports ambivalents. Pour sauvegarder les apparences, il nous arrivait de nous rencontrer au restaurant de l'aéroport du Bourget et nous en profitions toujours pour faire un bon repas, car la cuisine y était excellente. C'était un réaliste. Il était pour que les affaires marchent, que des emplois soient créés et des salaires distribués dans sa commune et il n'éprouvait aucune difficulté à admettre que, n'étant pas sidérurgistes, nous ne risquions pas de trouver nos sources d'inspiration dans les réalisations industrielles du grand frère de l'Union soviétique. J'ajoute que, contrairement à quelques grosses têtes du CNPF de l'époque et contrairement, aussi, aux apparatchiks du parti, il n'assimilait, en aucune manière, nos produits à des gadgets dépourvus d'une quelconque utilité sociale. Il souhaitait, au contraire, tout comme nous, démocratiser le plus possible leur consommation. On peut dire, en bref, que nous étions des alliés objectifs.

Nos activités de production étaient menées par deux hommes de premier plan, John Seemuller et René Séguin. Leurs personnalités étaient, à bien des égards, antinomiques mais, plutôt que de trancher dans leurs inévitables différends, je me suis toujours efforcé de tirer parti de leurs complémentarités. John Seemuller avait vécu à mes côtés l'aventure Monsavon et s'était particulièrement distingué dans la mise au point de notre procédé de saponification en continu. C'était, par essence, un « chef de choses », selon l'expression chère à Eugène Schueller. Il maîtrisait parfaitement les techniques du génie chimique et de la mécanique. Pour relever le défi de la production de masse, nous avons trouvé naturel de recourir, dans l'usine d'Aulnay, aux méthodes américaines que l'industrie française, dans son ensemble, avait été encouragée à adopter par les pouvoirs publics. Conformément aux principes de Taylor, nous avons séparé les bureaux des ateliers et installé, dans les bureaux, l'ensemble des services chargés de la conception des matériels ainsi que des méthodes, de la planification et du contrôle de la production. Ces principes étaient tellement ancrés dans nos esprits que lorsque nous dûmes installer, quelques années plus tard, une deuxième usine de production de masse dans le nord de la France, il nous parut naturel d'en faire une simple usine d'exécution aux ordres des services centraux de l'usine d'Aulnay. Ces conceptions de l'organisation industrielle étaient conformes aux idées que l'on se faisait alors de l'efficacité économique. Elles présentaient, cependant, le grave inconvénient d'asservir le personnel des ateliers à des tâches répétitives et, il faut bien le dire, sans intérêt. Elles étaient, de ce fait, sources de difficultés sociales.

Le social, c'était le domaine de René Séguin qui se définissait, justement, comme un ingénieur social, expression que je ne trouvais d'ailleurs pas très heureuse, mais à laquelle il tenait. Il avait fait ses classes dans la petite usine de la Courneuve où l'on fabriquait et conditionnait jusqu'alors les produits de L'Oréal. Il y avait acquis, depuis les lendemains de la Libération, toute son expérience de « chef d'hommes ». Doué d'une grande sensibilité, René Séguin avait réussi à instaurer des relations empreintes de confiance avec les syndicats. Ce n'était pas chose facile car la CGT, qui était majoritaire à l'usine, se réclamait de l'idéologie communiste. Ceux qui avaient à diriger les ateliers avaient généralement beaucoup de préventions à l'égard de ce syndicat, ce qui ne facilitait pas le dialogue social. Je dois pour ma part à René Séguin de m'avoir fait comprendre que, dans ce dialogue, l'attitude de la CGT était susceptible de s'inspirer de ce que j'ai appelé, par la suite, le principe de double appartenance : appartenance au monde de la contestation qui, pour mieux se faire entendre, cherche à exploiter, en toute occasion, les solidarités de classe, mais appartenance aussi au monde composite de l'entreprise qui peut inciter les syndicats à ne pas dépasser, dans leurs revendications, les limites du possible.

René Séguin était un homme placide, qui n'avait rien d'un sportif. Il s'était mis au cheval sur le tard, « par hygiène », m'avait-il dit. Je lui avais recommandé de prendre des leçons, à quoi il avait rétorqué que les leçons ne servaient à rien. Pour apaiser mes inquiétudes, il avait ajouté, avec ce sourire lumineux qui lui valait tant de sympathies, que son cheval était au moins aussi placide que lui et qu'ils se borneraient à faire ensemble quelques promenades dominicales dans la campagne des environs d'Évreux, où il possédait une maison. Un dimanche, il arriva malheureusement ce qui devait arriver : alors qu'il allait au pas, son cheval fit brusquement un écart et René Séguin fut jeté à terre. On le transporta avec un grave traumatisme crânien à Paris, à l'hôpital Lariboisière, où l'on ne parvint pas à résorber le caillot qui s'était formé. René Séguin mourut quelques heures plus tard. La nouvelle me bouleversa, car je perdais un collaborateur de très grande valeur et un grand ami ; elle consterna aussi le personnel de l'usine, qui perdait un patron, au sens originel du terme. Je me rendis dès le lundi matin à Aulnay, où je reçus aussitôt une délégation du personnel. Plusieurs centaines de personnes voulaient assister aux obsèques et j'obtins, avec l'accord du fils de René Séguin, qu'elles aient lieu à Aulnay plutôt qu'à Paris où ils résidaient tous les deux. Bien entendu, je donnai l'autorisation aux membres du personnel qui le souhaitaient de se rendre à l'église et, devant l'afflux de demandes, nous dûmes fermer l'usine pendant le temps de la cérémonie, en y maintenant seulement une équipe de surveillance des installations. L'église ne pouvait contenir que 400 personnes : il y en eut au moins autant à l'extérieur. Pour des raisons que je ne me suis jamais expliquées, le curé bâcla sa messe. Nous étions tous décontenancés et j'encourus même les reproches de certains membres du personnel qui se déclarèrent profondément choqués que l'on n'ait pas honoré, d'une manière plus convenable, la mémoire de René Séguin. Je dois ajouter qu'à l'époque, il n'était pas de mise que des laïcs puissent prononcer, au cours d'une messe d'enterrement, l'éloge funèbre du disparu. Ayant été moi-même formé dans le respect de l'Église, il ne m'était pas venu à l'idée de demander que l'on innove dans ce domaine, de sorte que René Séguin n'a pas eu droit au dernier témoignage d'affection que j'aurais dû lui rendre devant tout son personnel. Aujourd'hui encore, une grande peine me saisit à la pensée de ce qui aurait dû être fait pour lui.

Quelque temps plus tard, une employée de Lancôme fut renversée par une voiture à proximité de son usine et fut tuée sur le coup. C'était une personnalité marquante. Déléguée du personnel, elle était très aimée de ses collègues ; je l'appréciais moi-même beaucoup, pour l'avoir rencontrée, à plusieurs reprises, dans nos réunions institutionnelles. Elle fut enterrée au cimetière de Chevilly-Larue, sans cérémonie religieuse, dans le profond recueillement de 3 à 400 personnes qui suivirent le cercueil jusqu'à la tombe, l'emblème de Lancôme – une rose rouge – à la main. Tous les visages étaient empreints d'une grande émotion. Le cortège s'était organisé dans un ordre parfait ; chacun se recueillit devant la tombe, certains se signèrent puis tous laissèrent tomber sur le cercueil les roses qu'ils tenaient à la main, avant de s'en retourner, en silence, à l'usine. Je fus profondément affecté par le contraste entre ces deux cérémonies. En pensant à la messe bâclée de René Séguin, je me remémorai les messes d'enterrement auxquelles j'avais assisté dans mon enfance, dans le Nord. On officiait peut-être avec trop d'onction parfois, mais toujours dans le souci, qui n'avait rien de fabriqué, de souligner la solidarité de l'Église avec la famille du défunt et l'ensemble des assistants. Ces messes-là étaient vraiment des messes.

Avec Lancôme, de nouvelles perspectives de croissance

Je ressentais irrésistiblement le besoin de m'intéresser aux cosmétiques. Passer du soin des cheveux à celui de la peau était pour moi dans la logique des choses. Je lorgnais donc les instituts de beauté, Elizabeth Arden, Orlane, Lancôme, Caron, Guerlain, Helena Rubinstein. Je les lorgnais avec d'autant plus d'envie qu'ils me paraissaient infiniment moins soumis que

L'Oréal à la pression concurrentielle. Ce marché des produits de beauté du visage et, d'une manière générale, de la peau, était bien tentant, mais je me disais que nous ne connaissions rien à ce genre d'affaires et que nous devions surtout éviter de partir de zéro. Je savais qu'il me fallait une recherche d'un autre type que celui qu'on pratiquait à L'Oréal. Ici, les labos sont orientés vers le développement de produits issus de la chimie organique. Là, les produits touchent à la peau, ils relèvent donc de la biologie. Or, nous n'avions pas de biologistes. Nous ne savions pas non plus comment opérer commercialement dans la parfumerie de luxe, habituée à des présentations de produits sélectionnés pour une clientèle raffinée et capable d'acheter cher. C'était un autre métier et les vendeurs de Dop, habitués aux circuits de distribution de masse, n'avaient pas le comportement, le style, la manière de s'habiller, le *look* de leurs confrères qui visitaient les parfumeries de luxe. Dans ce milieu, on pratique encore la parlotte. Avant de remplir un bon de commande, on évoque les problèmes de santé, d'éducation des enfants, les problèmes que pose le choix d'une automobile ou l'aménagement d'une maison de campagne ; les clients sont moins nombreux, moins affairés que ceux d'un grand magasin et il leur arrive même de prendre part à la conversation.

Ces idées s'entrechoquaient dans ma tête depuis plusieurs mois déjà lorsque l'occasion me fut donnée de rencontrer Armand Petitjean, le propriétaire de Lancôme. Il avait lui-même créé cette entreprise, qui était manifestement toute sa vie. Comme je le félicitais d'avoir choisi ce nom dont la consonance me paraissait très pittoresque, il me dit que c'était celui d'un village des environs de Châteauroux, un village bien de chez nous, avec son église, son château, son ruisseau et son lavoir, et son marché couvert du XIIIe siècle. Il s'appelait Lancosme, nom qu'Armand Petitjean s'était empressé de déposer. Sur ces entrefaites, un pharmacien du quartier parisien de Saint-Philippe-du-Roule, qui s'appelait aussi Lancosme, lui intenta un procès. Petitjean eut alors l'idée, tout à fait conforme à nos règles grammaticales, de remplacer le « s » par un accent circonflexe, ce qui donna Lancôme, un nom facile à prononcer dans tous les pays du monde tout en étant bien français.

Petitjean avait certainement une très grande autorité sur sa famille et, dans son affaire, un comportement paternaliste. C'était un homme de décision, jaloux de son autorité, très précis dans la conception et la réalisation de ses projets. Il s'était orienté très tôt vers la conquête des marchés étrangers mais il imprimait à son affaire un style parfois trop rigoureux. Par exemple, il n'avait pas voulu voir que les femmes s'empresseraient d'adopter le rouge à lèvres à étui tournant et il avait sous-estimé la portée de cette invention lorsqu'un fournisseur la lui avait présentée. Il n'y avait vu qu'un gadget, ce qui avait valu à Lancôme de perdre sa position dominante sur le marché des rouges à lèvres.

L'acquisition de Lancôme n'a pas été facile. Les négociations ont duré plus d'un an et demi. L'Oréal, avec ses effets de masse, le fracas publicitaire de Dop et de Monsavon et la très large distribution de ses produits dans les magasins populaires, ne pouvait qu'effrayer Armand Petitjean, car c'était un homme très raffiné et particulièrement soucieux du respect de l'image, infiniment prestigieuse à ses yeux, de Lancôme. Nous nous rencontrions néanmoins fréquemment. Certains de ses collaborateurs l'avaient appris et déclaraient à qui voulait les entendre que se rapprocher de L'Oréal constituerait une mésalliance, ce qui ne manquait pas d'aggraver les hésitations qu'Armand Petitjean avait, au fond de lui-même, à l'égard de notre projet de rapprochement. Nous n'étions d'ailleurs pas seuls en lice. Des propositions lui étaient couramment faites par les grandes affaires américaines. Heureusement, leurs négociateurs, toujours très carrés en affaires, ne parvinrent jamais à se départir de leur morgue. Ils n'étaient pas capables de se rendre compte que, pour pouvoir conclure avec Petitjean, il fallait commencer par l'écouter et le reconnaître pour ce qu'il était d'ailleurs : un authentique créateur. Il fallait aussi savoir montrer de l'estime pour ses créations et ne pas sourire de sa méfiance viscérale à l'égard de la publicité. « La publicité fait injure au produit ; le produit doit parler tout seul », disait-il.

C'est une phrase que je n'ai jamais oubliée : elle a été à l'origine du souci constant que nous avons, à L'Oréal, de procéder à de larges distributions d'échantillons des nouveaux produits que nous mettons sur le marché. Ramassant les propos de Petitjean, nous aimions à dire que le produit est la meilleure publicité du produit.

Petitjean avait beaucoup créé. De 1946 à 1964, les lancements s'étaient succédé avec des produits originaux, présentés dans des flaconnages de grand luxe : Marrakech, en 1946, dans un flacon signé Lalique ; Magie, en 1950, dans une torsade de cristal ; Trésor, en 1952, dont le flacon avait la forme d'un diamant. Armand Petitjean avait beaucoup créé, mais Lancôme était très mal administrée. Au moment où commencèrent nos pourparlers, il venait d'inaugurer sa nouvelle usine de Chevilly-Larue, sur un terrain de 5 hectares, longeant ce qu'on appelait à l'époque la route du soleil, car l'autoroute du Sud n'existait pas encore. On eut tôt fait de surnommer cette usine le Versailles de la Parfumerie. Les bâtiments étaient, en effet, superbes, mais les locaux étaient dispersés dans ce grand parc et ne répondaient en aucune manière aux exigences de la rationalité industrielle. Ce décalage, ajouté au vieillissement des produits et à une inflation créatrice qui s'était traduite par un nombre exagéré de références – de l'ordre du millier – avait entraîné de lourdes pertes d'exploitation. Je m'aperçus peu à peu, au cours de mes discussions avec lui, que Petitjean commençait à se rendre compte que l'avenir de Lancôme était sombre. Lui qui avait été un grand aventurier, prêt à tout risquer, se demandait s'il ne devait pas abandonner. Mais il était manifeste qu'il ne pouvait déchoir en cédant son affaire à une entreprise d'une réputation et d'un rayonnement inférieurs à ceux de Lancôme. Il finit cependant par admettre que si, dans le milieu de la parfumerie, L'Oréal et Lancôme ne jouaient pas sur le même registre, L'Oréal y avait tout de même acquis une belle réputation. Pour le grand public, ce n'était plus simplement Dop, Dop, Dop, c'était aussi Elnett, Printil, Régé Color, Colorelle, Kérastase, tous produits dont le prestige était désormais bien établi. Nous étions, en somme, présentables et nous l'étions d'autant plus que nous ne nous étions jamais départis, vis-à-vis de Petitjean, d'une attitude de très grande courtoisie. En outre, comme je sentais qu'une rupture totale avec son entreprise lui serait trop pénible, je me suis mis d'accord avec lui pour qu'il garde une minorité importante, minorité que nous avons rachetée quelques années plus tard.

L'affaire avait été conclue dans le plus grand secret. Il n'y avait pas eu d'audit de la comptabilité. Nous ne connaissions du Versailles de la Parfumerie que ce que l'on pouvait en voir depuis la route du soleil. Personne, parmi nous, n'y avait jamais mis les pieds. En y mettant les formes, j'ai donc demandé à Armand Petitjean de me désigner un collaborateur pour me faire visiter l'usine. La visite, je me le rappelle, eut lieu un vendredi soir. Le personnel était parti. L'homme qui m'accompagnait s'était manifestement mis au service de ce qui apparaissait à ses yeux comme la nouvelle autorité : il était verbeux et d'une prévenance qui frisait l'obséquiosité. Il insistait beaucoup sur le luxe des locaux, sans se rendre compte que ce luxe, justement, était à mes yeux déplacé. La disposition des ateliers manquait de logique. Une salle pourtant m'enthousiasma, c'était la salle des trophées. J'y découvris, dans de luxueux flaconnages en cristal, et des coffrets signés Draeger, des parfums imaginés à partir des succès d'autrefois de Coty, Chypre, Conquête, Tendres Nuits, Bocages, Tropiques, et des lancements plus récents, Révolte, Flèches, Gardénia, Eaux de Senteur. J'avoue qu'en contemplant tous ces trésors, je me suis demandé si nous serions à la hauteur...

Dès que l'acquisition fut connue, nous eûmes droit, dans le milieu des parfumeurs, aux sarcasmes des concurrents : « L'Oréal a acheté Lancôme. "Ils" vont vendre Lancôme partout. Vous, parfumeurs, serez concurrencés par les Monoprix et Prisunic et même par le commerce alimentaire. » Je pense que ces commentaires n'étaient pas calomnieux ; ils étaient sincères. Nos confrères jugeaient en mal l'intense publicité radio que L'Oréal mettait au service de ses produits. Ils étaient convaincus que nous allions abandonner Lancôme à une distribution en libre-service. Ils ne savaient pas que mon intention était, au contraire, de la maintenir en parfumerie. Les attaques dont nous fûmes l'objet nous mirent instantanément en garde contre les dangers de la moindre déviation par rapport à cette ligne de conduite. Nous étions décidés à être plus royalistes que le roi.

L'acquisition de Lancôme fut, pour nous, le point de départ d'une grande aventure. J'entrevoyais que, conformément à notre politique, nous serions amenés à continuer de faire prospérer l'affaire dans son univers naturel de distribution de luxe et à créer d'autres marques pour les circuits populaires. Mais il fallait commencer par mettre de l'ordre dans la maison. Deux conditionnements, et parfois trois, étaient proposés à la consommatrice pour des produits identiques. Il y avait la collection d'Armand Petitjean et, à côté d'elle, celle de son fils, dont la grande culture faisait d'ailleurs mon admiration. Il fallait faire le ménage, supprimer à toute allure les doublons, retirer des conditionnements qui étaient déjà sur le marché, éviter surtout de créer, pour les remplacer, des conditionnements de circonstance qui ne correspondraient qu'à l'attente du moment ou à la pression de publicitaires toujours enclins à sortir de leurs cartons des solutions insuffisamment travaillées. Bref, il fallait trouver des cohérences et les trouver pour demain autant que pour aujourd'hui. J'eus la chance d'avoir auprès de moi, en la personne de Robert Salmon, un collaborateur qui partageait mes préoccupations. Il fallait faire vite et nous avons eu, finalement, la main heureuse. Ensemble, nous avons abouti, après beaucoup de travail, à une présentation de la collection à la fois riche et dépouillée ; elle a en outre bien vieilli, puisqu'elle est restée ce qu'elle était il y a trente-cinq ans.

La construction du grand L'Oréal aurait été impossible si nous avions limité nos ambitions aux soins du cheveu. Nous nous devions d'entrer dans le domaine des soins de la peau. C'est ce que nous a permis l'acquisition de Lancôme. C'est une stratégie que plusieurs de nos concurrents étrangers n'ont pas adoptée, alors qu'ils auraient pu le faire. Je crois qu'ils doivent maintenant le regretter en constatant que les soins de la peau ont pris une place aussi importante que ceux du cheveu. Peut-être ont-ils renoncé à ce genre de diversification parce qu'ils se sont avisés que les problèmes de Recherche & Développement qui s'y posaient étaient d'une très grande difficulté. Quant à moi, ces difficultés m'assaillaient encore bien après l'acquisition de Lancôme. J'ai eu plus d'une conversation, à ce sujet, avec un de nos prix Nobel de biologie, Jacques Monod, qui m'avait demandé d'entrer à ses côtés au conseil d'administration de Pasteur Industrie et m'honorait de son amitié. Je n'ai cessé de lui demander de nous trouver des biologistes. Il me répondait invariablement qu'il en avait grand besoin, lui aussi, pour Pasteur, mais qu'il n'en trouvait pas. Il m'expliquait que la France ne disposait d'aucune faculté de pharmacologie alors qu'il en existait une vingtaine en Angleterre et à peu près autant en Allemagne. C'est pourquoi, à L'Oréal, nous avons fait ce que l'on fait toujours lorsqu'on est pauvre : nous avons redoublé d'efforts. Cela nous a permis de mettre en œuvre une politique de recherche ambitieuse et conquérante. La crème Bienfait du Matin a été l'un des fruits de cette volonté de conquête.

La crème Bienfait du Matin bouscule un marché malthusien

La référence que nous avions en tête était la crème Nivéa, dont le succès nous avait frappés et qui est d'ailleurs toujours sur le marché. C'était alors un produit très populaire, vendu depuis la nuit des temps dans une petite boîte cylindrique bleue. Mais c'était un bon produit, qui résultait d'un type d'émulsion eau-dans-l'huile qui a peut-être été le premier à être réalisé en cosmétique, et dont nous avions eu nous-mêmes une grande expérience à Monsavon. Grâce à Félix Lachampt, nous avions même réussi, pendant l'Occupation, à mettre au point et déposer, sous le nom de Hydrath, une crème qui avait des propriétés cosmétiques très prometteuses, notamment, comme son nom l'indiquait, pour l'hydratation de la peau. Les débuts de sa commercialisation avaient été très encourageants ; malheureusement, nous n'avions pas pu exploiter ce succès après la Libération parce que nous étions privés des matières premières indispensables à sa production à grande échelle. Ce problème n'existant plus, j'ai eu l'idée de formuler une crème dans l'esprit de la crème Hydrath, facile à étaler, hydratante et protégeant du froid, et de la signer Lancôme. Nous l'avons appelée Absolue parce que nous la considérions comme unique. Absolue ne fut ni un succès ni un échec, parce que les femmes, spécialement dans les circuits de distribution de produits de luxe, attendaient désormais d'un cosmétique qu'il ait une grande spécificité. Chacune voulait disposer, en effet, d'une formule adaptée à son tempérament, son teint et l'état de sa peau, ce qui rendait nécessaire de diversifier la proposition. Bref, je m'étais trompé. Le problème restait donc entier : il me fallait coûte que coûte trouver l'idée d'un grand succès pour Lancôme.

Un beau matin, en faisant ma toilette, je me mis à penser aux nombreux choix qui s'offraient aux hommes pour se raser : le coupe-chou, le rasoir de sécurité, le rasoir jetable ou le rasoir électrique, à quoi s'ajoutait la variété des cérémonials pour la préparation de la peau – le blaireau et le bol de savon, la crème sans blaireau, l'aérosol et, pour l'après-rasage, la serviette chaude, la lotion ou la crème adoucissante. Et justement parce que la crème me paraissait être un produit de consommation typiquement féminine, j'en vins, de proche en proche, à me demander ce qu'utilisaient les femmes au réveil. J'interrogeai mes collaborateurs, mais aucun ne put me répondre. Plus exactement, chacun, moi compris, fit part des observations qu'il avait pu faire dans son entourage. Il en ressortait une impression de très grande diversité d'habitudes : les femmes paraissaient se comporter, pour leur toilette matinale, comme le faisaient les hommes pour se raser.

Il fallait donc y voir clair et, pour cela, procéder à une enquête minutieuse. Bien sûr, j'aurais pu, comme cela commençait à se faire à l'époque, m'adresser à un institut spécialisé. Des enquêteurs recrutés à la va-vite, parfois des étudiants inexpérimentés, parfois de jeunes femmes à la recherche d'un petit boulot, auraient été chargés de réunir une masse d'informations que l'on m'aurait proposées comme autant d'expressions de la vérité. J'avais moi-même réalisé, peu de temps auparavant, dans la ville de Vienne, près de Lyon, une enquête sur les attentes des femmes dans les salons de coiffure. J'avais alors eu la confirmation de la fragilité de ces témoignages et de la nécessité de les recouper constamment avec le plus grand soin. Pas plus aujourd'hui qu'à l'époque, je ne crois aux sondages d'opinion pour donner des idées de nouveaux produits ou les valider. Mes préventions tiennent au caractère généralement simpliste des questionnaires que les instituts spécialisés confient à leurs enquêteurs. Comme leur but est d'interroger beaucoup de personnes tout en les importunant le moins possible, les questions qui sont posées sont, par la force des choses, simplistes. Les réponses le sont donc aussi. En fait, les réponses sont le plus souvent dans les questions. En outre, toujours parce qu'ils veulent interroger beaucoup de personnes, les instituts les interpellent n'importe où et n'importe comment, sans se préoccuper de savoir si elles n'ont pas l'esprit ailleurs. C'est pourquoi mon obsession a toujours été de mener des enquêtes en nombre limité, mais très approfondies, très qualitatives comme disent aujourd'hui les spécialistes. En prenant ce parti, on accroît les chances de se trouver devant des personnes « en situation ». S'il s'agit de mères de famille, par exemple, on fait en sorte de leur rendre visite au moment où, les enfants étant déjà partis pour l'école, elles peuvent parler sans retenue, de leurs habitudes de consommation, de leurs besoins latents et de leurs insatisfactions.

Je résolus donc de rechercher, au sein même de la Maison, un enquêteur de grande qualité qui accepterait de s'adresser aux femmes à leur domicile et s'efforcerait de gagner leur confiance afin d'obtenir qu'elles s'expriment, sans réticence, sur leurs habitudes de toilette matinale. Il faut dire qu'à l'époque, la vente en porte à porte était beaucoup plus répandue qu'aujourd'hui : les femmes avaient donc l'habitude de recevoir, à leur domicile, des vendeurs. Comme, de surcroît, l'enquête que je voulais faire portait sur un sujet relativement intime, il me fallait, pour la réaliser, un homme de grande qualité. Mon choix se porta sur Henri-Georges Muller, un homme d'une grande finesse de jugement, passionné par les cosmétiques, qui devint, par la suite, vice-président chargé de la division des produits de cosmétique active du groupe. Il n'avait jamais participé à une opération de ce genre, mais il accepta de relever le défi et mena à bien la tâche qui lui était confiée avec la plus grande intelligence. Le problème le plus délicat était évidemment de gagner la confiance des consommatrices. J'ai eu avec lui plusieurs conversations et nous décidâmes qu'il devrait tout simplement se présenter pour ce qu'il était réellement, c'est-à-dire un directeur de L'Oréal, soucieux de s'entretenir avec la personne qui le recevrait de ses problèmes de coiffure, de coloration, de permanente ou de coupe. Les femmes ont presque toujours des problèmes avec leurs cheveux et, si elles n'en ont pas, elles sont toujours prêtes à en parler. Dès lors, il devenait naturel de passer des cheveux au visage pour poser finalement la question : « Que mettez-vous sur votre visage le matin en vous levant ? » Mon enquêteur obtint finalement tous les renseignements qui nous intéressaient.

Les résultats de l'enquête confirmèrent en tous points les observations que les uns et les autres, nous avions pu faire auprès des personnes de nos entourages. Pour leur toilette matinale, une minorité de femmes, de l'ordre de 25 %, utilisaient du savon de Marseille, à peu près autant utilisaient des savonnettes, et toutes les autres, soit la moitié, se servaient des produits les plus divers depuis le Dermacide et le Lactacide jusqu'à la crème Nivéa, en passant par Ponds, Diadermine, Arden, ou Rubinstein et un nombre considérable d'autres marques moins connues. L'extrême diversité des habitudes de consommation que révélait cette enquête nous laissait espérer que nous pourrions incliner les achats vers un produit qui se définirait comme un produit typiquement du matin. Le matin, en effet, est un moment important pour la peau. Or nous avions dans nos laboratoires un produit qui convenait parfaitement à la toilette matinale du visage. Le succès était donc à notre portée. Il restait à trouver une marque. C'est un jeu qui m'amusait beaucoup mais qui finit par tourner à l'obsession. Je griffonnais des noms sur tous les supports qui me passaient dans les mains, y compris les billets de banque. Je me réveillais la nuit. Mon plateau de petit déjeuner était couvert de gribouillis... Après un mois d'écritures et de ratures, je finis par m'arrêter sur Bienfait du Matin. Il me semblait que, dans cette marque, se trouvaient rassemblées une proposition concernant une utilisation spécifique pour le matin et, d'autre part, avec le mot Bienfait, une promesse d'agrément pour la peau.

Nous nous mîmes à préparer le lancement. À l'époque, il n'était pas possible de faire de la publicité à la télévision et pratiquement personne n'avait encore utilisé la radio pour l'annonce d'un produit cosmétique, car la radio était considérée comme populacière. Le risque était donc grand de mettre notre grosse frappe publicitaire au service d'un produit de luxe. Mais je tins bon, considérant qu'il fallait déroger aux habitudes assez malthusiennes des grands instituts. Dans ce milieu, on considérait généralement comme un record de vendre 50 à 100 000 unités par an d'un produit. J'avais pour ma part la conviction qu'un produit d'excellente qualité, bénéficiant d'une information publicitaire forte et répondant à un besoin de consommation précis, permettrait de réaliser un véritable changement d'échelle dans la conquête du marché. Bienfait du Matin me paraissant réunir ces conditions, j'annonçai autour de moi que j'attendais de son lancement en France la vente d'un million d'unités dès la première année. Ce chiffre parut insensé. Il fut pourtant atteint. Le succès fut donc total.

J'avais cependant des raisons de craindre que le succès de Bienfait du Matin en France ne se reproduise pas aussi facilement en Grande-Bretagne, en Espagne, en Italie ou en Allemagne, pays dans lesquels le mot bienfait est totalement incompréhensible. Mais un miracle se produisit. Nous avions fait tellement d'efforts dans les labos pour que notre crème réponde aux besoins de la toilette matinale que sa qualité s'imposa instantanément et fanatisa littéralement les distributeurs étrangers, qui prirent plaisir à jouer du mystère qui pouvait s'attacher au mot « bienfait » dans l'esprit des consommatrices de leurs pays. Nous avions aussi la chance que le mot « matin » soit, pratiquement partout en Europe, clairement évocateur du moment de consommation du produit. L'implantation rapide de Bienfait du Matin dans tous les pays européens fut pour moi lourde de sens. Elle confirmait d'abord l'importance que revêt la qualité pour assurer le succès commercial d'un produit, car si l'on peut toujours faire de la publicité pour un produit médiocre, on ne peut certainement pas convaincre des parfumeurs anglais ou allemands de s'investir dans un produit dont ils n'apprécient pas la qualité. Il apparut aussi que, lorsqu'il est donné à un détaillant d'être autre chose qu'un manutentionnaire de gondoles d'un libre-service, il peut avoir un rôle de communicateur infiniment plus riche et efficace, en même temps que plus économique et discret, que celui que s'arrogent les publicitaires. Ces derniers ne se justifient pleinement que pour annoncer, dans les mass media, l'existence de produits commercialisés dans la distribution de masse. Le produit a alors besoin d'une marque forte et, s'il est international, la marque doit avoir une signification claire dans toutes les langues. C'est pour répondre à ce besoin que nous avons dû, par la suite, faire l'effort de rechercher des marques internationales – ce fut l'origine de la marque Plénitude – afin d'assurer la distribution internationale de masse de nouvelles crèmes cosmétiques. Le concours actif d'une distribution internationale spécialisée et professionnelle nous a, en somme, affranchis de cette coûteuse nécessité pour Bienfait du Matin.

Il fallait aussi, comme disait le général de Gaulle, « que l'intendance suive ». Or nous ne pouvions pas assurer l'expansion de Lancôme à partir de l'usine de Chevilly-Larue, en raison du caractère irrationnel de son implantation. Nous fûmes donc amenés à rechercher un autre site pour y installer une usine moderne. Il nous paraissait logique que « Lancôme of Paris » fût installée au voisinage immédiat de Paris ou dans le midi de la France. Avec une rigidité bien jacobine, les fonctionnaires de l'aménagement du territoire nous imposèrent de nous installer dans le Nord, à Caudry, près de Cambrai. La spécialité de cette petite ville avait été, pendant des siècles, la dentelle. Ces fabrications avaient peu à peu disparu et Caudry était devenue une ville sinistrée. Je me suis rendu sur place avec des collaborateurs. La municipalité nous accueillit comme des sauveurs et nous annonça qu'elle avait décidé de nous affecter un immense terrain agricole. Une usine de cosmétiques dans les betteraves ! L'expression est entrée, par la suite, dans notre langage, car l'usine de Caudry se trouva effectivement encerclée par des champs de betteraves.

Sur le moment, je dois dire que l'idée qu'une affaire vendant des produits de luxe dans le monde entier pourrait être amenée à installer son usine principale dans un tel environnement, me rendait assez perplexe. Mais nous avons très vite compris qu'il existait sur place une main-d'œuvre laborieuse, désireuse d'être formée à des métiers nouveaux. Nous nous sommes dit aussi que la dentelle nécessitait certainement autant de soins que le cosmétique. Bref, nous avons décidé d'installer l'usine de Lancôme à Caudry et nous n'eûmes qu'à nous louer de cette décision. Le changement de vie parut, sur le moment, difficile à beaucoup de nos cadres, qui durent quitter la région parisienne pour s'installer à Caudry. Mais je crois pouvoir dire que, pour la plupart, ils se rendirent très vite compte que la province leur apportait une qualité de vie qu'ils n'avaient pas auparavant.

L'Oréal entre en Bourse

La vente de Monsavon, l'achat de Cadoricin, nos réussites dans la coiffure, l'installation de deux forces de vente distinctes, l'une pour des produits de grande diffusion comme Dop et les produits signés Cadoricin et l'autre pour des produits comme Elnett et Printil, distribués d'une façon plus sélective sous la signature de L'Oréal – toutes ces initiatives avaient fini par rendre notre affaire très solidement bénéficiaire. Notre trésorerie était à l'aise et le temps me paraissait lointain où, à la tête de Monsavon, je devais faire face, à chaque échéance, à la mauvaise humeur des banquiers, celle de l'un d'eux, en particulier, dont je garde toujours en mémoire les avertissements péremptoires, auxquels j'avais fini par opposer une certaine forme d'inertie : « Ne vous mettez pas dans cet état, je ne peux pas vous rembourser aujourd'hui, donnez-moi encore un délai... » Les discussions avec les banquiers étaient, à cette époque, toujours désagréables et provoquaient, parmi mes collaborateurs, de considérables déperditions d'énergie. Nous n'en finissions pas d'aligner les chiffres des prévisions, de les triturer, de les tordre et de les retordre comme on tord une serpillière. Cela paraîtra sans doute à beaucoup de personnes incroyable qu'une entreprise, dont le chiffre d'affaires s'élève aujourd'hui à des dizaines de milliards de francs, ait pu avoir des débuts aussi difficiles. Mais c'était ainsi.

J'ai passé bien des nuits blanches jusqu'à la fin des années 50. J'ai su ce que signifiaient les problèmes de trésorerie pour un patron de PME. Les problèmes de trésorerie, ces mots que j'entendais souvent prononcer autour de moi dans ma jeunesse, j'ai dû à mon tour les intégrer à mon vocabulaire et à mes pensées de chaque jour. On comprend dès lors que j'aie pu m'attacher à la seule banque qui, à l'époque, avait résolu de nous faire confiance : il s'agissait de la BNCI, qui devait devenir par la suite la BNP. Ses dirigeants venaient souvent nous voir, mais dans un esprit tout à fait différent de celui des autres banquiers. Au lieu d'évoquer nos crédits en cours et nos nouveaux besoins de financement, ils s'assoyaient devant nous et nous faisaient parler de nos perspectives d'activité, ce qui était une bonne façon de nous obliger à dépasser l'échéance à venir et le chiffre d'affaires du mois suivant. Les dirigeants de la BNP se sont ainsi trouvés naturellement associés à notre développement. C'est au cours d'une de nos réunions habituelles qu'un beau matin, l'un d'entre eux, Jacques Visioz, me fit part du projet de mettre L'Oréal en Bourse. J'avoue que, sur le moment, la proposition m'a stupéfié. Certes, nous étions prospères, mais nous étions encore petits, et il me paraissait invraisemblable que nous puissions intéresser la Bourse. L'argument qu'on m'opposait consistait à dire : « Vous allez grandir, la Bourse peut vous aider à trouver des partenaires financiers pour assurer votre développement. » Mais précisément, je trouvais que nous n'en avions pas besoin car notre trésorerie était à l'aise. Du reste, nous n'eûmes pratiquement jamais besoin de faire appel à des capitaux extérieurs, sauf en une seule occasion. En revanche, il me paraissait intéressant que la petite partie du capital qui serait mise en Bourse permette à nos actionnaires de disposer d'un peu d'argent, ce qui, jusqu'alors, n'était jamais arrivé. Par la suite et dans le même esprit, il me parut naturel de faire profiter de la mise en Bourse de notre affaire les membres de notre équipe de direction. Nous fûmes parmi les tout premiers, en France, à organiser des *stock-options*.

Il reste que l'idée d'entrer dans la cour des grands ne m'impressionnait pas. Il me semblait d'ailleurs que « les grands » n'avaient pas, sur le sujet, des attitudes toujours exemplaires. Un des plus grands parmi ces grands n'hésitait pas à se répandre en déclarations publiques du genre : « Je regarde mon cours de Bourse deux fois par an ; mes affaires sont prospères, mais la Bourse ne donnera aucune indication à personne, sur mes projets à long terme ni sur l'avenir de mon entreprise ; si mes actionnaires ne sont pas contents, ils n'ont qu'à me quitter. » En revanche, j'avais été très impressionné par le climat boursier de New York et par l'importance que l'on y accordait à la Bourse. Le milieu des affaires était constamment agité par des opérations spectaculaires : offres publiques d'achat d'actions, fusions, acquisitions, etc. Mais, derrière toute cette agitation, il était facile de se rendre compte aussi, à l'occasion de conversations avec des clients ou des fournisseurs, que la Bourse conduisait les dirigeants américains à une très grande rigueur, en raison de la nécessité où ils se trouvaient de donner, en toute occasion, des informations précises et détaillées sur le passé, le présent et l'avenir des affaires qu'ils dirigeaient. Avec ces impressions d'Amérique à l'esprit, je compris que la Bourse serait pour nous un incomparable stimulant. Je résolus donc de me lancer dans l'aventure boursière.

Je savais que nous devrions tenir une comptabilité de plus en plus rigoureuse et que nous serions contrôlés d'une manière beaucoup plus étroite par nos commissaires aux comptes. J'obtins sans difficulté l'accord de Liliane Bettencourt et ce ne fut pas seulement parce qu'elle me faisait généralement une très grande confiance. Ce fut surtout parce qu'elle avait hérité de son père le désir de faire grandir L'Oréal. Elle était certes satisfaite des résultats déjà obtenus et, pour elle, l'entrée en Bourse pouvait signifier la perte de liberté que tout actionnaire pratiquement unique est susceptible de ressentir dès lors que son entreprise, jusqu'alors fermée, devient une affaire publique ouverte à toutes les interrogations. Mais Liliane Bettencourt et moi-même étions désormais complices d'une volonté d'aller toujours plus loin.

La décision une fois prise, nous attendîmes avec confiance le verdict. Nous étions cependant, comme on peut l'imaginer, curieux de savoir comment l'aventure allait tourner et, en particulier, à quel niveau d'entrée L'Oréal allait être coté. Là, notre surprise fut immense, mais c'en fut une également pour tout le milieu financier dont on peut dire qu'il n'avait, à l'époque, pas plus de considération pour le secteur du cosmétique qu'il n'en a aujourd'hui pour le textile. Dès les premiers jours de la mise en Bourse, la pression des acheteurs fut considérable. Avec un PER de 40, le cours de notre action dépassa largement les prévisions les plus folles. La BNP, qui avait naturellement eu la responsabilité de notre introduction sur le marché, était elle-même très surprise de ce résultat. Personne, au fond, parmi les spécialistes, ne s'était avisé que L'Oréal était, du fait de la large diffusion de ses produits, une affaire dont les activités touchaient directement le grand public, ce qui n'était évidemment pas le cas d'Usinor, de la Compagnie générale d'électricité ou de Schneider. Mais du même coup, nous nous trouvions devant la nécessité de ne pas décevoir la foule des petits épargnants qui nous avaient fait confiance. Ces épargnants, en effet, c'étaient autant de consommateurs de nos produits et nous comprenions fort bien que s'ils devaient un jour bouder l'action de L'Oréal à la Bourse, ils ne manqueraient pas de bouder aussi nos produits dans les magasins. C'est donc tout naturellement que je fus conduit à adopter la manière des dirigeants américains : je me mis à mon tour à suivre quotidiennement le cours de notre action.

La Bourse s'est finalement révélée comme une formidable incitation à augmenter le chiffre d'affaires et les profits de l'entreprise. Cette incitation était permanente. « Le chiffre » allait devenir désormais notre obsession quotidienne et la volonté de « pousser le chiffre » devait gagner rapidement toute la Maison. Chaque chef de vente était tendu vers le chiffre qu'il avait à réaliser. À l'occasion de mes visites, chaque affaire alignait devant moi le chiffre de ses réalisations comme l'armée d'un pays aligne ses canons le jour de la fête nationale. « Où en est votre chiffre ? », c'est cette question qu'après les salutations d'usage, il m'était devenu naturel d'adresser, à la descente de l'avion, aux dirigeants d'une filiale étrangère qui venaient m'accueillir à l'aéroport.

Dans nos prévisions de chiffres d'affaires, nous distinguions avec soin les chiffres normatifs des chiffres volontaristes. Les premiers avaient le caractère d'une « ardente obligation », car ne pas les atteindre aurait signifié le déséquilibre de nos finances. Les seconds donnaient la mesure de nos ambitions de conquête. Toute notre troupe avait les yeux fixés sur eux et c'est par rapport à eux que se comparaient, chaque jour, les réalisations de chacun. Ils étaient, en quelque sorte, le panache auquel nous devions tous nous rallier. C'est grâce à cette discipline de tous et de tous les instants que nous réussîmes à satisfaire à nos obligations vis-à-vis de la Bourse. Nos actionnaires s'habituèrent très vite à une expansion régulière de nos affaires. Le cours suivait, s'enflammait même souvent. Je peux dire que, depuis l'introduction, la tenue en Bourse de L'Oréal a toujours été considérée comme exemplaire. Le titre, pendant ma présidence, a fait le bonheur des actionnaires, sinon leur fortune. Il a continué de monter sous la présidence de Charles Zviak. Aujourd'hui, sous la présidence d'Owen-Jones, il atteint des sommets.

Mai 68 : tout commence par un chahut d'étudiants

L'éditeur d'une revue professionnelle[1] eut un jour l'idée de réunir dans un colloque les fabricants et les distributeurs français les plus importants avec, « pour élever les débats », disait-il, des hommes politiques et des universitaires. Tous les industriels pressentis acceptèrent avec d'autant plus d'empressement que leurs relations avec la grande distribution commençaient à se tendre. Le week-end du 1er mai 1968 fut retenu pour le colloque qui devait être le premier d'une série qui se poursuit toujours. Le professeur Maury, de l'université de Montpellier, avait exposé que les étudiants étaient en train d'adopter, dans les amphis, ou au cours des examens, des comportements nouveaux qui lui paraissaient annonciateurs d'une révolte à l'égard de toute forme d'autorité, que ce soit à l'université, dans la famille ou dans l'entreprise. Quelques jours plus tard, j'ai eu l'occasion de me remémorer ces propos, en constatant que notre jeunesse dorée avait mis beaucoup d'enthousiasme à jouer à la révolution en descellant des pavés pour dresser des barricades dans le Quartier latin.

Maury avait eu raison d'annoncer une révolte, dont on sait qu'elle a entraîné la paralysie du pays pendant un bon mois. Elle fut orchestrée en France par ce qu'il avait été convenu d'appeler la nouvelle gauche ou les gauchistes, qui se réclamaient pêle-mêle d'Illich, de Marcuse, de l'école de Francfort, et surtout de Mao. La France, d'ailleurs, n'avait pas l'exclusivité du mouvement. L'Amérique s'était enlisée dans la guerre du

1. Il s'agissait de Monsieur Pictet, aujourd'hui disparu, qui était à l'époque propriétaire de la revue *LSA (Libre Service Actualités).*

Vietnam, ce qui avait provoqué des réactions contestataires parmi les étudiants soucieux d'éviter d'y être engagés. Ceux de Berkeley avaient déclenché des émeutes. En France, les étudiants avaient occupé la Sorbonne, les autres universités et les théâtres nationaux, et les manifestations de *happening* étaient devenues permanentes.

Je m'étais moi-même rendu à la Sorbonne à plusieurs reprises et je m'étais efforcé d'exposer aux étudiants les thèses que le colloque du 1er mai m'avait permis d'approfondir. J'avais tenté de leur parler de l'utilité de la consommation et de la croissance, et j'étais même allé jusqu'à souligner leurs propres devoirs à l'égard des corrections à opérer dans les modalités de cette croissance. Les besoins de consommation demeuraient immenses, même parmi les plus nantis, et surtout bien sûr chez les plus démunis. Trop de Français étaient encore mal logés, mal vêtus, ou devaient être assistés ou encore recourir à la mendicité pour survivre. Mais ces propos ne pouvaient pas avoir d'échos. L'ambiance était indescriptible, le brouhaha assourdissant et je compris vite que les esprits étaient au chahut et non à la réflexion. J'avais d'ailleurs rencontré au cours de mes pérégrinations, dans un amphi de la Sorbonne, le doyen Las Vergnas, qui devait devenir un de mes grands amis. C'était un homme généreux, d'une grande culture et d'une grande sérénité. Il professait des idées de gauche, mais l'infantilisme des exposés doctrinaux des étudiants le consternait comme le consternait l'infantilisme de leur chahut. Pendant toute cette période révolutionnaire, ces derniers lui avaient d'ailleurs imposé une espèce de commissaire politique, comme cela se faisait à Moscou ou à Pékin. C'était un hurluberlu, qui se faisait appeler Jésus. Lorsque le doyen se déplaçait, Jésus était à ses côtés et lorsque le doyen prenait la parole, Jésus ne manquait jamais d'intervenir à son tour. Ses propos étaient absurdes, incohérents et enfantins, mais ils étaient toujours applaudis.

Ce n'était évidemment pas avec de tels enfantillages que l'on risquait de changer la société. Aujourd'hui, avec le recul, je me demande si le fait que cette affaire ait pris en France de telles proportions, en comparaison de Berkeley ou d'Amsterdam, n'avait pas résulté d'une espèce de combat d'arrière-garde des élites qui, naguère, détenaient le pouvoir politique dans notre pays. En passant de la IIIe, puis de la IVe République à la Ve, il me semble que l'on est, insensiblement, passé de la république des professeurs à celle des technocrates des administrations d'État. Les humanistes de la république des professeurs avaient fait leur baroud d'honneur, mais ils avaient été balayés par la froide détermination des comptables de l'ENA. L'idéologie de 1968 a fait long feu, les archicubes sont retournés à l'université et les étudiants demandent aujourd'hui à leurs professeurs de leur procurer un emploi stable plutôt que de changer la société. Quant à ceux qui s'agitaient à Berkeley, ils ont, pour la plupart, adopté les thèses et les comportements du capitalisme pur et dur des Libertarians. Il faut dire que l'industrie de l'information, dont la côte ouest des États-Unis allait faire sa spécialité, recourt à un personnel de culture et de formation relativement homogènes. Le pouvoir dans l'entreprise se fonde donc sur des critères de compétence plus facilement accessibles à tous. On y est moins enclin que dans les industries classiques à disserter sur les rapports entre dominés et dominants. Et même les relations entre le capital et le travail se posent dans des termes que ni Marx, ni Marcuse, ni Mao n'avaient imaginés.

Mais le mois de mai 68 fut douloureux chez nous, en France. Comme d'habitude, je me rendais tous les jours à mon bureau rue Royale. On continuait à livrer les clients de la région parisienne, mais l'orage grondait de plus en plus. Tous les collaborateurs de la Maison étaient à leurs postes mais, à leurs regards comme dans leurs propos, on sentait qu'ils étaient tous aussi perplexes que moi et que, s'ils venaient au bureau, c'était pour avoir des nouvelles plutôt que pour travailler, car les esprits n'étaient pas au travail. Chacun faisait le dos rond et attendait, sans savoir très bien quoi. C'est dans cette ambiance que j'ai pu mesurer l'importance qu'avaient prise les radios périphériques. Europe n° 1, par exemple, a joué un rôle considérable dans le développement du mouvement.

Les reportages s'y succédaient, dramatisant les moindres déplacements des étudiants ou de la police et donnant l'impression à l'auditeur que les chocs se succédaient aussi dans la rue. J'avais eu au téléphone M. Floirat, le propriétaire de cette station dont nous étions l'un des annonceurs les plus importants, pour protester contre le rôle de boutefeu que ses journalistes étaient en train de jouer au Quartier latin. Floirat m'avait répondu, désabusé, que ses journalistes étaient de connivence avec les étudiants, pour jouer à la révolution.

Paralysie du pays

Avec quelques amis, j'avais provoqué une réunion au CNPF dans le but d'obtenir un accord, entre chefs d'entreprise, sur l'attitude à adopter devant la crise. Notre séance de travail venait de commencer lorsque quelqu'un fit irruption dans la salle en hurlant : « La Bourse est en flammes ! » Je me souviendrai toujours de la cacophonie qui suivit cette annonce. Plusieurs participants quittèrent la salle précipitamment. Il faut dire que les syndicats, au premier rang desquels se trouvait la CGT, ouvertement attachée au parti communiste, avaient décrété une grève générale. Pourquoi le cacher ? Tous ceux qui détenaient une parcelle de pouvoir étaient plutôt mal à leur aise. Certains étaient même littéralement affolés. Je pense à ce patron d'une entreprise très connue, qui me proposa, un beau matin de ce mois de mai, de me céder son affaire, en précisant que l'opération, si elle m'intéressait, devait se faire dans l'heure car il en avait assez de la France et voulait s'installer à l'étranger. Sans doute se rappelait-il que, quelques mois plus tôt, je lui avais fait moi-même des ouvertures, car son affaire me paraissait constituer un complément judicieux pour nos activités. Sa réponse avait été laconique : « Nous ne sommes pas intéressés. » Les temps avaient décidément changé... Comme il y avait pénurie d'essence, on marchait beaucoup. Un soir, après avoir traversé la Seine, je me suis trouvé quai d'Orsay, le long du ministère des Affaires étrangères. Le bâtiment paraissait désert. Je poussais une porte, pénétrais dans les lieux où j'ai dû rester une bonne heure sans rencontrer âme qui vive. J'imagine qu'avec un peu de toupet et une connaissance des standards téléphoniques que je n'avais pas non plus, j'aurais pu faire le tour de nos représentations diplomatiques dans le monde.

Notre usine d'Aulnay-sous-Bois était naturellement occupée par le personnel ou, plus précisément, par les membres du personnel qui militaient à la CGT. La première réflexion que je me fis en arrivant sur place, a été que cette occupation était un mal pour un bien, car le calme paraissait régner à l'intérieur des bâtiments alors que, dans l'usine voisine d'Ideal Standard, il y avait beaucoup d'agitation, on entendait des vociférations et l'on sentait qu'à tout moment, les choses risquaient de tourner mal. Le temps de déverrouiller les issues, on me fait entrer dans notre usine, et on me conduit, séance tenante, dans la salle où se tenaient les chefs. L'ambiance était bon enfant, j'avais même l'impression que tout le monde était content de me voir. On m'a demandé des nouvelles du siège, on m'a préparé un café et offert un croissant. Au bout d'un moment, le responsable de la CGT qui, depuis toujours, menait le mouvement syndical à L'Oréal et avec lequel j'avais eu des rapports parfois rugueux mais toujours empreints d'une grande honnêteté, s'approcha de moi et me déclara très cérémonieusement :

– Vous savez, Monsieur Dalle, maintenant l'usine est à nous.

J'étais resté coi et, comme pour mieux me faire comprendre les choses, il avait ajouté :

– Je pense que vous l'avez bien vu, nous sommes aujourd'hui les patrons.

– J'ai vu ça en effet, ai-je répondu, j'ai vu que dans tout ce désordre qui nous entoure, vous avez fait en sorte que les choses ici soient différentes et je vous en félicite. Mais aujourd'hui, tout est arrêté, notre usine est arrêtée, comme l'est d'ailleurs L'Oréal dans son ensemble. Cela ne va pas être tellement facile pour vous de diriger L'Oréal le jour où, comme vous l'espérez sûrement, les affaires reprendront.

– Je sais, m'avait-il dit, il va falloir diriger l'Allemagne, l'Angleterre, les USA... enfin, tous les pays où L'Oréal est installée dans le monde. Et d'ajouter pour conclure : Nous, on sera les patrons et vous, vous pourrez être notre directeur.

– Écoutez, attendons les événements, nous verrons bien comment tout cela va tourner...

Je n'ai rien trouvé d'autre à dire pour cacher ma stupéfaction.

Sur ces propos dilatoires, j'ai pris congé, serré les mains qui se tendaient vers moi et, comme je regagnais ma voiture, quelqu'un m'interpella : « Avez-vous de l'essence ? » Puis, sans attendre ma réponse, s'adressa à un ouvrier du service d'entretien : « Va remplir le réservoir du patron ! »

J'ai regagné Paris assez perplexe. Il faut dire qu'au même moment, le gouvernement du pays était, lui aussi, perplexe. Le général de Gaulle avait disparu. Ses opposants politiques s'agitaient, désireux à leur tour de récupérer le mouvement étudiant. Un grand métinge s'était tenu au stade Charléty en présence de MM. Mendès France et Mitterrand. Il régnait sur Paris une atmosphère tendue. Depuis plusieurs jours, il n'y avait plus d'essence dans les stations-service et l'on pouvait craindre que les banques finissent, elles aussi, par ne plus être approvisionnées en liquidités. Les membres de mon entourage risquaient donc de se trouver rapidement devant des problèmes de trésorerie. Non sans difficultés, j'ai pu obtenir de la BNP qu'elle me fasse parvenir un peu d'argent liquide. Il m'était évidemment impossible de procéder à une distribution générale de viatiques, ce qui aurait d'ailleurs eu pour effet de rendre dérisoire la part revenant à chacun. J'ai donc divisé la somme en petits paquets qui ont été distribués aux personnes qui se trouvaient, sur le moment, présentes au siège. En remettant à chacun une enveloppe j'avais, non sans émotion, prononcé quelques paroles que je pensais de circonstance, quelque chose comme : « Voici un peu d'argent qui vous permettra d'y voir plus clair pendant les quelques semaines qui viennent ; si, comme je l'espère, les choses s'arrangent, je sais que vous serez heureux de me le rapporter. » C'est en effet ce qui se produisit par la suite.

Mais pour l'heure, les choses paraissaient loin de s'arranger. Nous nous étions tous séparés après la distribution des viatiques et, comme j'allais prendre l'ascenseur, l'huissier s'était interposé, en m'annonçant une coupure d'électricité. Nous n'avions pas encore connu d'incident de ce genre. En descendant l'escalier, je songeais à l'œuvre qu'avec mes collaborateurs, j'avais accomplie, et dont nous étions tous si fiers, je me disais qu'elle risquait en quelques jours d'être anéantie et que les choses allaient probablement encore empirer. En arrivant sur le trottoir, je pus voir en effet que des centaines de camions bondés de manifestants brandissant des drapeaux rouges et même quelques drapeaux noirs, se dirigeaient vers la gare Saint-Lazare pour une manifestation organisée par les syndicats. Bien entendu, ils grillaient sans scrupules le feu rouge du coin de la rue Saint-Honoré et j'ai eu beaucoup de mal à traverser la rue Royale. Je me disais que les syndicats d'obédience communiste étaient en train de substituer un ordre nouveau au désordre de la rue et que le grand soir était peut-être arrivé. J'en étais là de mes réflexions moroses lorsque, passant devant Maxim's, je m'avise que le restaurant est ouvert. Poussé par la curiosité, je décide d'y entrer. J'étais connu, car il m'arrivait d'y traiter des clients. Quel ne fut pas mon étonnement d'être accueilli par l'ensemble de la brigade, chacun dans sa tenue habituelle, les boutons bien astiqués, comme si rien ne se passait au-dehors. Dehors justement, les camions de grévistes continuaient à défiler dans un vacarme assourdissant. Je jette alors un regard autour de moi. La salle de restaurant est totalement vide. Voyant que les tables sont dressées, je m'exclame : « Vous servez donc le déjeuner ! » « Bien sûr, monsieur Dalle, me répond courtoisement le maître d'hôtel, Maxim's est ouvert comme tous les jours. » Et d'ajouter conformément au rituel : « Qu'est-ce qui vous ferait plaisir ? » Je peux dire, à la manière du poète, que j'étais seul, ce jour-là, pour déjeuner, chez Maxim's. Et, comme j'étais le seul client, j'ai déjeuné en compagnie de la totalité du personnel, devant lequel je me suis bien sûr efforcé de commenter les événements avec optimisme. Pour être honnête, je dois avouer que j'avais pris moi aussi, ce jour-là, chez Maxim's, une leçon d'optimisme.

La récréation est terminée

Quelques gaullistes de la première heure prirent l'initiative de faire distribuer des tracts au cours de la nuit précédente pour inviter les Parisiens à venir manifester leur soutien au général de Gaulle en défilant le lendemain sur les Champs-Élysées. Au matin, les organisateurs les plus optimistes annonçaient la présence de quelques milliers de manifestants seulement, tant les Parisiens leur semblaient avoir été déboussolés par tous ces événements. Comme on le sait, ils furent plus d'un million à se rendre, l'après-midi, sur les Champs-Élysées. J'étais moi-même revenu dans mon bureau rue Royale. Vers 17 heures, on entendit tout à coup un formidable brouhaha qui grandissait dans les environs. Je me mis à la fenêtre et pus voir que des foules énormes venant de la Madeleine, de la rue Saint-Honoré et du boulevard Saint-Germain se rassemblaient sur la place de la Concorde. Le général de Gaulle était rentré et il lui avait suffi de prononcer une courte allocution pour réorienter les énergies du pays. Il faut dire qu'il avait réglé, peu de temps auparavant, une révolte infiniment plus grave, au moins en apparence, que celle des étudiants, puisqu'elle était le fait de soldats de métier. Mais ces soldats avaient des chefs, un « quarteron de généraux » qui étaient demeurés sensibles, quoi qu'ils en aient dit, à l'autorité supérieure. Rien de pareil cette fois : la révolte des étudiants avait autant de visages que de meneurs, elle avait été relayée par les syndicats ouvriers et les partis politiques d'opposition s'étaient aussi mis en mouvement. Après avoir dénoncé la chienlit, le Général avait quitté le pays en hélicoptère pour une destination inconnue des Français, y compris, dit-on, des membres du gouvernement. Cette initiative théâtrale eut pour conséquence qu'en une nuit, le décor fut changé : les Champs-Élysées s'étaient substitués au Quartier latin. La France était de nouveau gouvernée. « La récréation était terminée. »

Mais le chahut devait laisser des traces profondes.

Troisième partie

VERS UNE NOUVELLE CROISSANCE

CHAPITRE VI

Dans les turbulences des années 70 et 80

Les années de croissance facile sont révolues

Il est bien connu que l'importante augmentation du prix du brut décidée en 1973 par les pays producteurs a profondément et durablement affecté les économies de l'ensemble des pays industriels. Mais la France ressentit ce choc avec une économie déjà affaiblie, directement et indirectement, par les événements de mai 68. Directement, parce que le pays avait été immobilisé pendant plus d'un mois ; indirectement, parce que, pour remettre la France au travail, le gouvernement avait dû concéder une augmentation générale des salaires de l'ordre de 10 % et, pour le SMIC, de 30 %. L'idée qui avait inspiré ces accords, dits de Grenelle, était que la croissance des Trente Glorieuses reprendrait automatiquement grâce à « l'avance à l'allumage » qui résulterait de cette augmentation massive du pouvoir d'achat. Il n'en fut rien. C'est que les besoins des consommateurs avaient commencé à changer, appelant des offres de natures différentes et, par conséquent, des investissements de R & D appropriés. Ces offres, ce sont les Japonais qui les ont faites. C'est en effet sous leur impulsion que l'électronique grand public a commencé à se substituer à l'électroménager pour tirer la consommation. Mais en raison de la montée du coût du travail, du ralentissement de leur croissance habituelle et de la décision prise, dès 1971, par le gouvernement, de restreindre le crédit bancaire, nos entreprises n'avaient pas les ressources morales et matérielles qui leur auraient permis d'innover ou tout simplement d'imiter les Asiatiques. Elles se mirent à rabattre les voiles.

L'emploi commençait donc à décliner, en 1974, lorsque le gouvernement décida un nouveau plan de relance pour pallier, pensait-il, les conséquences du choc pétrolier qui venait de se produire. Mais l'offre intérieure n'était pas au rendez-vous de la demande : les importations augmentèrent, entraînant le déséquilibre de nos échanges. Les automatismes de la croissance ne fonctionnaient plus, mais les automatismes d'augmentation des salaires continuèrent de fonctionner, entraînant derechef l'inflation. Le coût du travail s'élevant, les investissements des entreprises se sont plus que jamais portées sur la substitution de machines aux travailleurs afin de pouvoir produire à meilleur compte les produits existants, plutôt que sur la recherche et le développement de nouveaux produits. Le coût du travail a augmenté, année après année, de 1971 à 1983, c'est-à-dire pendant plus de dix ans, plus vite que la productivité, à l'exception des deux années 1979 et 1980 pendant lesquelles le gouvernement eut le courage d'imposer une politique de modération salariale. Mais cette initiative, forcément impopulaire, provoqua un changement de majorité politique avec le facteur aggravant de deux dévaluations successives. En raison de la crise d'offre, ces dévaluations eurent pour effet de renchérir le coût des importations sans stimuler les exportations. Elles ont aggravé automatiquement l'inflation.

À partir de 1983, le gouvernement s'engage dans la politique inverse. Il proclame l'austérité, bloque les salaires et, pour juguler l'inflation, accroche le franc au mark. Il engage ainsi l'économie dans la « désinflation compétitive », avec l'espoir que les entreprises, ayant reconstitué leurs marges, investiront et créeront à nouveau des emplois. Rien de pareil ne se produit. Le franc fort ne favorise pas l'exportation, mais il autorise les investissements directs à l'étranger. Le marché intérieur est délaissé par l'industrie, l'économie s'installe dans la déflation, et les services ne se développent pas. On ne crée plus, on n'entreprend plus : on gère.

La France est ainsi passée de Charybde en Scylla.

Ces turbulences de l'économie française ont profondément affecté nos grandes entreprises industrielles, comme l'a montré Élie Cohen, à la suite d'une analyse approfondie de leurs comportements et de celui de l'État, pendant cette période.

« Les années 1974-1984 constitueront sans doute, au regard de l'historien, les années noires de l'industrie française. Chacun se souvient de faillites spectaculaires comme celles de Boussac, de Lip, de La Chapelle-Darblay ou de Creusot-Loire, d'interminables conflits comme ceux de Manufrance, des naufrages de l'industrie des constructions navales, de la sidérurgie ou de la machine-outil, des regroupements aux frais de l'État de la chimie lourde, de la téléphonie publique. De graves crises furent aussi traitées loin des regards indiscrets. Ce fut le cas de Michelin, DMC, Arjomari-Prioux, Aussedat-Rey ou même de filiales françaises d'International Harvester, Ford et ITT [...]. Des bassins d'emploi ont été complètement sinistrés dans le Valenciennois, à Longwy, dans le val d'Allier, la vallée du Gier, Le Creusot, La Seyne, La Ciotat, Albi-Carmaux, Tarbes, Decazeville et tant d'autres encore. On parle pudiquement, aujourd'hui, à leur propos de friches industrielles [1]... »

Pour les raisons que j'ai rappelées plus haut, la France a été plus touchée que les autres grands pays industriels, mais la croissance facile des Trente Glorieuses s'est interrompue à peu près partout. Les industries traditionnelles américaines, dites *smoke-stacks,* comme la sidérurgie et la chimie lourde, ont

1. Élie Cohen, *L'État brancardier – politiques du déclin industriel 1974-1984, Paris,* Calmann-Lévy, 1989.

enregistré des pertes très importantes. Ce fut le cas aussi de l'industrie textile et de l'automobile. General Motors, notamment, a perdu, en quelques années de la décennie 70, plus du tiers de sa part du marché domestique, parce que ses véhicules n'étaient plus compétitifs, en qualité comme en prix, avec ceux des Japonais. Les constructeurs français ont, eux aussi, perdu des parts de marché. Enfin et contrairement à une idée reçue, le secteur du cosmétique et de la parfumerie n'a pas été non plus épargné. Des entreprises parmi les plus prestigieuses comme Elizabeth Arden, Helena Rubinstein, Yardley, Coty se sont trouvées à la recherche d'acquéreurs. L'Oréal a été d'autant moins épargnée que l'Italie s'est trouvée, elle aussi, dans de grandes difficultés : pendant toute la décennie 70, elle a connu une situation pratiquement insurrectionnelle qui a entraîné de profondes perturbations dans son économie. Or notre filiale dans ce pays était, en importance, la première unité du groupe à l'extérieur de la France.

L'Oréal a donc souffert. Nous avions pris l'habitude d'aller toujours de l'avant, mais cette marche glorieuse était coûteuse et nous étions insuffisamment préparés aux années de vaches maigres. Les périls se sont précisés dès le début de la décennie 70, quand le gouvernement a décrété le contrôle des prix et l'encadrement du crédit pour tenter de juguler l'inflation. Nous risquions donc de connaître des problèmes de trésorerie car, dans les facilités de la croissance, nous avions laissé s'accumuler inutilement les actifs clients et surtout les stocks. Nous devions donc réagir sans attendre.

Un pied sur le frein, un pied sur l'accélérateur

J'ai instauré, sauf pour la recherche, un contrôle strict des embauches, décidé la toilette de nos catalogues et, toujours pour éviter les gaspillages, j'ai demandé que l'on contrôle attentivement les budgets de publicité. Surtout, j'ai exigé que nos messages publicitaires respectent l'ambiance plus austère que je sentais venir et qu'ils soient rigoureusement conçus pour mettre en lumière la performance de nos produits. En même temps, nous nous sommes efforcés d'accroître l'efficacité de nos forces de vente. J'ai demandé aux responsables de toutes nos affaires de sensibiliser personnellement leurs cadres commerciaux aux difficultés de l'heure, de réunir plus fréquemment les responsables des secteurs de vente, afin d'analyser avec eux les insuffisances de l'action commerciale et leur apporter les correctifs appropriés. Je leur ai aussi demandé de multiplier les initiatives de formation des vendeurs. Bien entendu, nous leur avons fixé des objectifs très stricts de diminution des actifs clients et demandé aux services centraux du siège de les aider à atteindre ces objectifs.

Nous avons surveillé étroitement les projets d'agrandissement de nos outils industriels. Les usines ont mis en œuvre des programmes d'analyse de la valeur visant à réduire d'une façon plus systématique, en liaison avec les services d'achat, le coût de nos approvisionnements. Nous avons procédé à une transformation radicale de nos méthodes de production en vue d'accroître la réactivité de nos usines et de réduire nos stocks. En même temps, nous avons accéléré la décentralisation de nos outils informatiques, car nous savions que cette option nous permettrait tout à la fois de réaliser des économies substantielles et de rendre plus rapides les décisions opérationnelles.

Mais ce n'était pas dans mon tempérament de me contenter de faire la chasse aux gaspillages de la croissance facile. Il me paraissait tout aussi important de garder les moyens d'une croissance plus difficile car, contrairement à beaucoup de chefs d'entreprise, je ne voulais pas renoncer à la croissance. Bref, nous avons gardé un pied sur le frein et un pied sur l'accélérateur. Malgré leur coût important, nous avons maintenu, après le choc pétrolier, les programmes de formation de nos cadres qui avaient été mis en œuvre au début des années 70 ; nous n'avons pas touché à nos programmes de recherche et j'ai personnellement veillé à faire comprendre à nos chercheurs que, dans les temps difficiles qui s'annonçaient, notre groupe avait plus que jamais besoin de leur créativité et de leur acharnement au travail.

En même temps, il était devenu indispensable de réaménager les structures de l'entreprise. Aux turbulences de l'environnement s'ajoutait le fait que L'Oréal était une grande entreprise, dont l'animation dépendait encore trop de moi.

Avec le téléphone, le courrier intérieur était un instrument essentiel de direction, mais il devenait, pour moi, de plus en plus pesant. Comme je l'ai déjà dit, on a, de tout temps, beaucoup échangé de notes à L'Oréal. Ma secrétaire disposait les notes qui m'étaient adressées dans une mallette dont le poids ne cessa de croître d'année en année. Cette mallette m'accompagnait partout. Pour prendre connaissance de son contenu et dicter mes réponses, il me fallait en moyenne trois heures par jour, les week-ends servant à récupérer les journées où, absent de Paris, je me trouvais dans l'impossibilité de sacrifier au rituel quotidien. Mais je devais aussi trouver le temps de participer, à peu près une fois par mois, aux manifestations organisées par les professionnels de la Coiffure. Je devais me rendre, une fois par an, au Japon et en Amérique latine et je continuais d'animer directement l'Allemagne, l'Italie et les États-Unis. J'étais donc à la fois chef d'orchestre de ces trois pays, chef d'orchestre de la France et chef d'orchestre de L'Oréal dans son ensemble. Il me fallait mettre en place des relais, notamment pour assurer l'expansion de nos activités hors de France.

CHAPITRE VII

Des structures conquérantes

Au début des années 70, il était devenu évident que je ne pouvais plus diriger L'Oréal comme je l'avais fait jusqu'alors mais que je devais aussi éviter de centraliser l'exercice du pouvoir en raison des difficultés de l'heure. Il me fallait me décharger d'un certain nombre d'activités. En premier lieu, je devais décentraliser plus largement les responsabilités opérationnelles sur nos filiales à l'étranger, mais il me fallait d'autant plus veiller à penser global tout en agissant local. En outre, nos problèmes d'intendance administrative et de production avaient besoin d'être repensés en tirant parti de l'évolution des techniques de l'informatique, du génie chimique, de la mécanique et de la robotique. Il fallait que, dans ces domaines, l'évolution des techniques et des procédés soit prise en charge par des dirigeants ayant rang de vice-présidents. Enfin et surtout, nous avions besoin de recruter des hommes d'un type nouveau, notamment pour assurer le développement de nos activités de produits publics. Quant à moi, je devais continuer de veiller à ce que nos activités internationales soient constamment nourries de produits de la recherche de nos laboratoires et de doctrines de développement élaborées à Paris, en tenant compte de la diversité de nos marchés. Je savais par expérience qu'il est très difficile à des hommes engagés dans l'action et tendus vers des objectifs immédiats de chiffre d'affaires de voir au-delà de l'année, parfois même du mois. Les marchés sont un véritable maelström, ce qui les rend justement attrayants pour des hommes épris d'action. Les initiatives concurrentielles s'y succèdent et parfois même s'entrechoquent, entraînant la multiplication des artifices promotionnels et rendant plus difficile une perception claire et objective des besoins des consommateurs. Notre expérience nous avait enseigné que le rôle des hommes de marketing était, à cet égard, déterminant, mais aussi que le dosage entre l'esprit de marketing et les réalités de la vente était extrêmement subtil, donc fragile. Je me devais de veiller personnellement à ce que la nécessité de cet équilibre soit partout bien comprise. Enfin, en France comme à l'extérieur, l'essor de la grande distribution posait au développement de nos affaires des problèmes nouveaux, mais d'une portée considérable. Je ne pouvais pas non plus déserter ce champ de réflexion. En définitive, la recherche, le marketing et la distribution constituaient une triade de fonctions qu'il m'appartenait de continuer d'animer directement.

Les principes directeurs d'une réorganisation des structures du groupe s'étaient ainsi, peu à peu, précisés à mon esprit. Mais j'avais aussi conscience des difficultés de tous ordres que pouvait impliquer leur mise en œuvre.

Je cherchais donc autour de moi des modèles, mais je dus me rendre compte que je n'en trouverais pas en France. L'automobile mise à part, nous n'avions pas chez nous de grandes entreprises produisant des biens de consommation pour le grand public. Nos « champions nationaux » étaient, pour l'essentiel, des entreprises fabriquant des engins de transport ferroviaire ou aérien, des systèmes d'armes ou des biens d'équipement professionnel. Assurément on cherchait, dans ces milieux, à s'ouvrir sur le monde, mais on ne cherchait pas à installer des usines sur les marchés extérieurs ; on exportait essentiellement des produits fabriqués en France. Même Renault, notre principal constructeur d'automobiles, se targuait de son rang de premier exportateur français, alors qu'il avait échoué dans ses tentatives d'implantation d'usines sur le marché américain, pourtant si prometteur. D'une manière générale, notre industrie automobile n'avait rien d'exemplaire et elle devait d'ailleurs connaître, au début des années 80, une crise grave qui nécessita l'intervention des pouvoirs publics dans ses affaires.

Or j'avais précisément besoin d'observer des expériences de réelle internationalisation des activités d'une entreprise industrielle produisant et commercialisant, internationalement, des produits de consommation. Il n'y en avait qu'en Amérique. J'avais déjà eu l'occasion, à l'époque de Monsavon, de me familiariser avec le fonctionnement de Procter & Gamble, mais je n'avais vu cette multinationale américaine que depuis la périphérie. J'ai donc fait appel, pour nous aider dans nos réflexions, à une société américaine de consultants, la société Mc. Kinsey. Nous lui devons trois emprunts aux Américains : le *corporate staff*, la nomination de vice-présidents et la « divisionnalisation » des structures.

Notre première initiative a consisté à mettre en place, à mes côtés, un état-major chargé de préparer le groupe L'Oréal à sa croissance internationale. En même temps, j'ai adopté sans hésiter la formule américaine des vice-présidents afin d'asseoir l'autorité des directeurs du groupe vis-à-vis des responsables des filiales extérieures. Nous avons été, je crois, les premiers en France à prendre une telle initiative. On s'en est, pendant un temps, étonné autour de nous, au prétexte que, seule, l'attribution du titre de vice-président du conseil d'administration était autorisée. Mais, considérant que l'agencement des organes de direction d'une entreprise ne relevait pas de la loi, j'ai passé outre.

Chacun des responsables des principales fonctions d'état-major du groupe a reçu le titre de vice-président : Gregori Kalopissis, pour la recherche fondamentale, Charles Zviak pour le développement, John Seemuller pour l'industrie, Henri Febvre pour l'administration et la finance, responsabilités qu'il assumait déjà auprès d'Eugène Schueller. Depuis le début des années 60, je ressentais la nécessité de faire appel à un nouveau type d'hommes pour exploiter les opportunités de croissance qui s'offraient alors à nous sur les marchés publics. Guy Landon fut, à mes côtés, avec rang de vice-président, l'artisan de cet enrichissement décisif de nos structures. Il avait connu la dure condition de stagiaire d'Eugène Schueller et il s'était intéressé tout spécialement aux méthodes de vente de Monsavon-Dop qu'il avait pratiquées pendant plusieurs mois. À la mort d'Eugène Schueller, il m'avait proposé de m'aider à assurer l'épanouissement de nos ressources humaines. J'ai vite apprécié sa lucidité et la rigueur de son jugement sur les hommes. Il a abattu un énorme travail en recevant plusieurs candidats par jour pour des entretiens qui pouvaient durer chacun de une à deux heures. Son rôle a été essentiel dans la construction du grand L'Oréal.

La grande novation a résidé dans l'internationalisation de nos structures opérationnelles. Pour m'aider dans cette tâche, mon choix s'est porté sur André Filou. Il avait rejoint le groupe au moment de l'acquisition de Roja, dont il était président. Il avait une expérience des marchés de produits publics qui n'était pas encore très répandue chez nous. Il y joignait une fermeté de caractère qui n'excluait pas l'affabilité, et une grande ouverture d'esprit. Ses qualités furent très précieuses, car le modèle d'organisation des multinationales américaines se révéla, à l'examen, décevant. Sans doute en raison de l'immensité de leur marché intérieur, les groupes américains ont, en effet, tendance à exporter leurs pratiques commerciales *overseas*, comme on dit là-bas. Et quand les pays étrangers n'ont pas la structure de distribution qui leur est coutumière, ils vont jusqu'à mobiliser leurs lobbies pour obtenir l'intervention de la Maison Blanche, comme ce fut le cas pour le Japon.

Nous avons dû, par conséquent, inventer nos structures internationales. Nous l'avons fait à partir d'un critère d'organisation que je considérais comme majeur : la nature des clientèles susceptibles de commercialiser nos produits. J'avais suffisamment travaillé jusque-là au contact de nos clients pour savoir qu'ils étaient très différents les uns des autres et que ces différences se retrouvaient dans tous les pays du monde. Partout, un coiffeur peut devenir un commerçant, mais il reste, avant tout, un artisan ; un parfumeur est un commerçant qui aime vivre dans un environnement raffiné ; un pharmacien ne peut s'intéresser qu'à des produits très techniques ; la grande distribution, enfin, ne propose que des produits prévendus. C'est sur la connaissance mûrement établie de cette diversité que nous avons bâti nos structures internationales.

À vrai dire, nous n'avons eu aucun problème pour créer une division internationale pour la coiffure car « l'Internationale de la Coiffure » était, depuis toujours à L'Oréal, une réalité qu'entretenaient des réunions périodiques de techniciens de tous les pays, réunions qui se tenaient, à Paris, autour de nos laboratoires. J'ai confié la responsabilité de la division internationale de la Coiffure à Jean Maisonnat, avec rang de vice-président.

Nos activités cosmétiques étaient centrées sur Lancôme qui, bien avant que nous ne la reprenions, avait déjà des activités internationales. Lancôme a été la cellule originelle de la division Parfums et Beauté. Tous ses produits étaient distribués, partout, dans les parfumeries – le *drug* dans les pays anglo-saxons – et les *corners* des grands magasins – les *department stores*. Jusqu'alors, la France avait donné le *la*, notamment en matière de parfums, mais il était clair que nous devions tenir compte de l'influence croissante des initiatives américaines et italiennes. J'ai confié la responsabilité de la division internationale Parfums et Beauté à Antoine Javal, avec rang de vice-président.

Nos lignes de produits dermatologiques étaient, toutes, exclusivement commercialisées en pharmacie. Elles ont été rassemblées dans une division internationale, dénommée Cosmétique Active, qui a englobé Vichy, son fer de lance, ainsi que Phas et Biotherm. Henri-Georges Muller a pris la responsabilité de cette division, également avec rang de vice-président.

L'organisation de la distribution internationale de nos produits publics a dû tenir compte de la disparité des réalités locales. En France, l'étendue de notre catalogue et l'essor de la grande distribution nous avaient conduits à répartir la commercialisation de nos produits publics entre le *drug* et la grande distribution. À la fin des années 60, la grande distribution était cependant beaucoup moins largement implantée dans les autres pays, notamment l'Allemagne, l'Angleterre et l'Italie, qui commercialisaient, de surcroît, un catalogue plus réduit. Une des responsabilités importantes de Jean Lévy, auquel j'avais confié, avec rang de vice-président, la division internationale des Produits publics, a été d'élargir le catalogue des pays étrangers et avec l'aide de Georges Licrie et de Pierre Fayes de les ouvrir progressivement sur la grande distribution. Le problème de l'organisation des rapports des responsables des divisions internationales, basés à Paris, avec les responsables locaux s'est donc surtout posé au sujet des produits publics. Sa solution a grandement bénéficié de l'organisation de l'Internationale de la Coiffure. Le responsable local du marketing opérationnel, de la vente des produits et de la publicité devait naturellement recevoir, à cet égard, ses directives de Paris. Mais il demeurait placé sous l'autorité d'un président qui avait la charge de l'administration de la filiale, de ses finances, des ressources humaines et de la supervision du directeur des usines. Il en était de même pour Parfums et Beauté et Cosmétique Active.

Eu égard à l'extension territoriale de ses responsabilités et toujours conformément au modèle de la Coiffure, le vice-président de la division internationale des Produits publics a dû être assisté par plusieurs directeurs de zones opérant chacun, comme c'était le cas pour la Coiffure, dans une zone géographique plus réduite, par exemple la Scandinavie ou l'Amérique latine. Nous avons pris le plus grand soin à la désignation et à la formation des directeurs de zones, car nous voulions à tout prix éviter qu'ils se comportent en *missi dominici,* détenteurs d'une loi dont ils auraient été chargés de contrôler l'observance dans les pays extérieurs. Ils devaient, au contraire, exercer leurs fonctions dans un esprit de très grande ouverture. C'était bien là que résidait la difficulté de leur tâche et je ne manquais aucune occasion de le souligner. Rien n'est plus facile, en effet, que de contrôler : cela consiste à vérifier si la situation que l'on observe est ou non conforme au modèle fourni par le centre et, si elle ne l'est pas, à faire un rapport. Je savais que beaucoup d'entreprises internationales opéraient de cette façon, ce qui, à mon sens, les privait de sources de progrès considérables. J'attendais donc des directeurs de zones qu'ils soient à l'écoute des pays, qu'ils les aident à analyser leurs forces et leurs faiblesses, à dégager leurs facteurs de progrès et à définir les moyens à mettre en œuvre pour exploiter pleinement les opportunités qui s'offraient à eux. En bref, ils devaient être, au nom du vice-président de la division internationale, les co-inventeurs du développement des filiales dont ils avaient la charge.

Ces remises en ordre prirent à peu près trois ans, jusqu'en 1973. À l'époque, cet aménagement des structures a été ressenti, à l'intérieur de l'entreprise, en France comme à l'étranger, comme une véritable révolution. Nous nous sommes mis à surveiller chaque année l'évolution du ratio des activités dans le reste du monde par rapport aux activités en France. La Bourse en fit un critère majeur d'appréciation de notre aptitude à faire continuellement monter en puissance nos activités internationales. Bref, l'élan était donné, qui fit qu'à l'heure où j'écris, la France représente seulement 20 % des activités globales du Groupe L'Oréal. Nous étions définitivement sortis du pré carré.

CHAPITRE VIII

De nouvelles méthodes pour l'informatique et la production

Décentralisation de l'informatique

À L'Oréal, nous nous sommes intéressés très tôt à l'informatique pour assurer l'administration de nos commandes. À la fin des années 50, nos systèmes manuels étant complètement dépassés, nous avons même financé la construction d'un prototype d'ordinateur. La production de transistors n'avait pas encore été industrialisée et la seule technique disponible à l'époque était celle des lampes diodes. Une lampe allumée représentait 1, une lampe éteinte 0 : nous étions donc dans la logique du calcul binaire. Mais, comme les lampes s'allumaient et s'éteignaient continuellement, la machine chauffait et nos techniciens devaient déployer des trésors d'ingéniosité pour la refroidir, car les procédés de climatisation disponibles à l'époque n'avaient pas la fiabilité qu'ils ont aujourd'hui. Ce qui devait arriver finit par arriver : une nuit, un incendie se déclara et notre ordinateur fut détruit. Nous en fûmes tous atterrés, car nous avions beaucoup investi dans cette aventure.

Nous nous adressâmes alors à IBM, ce qui rassura aussitôt nos collaborateurs. Il faut dire que le prestige de cette entreprise était immense parmi les informaticiens aussi bien que parmi les profanes comme moi. Cela tenait à son éclatante prospérité – ne l'appelait-on pas, à Wall Street, *Big Blue* ? –, à son image de modernité et jusqu'à la coquetterie intellectuelle qui avait poussé son fondateur, Mr. Watson, à exiger que l'impératif *think* – pensez ! – fût affiché un peu partout dans les locaux de la compagnie, sur les cloisons comme sur les bureaux des employés. Bref, IBM exerçait sur nous, comme d'ailleurs sur toute la communauté industrielle du pays, une véritable fascination. Mais cette fascination a empêché beaucoup d'entre nous de voir qu'en croyant entrer dans l'informatique par la grande porte – IBM nous avait élevés à la dignité de grand compte – nous entrions, en réalité, dans l'ère primaire de la discipline. Nous allions connaître beaucoup de difficultés.

Avant l'informatique, nous avions toujours réussi, malgré le développement de nos transactions, à sauvegarder ce que nous dénommions le principe de personnalisation des bons de commande. À tout moment, les employés de l'administration commerciale savaient à quel stade se trouvait le bon de commande d'un de nos clients, s'il était en cours de préparation, si les marchandises avaient déjà été expédiées, à quel transporteur elles avaient été confiées, si le client avait été facturé et s'il avait payé. Le respect rigoureux de ce principe de personnalisation avait été pour beaucoup dans le fait que nous n'avions pratiquement jamais de contentieux avec nos clients ; il est sans doute arrivé que, par négligence, certains d'entre eux aient laissé passer une échéance, mais ils se sont toujours tous révélés d'excellents payeurs.

Les choses ont changé avec l'informatique. Chaque commande donnait lieu, désormais, à la perforation de plusieurs cartes par des employées rassemblées dans de grands bureaux collectifs. Une fois perforées par ces « OS de l'informatique », les cartes étaient ensuite avalées par des machines, qui les triaient par client et par produit, processus qui se déroulaient par étapes successives pour aboutir à l'impression d'instructions d'expédition et de factures, ce qui était le but premier de nos investissements en informatique. Mais des imprimantes sortaient aussi un véritable déluge d'états récapitulatifs baptisés statistiques. Ces documents se présentaient sous la forme d'interminables bandes de papier pliées en accordéon, dans lesquelles chacun devait besogneusement rechercher l'information qui l'intéressait ou était supposée l'intéresser : la position débitrice d'un client, l'évolution de ses commandes, la récapitulation des ventes par secteur commercial ou par produit, etc., etc. En outre, comme la machine informatique était lourde et lente, les informations qu'elle produisait parvenaient généralement trop tardivement dans les services, qui étaient submergés de *listings* inutiles de sorte que la plupart de nos employés – à commencer par les plus consciencieux – avaient conservé leurs propres systèmes d'information, qu'ils s'astreignaient à mettre à jour à la main.

L'informatique avait fini par avoir mauvaise presse dans la Maison, ce qui me valut d'ailleurs de subir un affront, à l'occasion de la cérémonie d'inauguration de l'usine que nous avions construite à Libramont, en Belgique, dans l'Ardenne. Le roi Baudoin avait accepté de présider cette cérémonie, ensuite de quoi il avait désiré visiter, en détail, nos installations en s'attardant, avec une conscience admirable, devant chaque poste de travail. Pour ma part, je me trouvais aux côtés de la reine Fabiola ; le cortège était arrivé devant le magasin de produits finis quand son responsable, qui nous attendait devant la porte de son domaine, se faufila jusqu'à moi, me tira par la manche et, visiblement très énervé, me lança à voix haute : « Monsieur Dalle, avec cette informatique, savez-vous, c'est la pagaille ! » J'étais très gêné. La reine s'était écartée avec tact mais, lorsque je l'eus rejointe, elle eut la délicatesse de me dire que les difficultés de l'informatique lui étaient connues. Inutile d'ajouter que, la cérémonie terminée, j'ai demandé à revoir notre magasinier. Il m'expliqua qu'avant l'informatique il savait à tout moment si notre centrale d'expédition, qui se trouvait au nord de Bruxelles, avait reçu les camions qu'il lui avait expédiés mais qu'il supportait mal que l'ordinateur de Bruxelles reçoive ce type de renseignement à sa place pour le lui communiquer ensuite. J'ai encore quelques-unes de ses paroles en mémoire : « Notre patron maintenant, c'est l'ordinateur ; moi je veux bien mais, *gotfordam,* c'est un mauvais patron : on passe son temps à pointer les états qu'il nous envoie et toujours avec retard. » Après cette déclaration, il m'avait expliqué qu'il ne s'y retrouvait plus dans les mouvements de marchandises et de conclure : « Au lieu de nous la simplifier, l'ordinateur nous complique la vie. C'est comme je vous le dis, monsieur Dalle, l'informatique c'est la pagaille ; ça allait mieux lorsqu'on faisait tout au crayon, sur du papier. »

Nous rêvions de décentraliser notre informatique pour corriger ce genre d'anomalie et aussi parce que tout le développement du groupe s'accompagnait de la multiplication de nos structures commerciales. Deux de nos collaborateurs me proposent alors de se rendre en Amérique, au Massachusetts Institute of Technology (MIT), qui était considéré comme La Mecque de l'informatique. Ils en reviennent, à la fin de l'été 68, avec cette nouvelle qu'ayant besoin de calculateurs miniaturisés sur ses satellites habités, la Nasa avait fait sortir des laboratoires de recherche du pays, où ils avaient été mis au point depuis quelques années déjà, des procédés permettant de miniaturiser ses ordinateurs. Deux ingénieurs de Texas Instrument avaient compris qu'il y avait là l'amorce d'une véritable révolution et ils avaient résolu de créer leur propre entreprise de fabrication de microprocesseurs. Cette entreprise, née quelques mois plus tôt, s'appelait Intel. J'ai donc demandé à mes collaborateurs de rester attentifs aux progrès de cette nouvelle informatique. Après avoir procédé aux indispensables expérimentations, nous avons pu nous lancer dans la voie de la décentralisation informatique à partir de 1973. Bien entendu, nous avons été amenés à nous séparer d'IBM. À la fin des années 70, chacune de nos affaires commerciales, comme chacune de nos usines, disposait, en propre, de son matériel informatique. Depuis, les stations informatiques et les écrans se sont multipliés et l'ordinateur est devenu un banal instrument de travail. Il a sans doute perdu en prestige, mais il a gagné en utilité.

Remise en cause du taylorisme dans les usines

Le taylorisme a permis de satisfaire les besoins de consommation de masse qui apparurent, dans nos sociétés, après 1945. Ce fut là son mérite. Chez nous comme ailleurs, il entraîna cependant, parmi les travailleurs, des insatisfactions qu'à L'Oréal nous nous étions efforcés de pallier par un dialogue incessant avec les représentants du personnel. Mais la qualité du dialogue social ne pouvait être, en effet, qu'un palliatif. Il était clair que, du fait de l'élévation du niveau général d'éducation et surtout du progrès foudroyant des mass media, la dichotomie instaurée dans les entreprises entre ceux qui pensent – la tête – et ceux qui exécutent – les jambes – serait de moins en moins tolérée. Aussi a-t-on pu parler, en France, à la fin des années 60, d'« une révolte des OS », en se référant à la catégorie des travailleurs sans qualification et étroitement spécialisés qui, en raison de la généralisation des méthodes tayloriennes, représentait la grande masse des emplois.

La remise en cause du taylorisme répondait donc à un véritable problème de société. Mais elle s'imposait aussi pour des raisons d'ordre économique. Le taylorisme n'encourageant pas l'esprit d'initiative parmi les exécutants, il entraînait des malfaçons, des rebuts et la multiplication des contrôles ; il impliquait aussi de grandes rigidités dans la marche des entreprises et diminuait leurs capacités d'adaptation à une demande qui, dans les années 70, ne cessait de se diversifier.

À L'Oréal, c'est surtout à la réorganisation de nos ateliers de conditionnement que nous nous sommes attachés, car ils représentaient la majorité des effectifs de nos usines. C'est dans ces ateliers, qu'après avoir été élaborés sous la forme – liquide, crémeuse, poudreuse ou autre – qui convient le mieux à leur utilisation ultérieure, nos produits sont conditionnés – dans des flacons, des pots, des boîtiers, des tubes ou des aérosols – pour être présentés au marché. On se trouve alors devant des processus d'assemblage qui mettent en jeu, outre les produits eux-mêmes, plusieurs types de fournitures extérieures et tout un ensemble d'équipements spécialisés assurant successivement des fonctions d'approvisionnement, de remplissage, de transfert, d'étiquetage, d'emballage, de fardelage. Ces lignes-transferts qui sont analogues, dans leur conception, aux lignes de conditionnement des produits pharmaceutiques ou alimentaires sont intrinsèquement fragiles parce qu'elles intègrent plusieurs fonctions techniques de natures différentes. Au cours des années 60, leur fragilité s'était accrue en raison des cadences élevées de fonctionnement qui ne cessaient de leur être imposées pour répondre aux exigences de la consommation de masse. Les lignes se déréglaient souvent du fait de la grande vitesse de fonctionnement qui leur était imposée. Ces dérèglements provoquaient l'apparition de défauts – mauvais serrage des bouchons, bourrage de l'étiqueteuse, etc. – de sorte que des ouvrières devaient être affectées, en permanence, à la surveillance des équipements. Sur une ligne type, longue d'une trentaine de mètres, leur effectif pouvait atteindre une dizaine de personnes, dont le travail ne consistait en aucune manière à ajouter de la valeur à la production : il avait uniquement pour but d'éliminer les pièces défectueuses. Les rebuts représentaient, en moyenne, 2 % de nos achats d'articles de conditionnement et nous avions fini par considérer comme une norme ce chiffre de 2 % ; nous l'avions incorporé dans nos coûts, ce qui revenait à taxer le consommateur du prix de nos malfaçons.

Un des moyens qui s'offraient à nous pour diminuer les rebuts était de rendre les lignes de conditionnement encore plus rigides. Mais cela avait pour conséquences de rendre leurs calages plus longs, donc plus coûteux. Aussi avions-nous tendance à allonger les séries et, pour cela, à anticiper constamment sur la demande. Cela se traduisait par des stocks. Mais ces stocks ne pouvaient que s'alourdir à mesure que nos catalogues se diversifiaient. À la fin des années 60, nous commercialisions sur le marché français une dizaine de marques de shampooings dont chacune était déclinée en plusieurs formules – pour les cheveux secs, les cheveux gras, les pellicules, etc. – chacune des formules étant offerte à son tour en plusieurs conditionnements. Il en résultait une prolifération des références, donc des lots de production à l'usine et, nos méthodes de production étant ce qu'elles étaient, un alourdissement corrélatif des stocks. J'ajoute que nous nous efforcions constamment d'améliorer nos produits – c'est d'ailleurs la mission permanente de nos laboratoires de recherche –, mais il en résultait que tous nos produits pouvaient, à tout moment, être frappés par nous-mêmes d'obsolescence, ce qui rendait ruineux de les avoir stockés.

Nous nous sommes accommodés, vaille que vaille, de ces contradictions jusqu'au premier choc pétrolier de 1973/74, à la suite duquel le gouvernement français, qui craignait une flambée inflationniste, décida de restreindre le crédit. L'argent devenant plus rare, il n'était plus pensable de continuer à immobiliser de la trésorerie dans des stocks. C'est alors qu'il me fut rapporté que Toyota avait mis au point des méthodes d'organisation tellement révolutionnaires – « zéro défaut, zéro stock, zéro délai, zéro papier », disait-on d'elles pour les caractériser – que cette entreprise avait continué à dégager des profits alors que toutes les autres entreprises japonaises avaient dû afficher des pertes à la suite du choc pétrolier.

« Mieux vaut disposer d'une flottille de corvettes plutôt que d'un croiseur lourd », professait Ohno, le père du « toyotisme ». Nous décidâmes, à notre tour, de remplacer progressivement par des corvettes les croiseurs lourds que constituaient nos lignes de conditionnement. Nos ingénieurs eurent l'idée de réduire par trois la vitesse des transferts sur les lignes. La conception des différentes machines en fut considérablement simplifiée. Ces machines étant plus simples, leur coût de construction s'en trouvait réduit, de sorte que trois de ces nouvelles lignes, que nous avions dénommées « microchaînes », revenaient ensemble à peu près au même prix qu'une de nos lignes traditionnelles pour produire la même quantité globale de produits, mais dans trois fois plus de diversité. En outre, les machines étant plus simples, elles étaient plus robustes et par conséquent d'un entretien plus aisé et leurs calages, à l'occasion de changements de productions, étaient considérablement simplifiés. Enfin, la vitesse de défilement de la ligne étant réduite, les pièces mécaniques s'usaient beaucoup moins, les arrêts intempestifs devenaient rares : il fut donc possible de confier une microchaîne aux soins d'une seule opératrice. Bref, nous avions gagné sur tous les tableaux : nous avions supprimé les stocks inutiles et les autres sources de gaspillages inhérentes aux lignes traditionnelles et nous avions amélioré la productivité tout en diversifiant la production.

Nous sommes également parvenus à enrichir le travail de nos ouvrières et je crois qu'il n'est pas exagéré de dire que, ce faisant, nous avons contribué à les déprolétariser. Elles n'avaient plus à « surveiller » les machines comme c'était le cas de leurs devancières sur les grandes lignes de conditionnement des années 60. Les machines des lignes modernes de conditionnement sont dotées de dispositifs qui provoquent leur arrêt immédiat et le déclenchement de signaux lumineux et sonores dès qu'une malfaçon – étui mal engagé, étiquette mal positionnée sur un flacon – risque de se produire. Il appartient alors à l'opératrice d'intervenir – et elle est formée en conséquence – pour apporter les correctifs appropriés. Elle a aussi la responsabilité de l'entretien dit de premier niveau de la microchaîne qui lui est confiée. Nous sommes allés plus loin encore. Comme nous avions réorganisé nos relations avec nos fournisseurs d'articles de conditionnement conformément aux principes de l'approvisionnement en « juste-à-temps », nous avons décidé de doter chacune des microchaînes d'un fax et de confier aux opératrices la responsabilité de l'appel des articles de conditionnement nécessaires à la réalisation de leurs programmes de production.

Depuis, les choses ont évolué. L'Europe est devenue une réalité économique. Le progrès des techniques de transmission de l'information a incité les fabricants à concentrer et spécialiser à nouveau leurs outils de production, dès lors que l'information sur la demande des marchés, indispensable pour assurer le pilotage de ces outils, est instantanément disponible à distance, et à un coût négligeable. Il reste que ces informations une fois exploitées, les outils de production doivent expédier à distance leurs produits pour approvisionner les marchés et que le coût de ces transports physiques est loin d'être négligeable. Il n'est négligeable ni socialement ni économiquement. Les équipements industriels s'alourdissent ; leur entretien et leur pilotage font appel à des compétences qui échappent aux opérateurs des ateliers : conformément au schéma taylorien, ces derniers redeviennent des OS. La multiplication des transports de masse entraîne, de son côté, la sophistication des fonctions logistiques chargées de leur planification et de leur contrôle et, corrélativement, la multiplication d'une catégorie nouvelle d'OS, que l'on peut appeler les OS du macadam. C'est ce qui permet, toujours conformément au schéma taylorien, de comprimer les coûts des transports. Mais cette compression n'est qu'apparente. Elle est largement compensée par des coûts induits que les entreprises externalisent : encombrement et détérioration accrus des ouvrages d'art et des voies à grande circulation, multiplication des risques d'accidents, voire des catastrophes, engorgement des nœuds de trafic, pollution, etc., etc.

Je pense donc qu'après avoir constaté les abus de l'impérialisme de la logistique, on retrouvera les conditions du juste milieu. C'est peut-être d'ailleurs là ce que nous, Français, nous pourrions apporter de mieux à l'Europe.

CHAPITRE IX

Malgré les crises, nous maintenons une forte croissance

En 1970, notre chiffre d'affaires était de 1,6 milliard de francs. En 1980, il a atteint 10 milliards et près de 20 milliards en 1985, année de mon départ. Cette croissance a été réalisée de plusieurs façons. Malgré les difficultés conjoncturelles en France et en Italie, nous avons obstinément poursuivi l'exploitation des initiatives que nous avions prises dans les années 60. En même temps, nous avons multiplié les acquisitions et les prises de participation dans des entreprises prometteuses. Enfin, grâce à l'internationalisation de nos structures et de nos activités, nous avons mieux tiré parti des potentiels de développement qu'offraient les marchés allemand, japonais et américain, ce qui nous a permis de rééquilibrer un chiffre d'affaires qui était encore, au début des années 70, trop dépendant des marchés français et italien.

Nous multiplions les acquisitions

Vichy réalise aujourd'hui un chiffre d'affaires de plus de 3 milliards de francs et n'a cessé de se développer internationalement à partir des années 70. Quand nous en avions fait l'acquisition, quelques mois avant la mort d'Eugène Schueller, c'était une toute petite entreprise qui commercialisait, exclusivement en pharmacies et dans les grands magasins, une collection de produits cosmétiques signés Hygiène dermatologique de Vichy. Nous ne nous étions intéressés jusqu'alors qu'aux produits capillaires. L'acquisition de Vichy allait nous permettre de nous lancer dans l'aventure des produits cosmétiques. Mon projet était de définir une collection qui soit exclusivement destinée à la vente en pharmacie. Les pharmaciens font des études longues, aussi longues que celles des médecins. Ils sont, à juste titre, fiers de leur métier et très exigeants sur la qualité technique des produits qu'ils vendent dans leurs officines.

Mais, pour être tout à fait admis dans ce milieu, il fallait que nos représentants aient des connaissances suffisantes des problèmes de la peau ; il fallait aussi que toutes nos brochures soient très techniques et, bien entendu, que la valeur de nos produits soit incontestable. Il fallait enfin que nous renoncions à vendre aussi ces produits dans d'autres circuits. Il fallait donc négocier. Cela prit du temps, mais nous permit d'inventer la dermopharmacie, concept dont beaucoup de nos concurrents s'empressèrent de se réclamer.

Lorsque nous avons repris l'entreprise, les produits étaient vendus sous le nom de Secrets de Vichy. Cette initiative, que je trouvais, pour ma part, un peu trop racoleuse, avait été tolérée par les pharmaciens, de sorte que nous n'avons eu qu'à compléter la collection avec des produits plus performants. Heureusement, nous les avions, car certaines de nos équipes de recherche n'avaient jamais cessé de s'intéresser à l'hydratation de la peau.

Vichy a donc une longue histoire. Sa réussite a été constante. Elle a une magnifique usine à quelques kilomètres de la ville de Vichy. Je crois pouvoir dire que nous avons tenu l'engagement que nous avions pris de fournir aux pharmaciens des produits scientifiquement irréprochables. Mais ce succès a eu son prix. L'exclusivité que nous avions donnée aux pharmaciens n'a pas manqué d'attiser des convoitises, en particulier celle de Leclerc, qui chercha à nous imposer de livrer la gamme de nos produits Vichy à ses supermarchés. Bien entendu, nous nous y sommes refusés. Je me suis trouvé avec Michel Leclerc, le fils du fondateur de l'enseigne, devant le Conseil de la concurrence. Je manquais d'arguments juridiques pour défendre le principe d'exclusivité. En revanche, nous pouvions plaider pour le respect du principe de distribution sélective. En définitive, le Conseil de la concurrence nous a donné raison à tous les deux. Les grandes surfaces peuvent, aujourd'hui, vendre des produits Vichy, mais elles ont l'obligation de le faire dans des emplacements distincts et sous la responsabilité directe d'un pharmacien diplômé. Je garde de mes contacts avec Michel Leclerc le souvenir d'un bon débatteur, mais aussi d'une personnalité de premier plan.

Le concept de dermopharmacie est aujourd'hui accepté dans tous les pays européens à peu près partout. Vichy s'est implantée en force mais, dans certains cas, on a eu tendance à appuyer les ventes sur une publicité facile. Aussi ai-je dû imposer de revenir aux sources. C'est en nous appuyant sur les pharmaciens et en nous adaptant à leurs exigences que nous avons pu conforter et généraliser internationalement le succès de Vichy. L'entreprise, qui n'a jamais cessé d'être bénéficiaire, est très prospère.

Galderma : à la suite du succès de Vichy, qui est réellement devenu marquant au cours des années 70, mes réflexions sur le développement de nos affaires ont commencé à prendre en compte les opportunités qu'offraient les soins de la peau. La lutte contre le vieillissement est alors apparue comme un sujet d'importance majeure. Le besoin qu'éprouvaient les femmes, à cet égard, était évident et s'exprimait en toute occasion dans leurs confidences à leurs coiffeurs comme dans leurs relations avec les parfumeurs. Mais en raison des législations en vigueur, il n'était pas facile à des entreprises comme la nôtre de répondre à leurs attentes. Les produits dermatologiques étaient et sont restés des produits éthiques, dont la commercialisation est soumise à visa du ministère de la Santé publique. Nous avions donc besoin d'une structure scientifique pour accueillir les produits de notre recherche et les développer en vue d'une commercialisation sous visa. C'est cette idée qui m'amena à créer, sur le site de Sophia Antipolis et en partenariat avec Nestlé, le Centre international de recherche dermatologique (CIRD), puis, pour la commercialisation en pharmacies des produits de cette recherche, la société Galderma.

J'ai la conviction que Galderma comptera pour beaucoup dans l'avenir du groupe L'Oréal.

La société Diparco avait, dans son fonds de commerce, les marques Houbigant, Cheramy et H pour Hommes. Son propriétaire, Antoine Javal, qui était d'une lignée de parfumeurs de renom, avait décidé de se démarquer de Cheramy et des nombreuses présentations traditionnelles d'eau de Cologne, en proposant un produit original. Il créa le jus de l'eau de Cologne Bien-Être à partir d'huiles essentielles naturelles, dans la proportion de 76 %, soit à peu près le double de la teneur habituelle. Son parfum était léger, discret, très agréable. Le produit méritait bien son nom en raison de la sensation de fraîcheur que donnait son utilisation. L'originalité du conditionnement résidait dans la forme de bouillotte choisie pour le flacon et dans le décor de plantes aquatiques de couleur blanche imprimé en sérigraphie, qui contrastait avantageusement avec l'habituelle étiquette collée qui, pour un produit alcoolique, présente l'inconvénient de se dégrader rapidement.

L'accueil fut encourageant : trois cent mille litres la première année, un million de litres la seconde. On atteignit rapidement un rythme de croisière de trois millions de litres.

Gemey : grâce à Antoine Javal, nous avons pu acquérir cette marque qui était commercialisée par des Américains. Dans les années d'après-guerre, elle se situait en bonne place derrière les leaders incontestés de ce qui s'appelait autrefois la poudre de riz : Caron, Coty, Houbigant. En 1954, Gemey avait lancé Fluid Make up, le premier fond de teint fluide en tube. Comme son nom l'indiquait, il s'agissait d'un produit non compact, magnifiquement formulé. Au moment de notre acquisition, en 1973, Gemey possédait une ligne complète de produits de maquillage, de soin et de traitement pour le visage et dominait le marché du maquillage de fond. Avec, à sa tête, des hommes de grande valeur comme MM. Marc Basset-Chercot et Jean Gajac, l'affaire Gemey devait connaître un grand destin et devenir le vecteur de l'introduction de Maybelline en Europe.

Cacharel : l'acquisition de cette licence m'intéressait parce que les responsables du produit avaient cherché à concilier le prestige d'une marque de parfum avec une distribution relativement large. À L'Oréal, nous avions déjà éprouvé la fécondité de l'idée de donner une pointe de romantisme à l'image de produits destinés à être vendus à la fois en parfumerie et dans les magasins populaires. Pour le parfum Cacharel, Sarah Moon avait exploité la même idée avec bonheur, en imaginant une présentation d'un romantisme très délicat. Annette Louit, auteur de plusieurs créations à L'Oréal, avait su respecter le même parti dans la conception du conditionnement. Nous voulions, en outre, que le parfum porte un nom de femme un peu précieux et suranné. Nous avons choisi Anaïs pour son caractère doux et exotique. Anaïs Anaïs, la répétition fait penser à une sorte de dualité, d'écho. Elle évoque la femme et son double, la femme et son miroir.

La marque Cacharel et les autres parfums que nous avons vendus sous sa signature représentent, aujourd'hui, un chiffre d'affaires de près de 1,5 milliard.

Le président de Time Warner désirait se séparer de la division Warner Cosmetics de son groupe pour le spécialiser dans la communication. Warner Cosmetics était propriétaire de deux contrats de licence de marques de grand prestige, extrêmement intéressantes pour nous, puisqu'il s'agissait des parfums Ralph Lauren et Armani. Je suis resté plusieurs jours à New York pour négocier et acquérir les deux contrats de licence. Nestlé nous a aidés à acheter l'affaire, qui fut intégrée à Cosmair L'Oréal. Les deux marques de parfums, qui étaient essentiellement commercialisées en Amérique du temps de Warner, sont aujourd'hui distribuées dans le monde entier et réalisent un chiffre d'affaires considérable, de l'ordre de 4 milliards.

Biotherm était contrôlée par deux actionnaires qui ne s'entendaient pas. En réalité, ils se haïssaient. Leur désaccord était tel que l'entreprise allait à la ruine. Grâce aux talents de négociateur de Marcel Meyers, notre directeur chargé des opérations de diversification du groupe, nous avons pu convaincre les actionnaires de nous revendre leurs parts. Le prix était à la mesure du développement, encore modeste, de l'affaire, mais son avenir paraissait prometteur. Les produits étaient formulés et fabriqués à Monte-Carlo dans une petite usine qui avait été construite par nos vendeurs, M. et Mme Marissal. Cette dernière était une remarquable chimiste cosméticienne. Nous avons commencé par installer solidement l'affaire en France. Ensuite, nous l'avons implantée en Europe ainsi qu'en Asie, au Japon et au Canada.

Son développement est considérable. L'entreprise, très bénéficiaire, a été dirigée par des collaborateurs volontaires, doués et très créatifs. Elle réalise aujourd'hui un chiffre d'affaires de près de 3 milliards de francs.

Helena Rubinstein désirait céder ses filiales en Amérique du Sud et au Mexique. La filiale mexicaine nous intéressait tout particulièrement, car elle était très solidement structurée pour la fabrication et la vente de rouges à lèvres et de vernis à ongles. Par la suite, nous avons pu acquérir le reste de l'entreprise, à l'exception de l'Amérique du Nord, que nous ne voulions pas reprendre, car sa rentabilité était obérée par des retours de stocks considérables. L'affaire a repris son essor tout doucement, dans le cadre de notre division Parfums et Beauté. Aujourd'hui, elle est bénéficiaire et s'épanouit chaque jour davantage.

Les Créateurs de beauté : l'idée de vendre, par correspondance, des produits cosmétiques est venue de conversations avec M. d'André, président des 3 Suisses. Une association avec cette entreprise, qui excellait dans un métier très sophistiqué, m'a paru conditionner la réussite d'un tel projet. Nous avons pris notre temps. L'affaire a été longue à démarrer, mais aujourd'hui, elle marche bien. Elle pourrait naturellement bénéficier, sans grands problèmes d'adaptation, des potentialités qu'offre le commerce électronique.

Nous multiplions les lancements

L'importance qui, de tout temps, avait été accordée à la recherche et la décision que j'avais prise de ne pas réduire nos efforts dans ce domaine malgré les difficultés économiques du début des années 70, ont porté leurs fruits. Entre 1970 et 1986, époque à laquelle je n'ai plus assuré l'animation du groupe, nous avons multiplié les mises sur le marché de nouveaux produits dans chacune de nos divisions internationales.

Les produits de la division coiffure sont moins connus du grand public en raison de leur caractère professionnel. Nous avons pris cependant, dans ce domaine, des initiatives réellement marquantes. Au début des années 70, nous avons lancé Inéral, un produit de traitement très efficace de la séborrhée. Ensuite, nous avons lancé Moiril destiné à donner aux cheveux des reflets légers et passagers puis, dans le même esprit, Dulcyl. La collection Kérastase pour hommes a été mise en place peu après. En 1980, nous avons sorti Dulcia, une permanente légère qui eut un très grand succès. Trois ans plus tard, nous avons lancé Magirel, une coloration parfaite, qui s'est imposée en France et dans toutes nos filiales extérieures comme le *nec plus ultra* de sa catégorie et dont le formulaire n'a pas changé depuis son lancement en 1984.

La division de Cosmétique active a créé et mis sur le marché, en 1975, sous le nom d'Equalia, une crème de soin pour le visage conçue à partir d'un nouveau type d'émulsion dénommé émulsion liée. La réussite fut immédiate mais ne dura pas, car le produit laissait sur le visage des reflets brillants. Cette imperfection a été bien entendu corrigée, de sorte que la crème Equalia a été à l'origine de beaucoup d'excellents produits qui ont été lancés, par la suite, dans la division de Cosmétique Active comme dans la division Parfums et Beauté.

Dans la division parfums et beauté, l'eau de toilette Drakkar a été lancée dans la collection Guy Laroche. En 1975, Lancôme a créé Immencils, avec une formulation originale. La même année, la division a lancé, toujours chez Lancôme, une crème amincissante ainsi que Progrès, un des premiers produits antirides qui ait été mis sur le marché. En 1978, Lancôme a sorti le parfum Magie Noire et Cacharel, de son côté, a sorti Anaïs-Anaïs. Enfin, en 1985, la division Parfums et Beauté est entrée en force, avec Polo de Ralph Lauren, dans le marché des produits de parfumerie pour hommes.

La division Produits publics a lancé Eau Jeune, qui a pris place sur le marché des eaux de toilette avec un parfum très différent de celui de Bien-Être. Elle a également lancé la crème Mixa Bébé qui fut adoptée par les mamans à la fois pour leurs bébés et pour elles-mêmes. Dix ans après cette entrée dans le domaine des produits cosmétiques grand public, apparaissait Plénitude, la première crème antirides de L'Oréal. Pendant la période qui s'est étendue de 1970 à 1985, la division a pris une série d'initiatives sur le marché des shampooings et des produits de rinçage dont les plus marquantes ont été Floréal, Longueurs et Pointes, le baume Elsève Balsam, enfin, en 1982, Ultra-Doux de Garnier, qui fut un immense succès. Un an plus tard, Free Style était lancé en Grande-Bretagne. Ce fut le précurseur de Studio Line, une mousse pour le maintien de la coiffure appliquée en aérosol qui a été mise sur le marché en 1985 avec un succès qui ne s'est toujours pas démenti.

Les lancements que je viens de passer succinctement en revue furent, pour la plupart, comme nous le disions à L'Oréal, des fractures. Me référant aux exemples historiques de la laque Elnett et de la crème Bienfait du Matin, j'avais l'habitude de dire autour de moi qu'une fracture était pour nous, toutes proportions gardées bien sûr, ce qu'avait été la Caravelle dans le domaine de l'aviation commerciale, en ce sens que, comme Caravelle après l'échec du Comet britannique, nos fractures s'étaient imposées sur le marché par leur supériorité incontestable sur les produits qui avaient pu les précéder. J'ajoutais aussitôt qu'on n'a pas le bonheur de réaliser une fracture tous les jours, mais que, tous les jours, on peut apporter des améliorations aux fractures que l'on a déjà faites et que les consommateurs les apprécient, à condition qu'elles ne se limitent pas à l'impression du mot nouveau sur le conditionnement du produit.

Ces améliorations sont à l'origine de ce que nous appelons, à L'Oréal, les produits relais, qui sont généralement mis sur le marché avec peu de publicité. Simplement, le consommateur est averti de notre initiative par une information appropriée et on le laisse juger, par lui-même, de l'intérêt qu'elle présente. Entre 1970 et 1985, nous avons dû mettre sur le marché plusieurs dizaines de produits relais, mais ces opérations ont été relativement discrètes. Il en a d'ailleurs toujours été ainsi. Dans le domaine de la coloration par exermple, nous avons mis au point deux ou trois ans après la fracture Colorelle, une formulation améliorée qui nous a permis de lancer Colorelle Douceur et Ténacité. Par la suite, nous avons apporté une nouvelle amélioration au produit et nous avons lancé Colorelle Excellence.

Un autre exemple caractéristique est celui des nombreux avatars du shampooing Dop. Ce produit a été lancé en 1945 et s'il est toujours sur le marché aujourd'hui, c'est parce qu'il a bénéficié d'un demi-siècle d'améliorations successives que les consommateurs ont appréciées. Et ce n'est certainement pas fini.

Nous prenons aussi des initiatives en dehors du cosmétique

Jusqu'à la fin des années 80, nos acquisitions et nos prises de participation se sont généralement opérées dans des domaines qui nous étaient familiers. C'est pourquoi ces opérations ont pu être décidées puis menées à bien sans difficultés particulières, malgré l'absence de lisibilité qui les avait parfois caractérisées aux yeux de certains. Nous restions, en somme, dans notre métier. Mais fallait-il prendre cela comme un dogme et refuser de saisir des opportunités qui pouvaient, au-dehors, se présenter à nous ?

Je ne l'ai jamais pensé. Il m'a toujours semblé, au contraire, que le recentrage sur le métier qui, je le savais, était devenu une obsession dans certains milieux industriels, pouvait être stérilisant. La Bourse y était d'ailleurs pour beaucoup. Les milieux financiers n'aiment pas que les entreprises cotées s'écartent de leurs métiers car cela complique l'appréciation de leur rentabilité ; en outre, cela implique, selon leurs critères habituels de jugement, des risques très supérieurs à ceux des fusions et des acquisitions dans le même métier. Mais on finira bien par reconnaître que ces fusions comportent aussi des risques résultant du fait qu'il est difficile d'exercer le même métier avec des cultures parfois très différentes. On finira aussi par s'aviser que la croissance dans le même métier a forcément ses limites et se rappeler que les arbres ne poussent pas jusqu'au ciel. Telles sont les raisons pour lesquelles je n'ai jamais eu, pour ma part, d'objections de principe à l'idée que nous pourrions, à L'Oréal, diversifier nos participations.

Marie-Claire : le groupe de presse que Jean Prouvost avait créé comprenait des titres très connus, comme *Paris Presse, France Soir,* des journaux de télévision et *Marie Claire*. Il avait été démantelé au décès de son fondateur, mais ses petites-filles avaient hérité du journal *Marie Claire*. L'une d'elles, Évelyne Prouvost, en avait pris la direction et elle révéla très vite des talents exceptionnels de chef d'entreprise. Au moment du décès de son grand-père, elle m'avait demandé de l'aider à construire ce qui allait devenir le groupe de presse féminine *Marie Claire*. L'affaire, au départ, n'était pas très brillante. Les problèmes de gestion courante avaient été terriblement négligés. Il fallait donc commencer par mettre de l'ordre dans la maison et nous avions pour cela, à L'Oréal, les compétences nécessaires. Nous sommes convenus qu'Évelyne Prouvost garderait, avec ses sœurs, la majorité. Elle se mit à la tâche avec beaucoup de courage et fit, en quelques années, de son groupe, une magnifique entreprise.

Cette collaboration nous a mis en rapport avec des journalistes constamment à l'écoute des femmes et des observatrices particulièrement avisées de l'évolution de leurs besoins. Leurs réactions et leurs avis, que nous enregistrions au cours de petites réunions informelles, nous ont été très précieux. Évelyne Prouvost réussit à prendre la commercialisation, en France, du magazine américain *Cosmopolitan*, dont le lectorat se caractérisait, à l'époque, par des femmes d'avant-garde. La fréquentation des journalistes de *Cosmo* nous a beaucoup appris sur la portée et les limites du mouvement de libération de la femme.

Les 49 % du groupe *Marie Claire* que nous avons achetés à l'époque ont été évalués à 8,8 millions de francs. L'affaire a toujours été très prospère. Son chiffre d'affaires et ses bénéfices ont augmenté considérablement. Elle a été évaluée récemment à 4 milliards, soit, pour notre participation, une valeur de 2 milliards de francs, c'est-à-dire deux cent vingt fois notre mise initiale.

Artcurial : Guy Landon, qui était à L'Oréal depuis 1953, portait dans son cœur un projet touchant au domaine de l'art contemporain. Artcurial, dont la galerie fut inaugurée à Paris, en 1979, s'inspirait d'un concept original de développement des arts plastiques, sous la forme d'objets dénommés « originaux multiples ». En vingt-cinq ans, plus de mille créations – sculptures, estampes, bijoux, tapis, meubles, sulfures, porcelaines, etc. – furent réalisées avec le concours des meilleurs artistes plasticiens contemporains et proposées à un large public laissé pour compte par les galeries traditionnelles. En même temps, de grandes expositions à caractère rétrospectif furent présentées à ce même public, lui permettant d'aborder la peinture et la sculpture dans un confort plus intimiste que celui des musées. Nous sommes parvenus à monter un projet cohérent. Artcurial fut reconnu pour l'originalité de sa démarche par le large public que nous voulions atteindre et qui fut vite convaincu de l'intérêt de faire « rentrer l'art dans la vie » selon l'expression de Sonia Delaunay. Beaucoup de nos collaborateurs étaient fiers de la réalisation d'Artcurial. Malheureusement pour nous, au moment où l'affaire démarrait, se produisirent la grave crise du chômage et la dépression économique que l'on connut pendant bien des années. Nous savions bien que les grands amateurs d'art ne seraient pas nos clients. Nous nous intéressions plutôt à la multitude de ceux qui constituent la classe moyenne, qui ne sont pas très riches mais qui ont de très grands appétits dans le domaine de la culture, voire de l'art. Toutefois, leur inquiétude était grande, face à cette marée de misère que représentaient les licenciements.

Après des années d'efforts récompensés par l'accueil du public, il a malheureusement fallu renoncer à persévérer dans ce domaine de l'esthétique où les artistes engagés dans notre combat s'investissaient de plus en plus, avec bonheur et conviction.

Canal Plus : j'ai longuement exposé, dans ce livre, les initiatives publicitaires que nous avions prises, après la Libération, sur Radio-Luxembourg et Europe n° 1 et qui avaient fait de L'Oréal le premier annonceur français à la radio. À vrai dire, beaucoup plus que des annonceurs, nous étions devenus des coréalisateurs d'émissions que nous patronnions, à la manière des *soap operas* des Américains. Exerçant une présence active tout au long de chacune des émissions, nous étions aux premières loges pour observer les réactions des auditeurs. Nous nous sommes naturellement intéressés aussi, par la suite, à la télévision, dès que ce nouveau média publicitaire a fait son apparition.

Nous avons pris une participation dans Canal +, dès sa création, au début des années 80, parce que cette chaîne a adopté, dès le départ, une attitude beaucoup plus ouverte que les chaînes publiques à l'égard de la publicité. Le mérite en revient à son fondateur, André Rousselet, lequel avait abandonné ses fonctions de directeur du cabinet du président de la République, pour créer la station. Les débuts furent très difficiles : la mise au point des décodeurs qui permettaient le décryptage des émissions a été très longue. Bien entendu, les concurrents et les milieux de la Bourse se gaussaient de ces difficultés, répandaient le bruit qu'elles ne seraient jamais réglées et allaient même, par dérision, jusqu'à donner à la chaîne le sobriquet de « Canal Moins ». M. Mayoux, alors président de la Société générale, soutint comme moi le projet sans jamais faiblir et André Rousselet révéla, à l'occasion de toutes ces difficultés, des qualités de grand capitaine d'industrie. C'est pourquoi j'ai été profondément choqué de la désinvolture avec laquelle il a été écarté, par la suite, de la présidence de la station. Mais Canal + est restée une magnifique affaire parce qu'André Rousselet lui avait insufflé son caractère original. La participation de L'Oréal a été cédée, après mon départ, avec une plus-value très importante. J'ai cependant beaucoup regretté ce retrait car, si nous étions restés dans l'affaire, nous aurions probablement eu d'autres occasions de renforcer notre participation.

Paravision : le succès de Canal Plus m'avait amené à m'intéresser à l'industrie du cinéma et à créer une entreprise de production cinématographique que nous avions dénommée Paravision. Naturellement, nous avions cherché à nous appuyer sur l'expérience d'un professionnel et, comme j'avais connu Jean Frydmann à l'époque où il exerçait d'importantes fonctions dans la direction d'Europe n° 1, je lui ai proposé de prendre des parts dans le capital de Paravision, en contrepartie de son apport en industrie. Je dois reconnaître que j'ai fait une erreur dans le choix de ce partenaire, avec lequel nous nous sommes vite trouvés en désaccord sur les orientations de l'affaire. Il voulait que Paravision achète les droits d'exploitation de volumineux catalogues de films américains. Nous souhaitions, au contraire, consacrer l'essentiel de nos ressources à la production de films de qualité. Il voulait faire du négoce, nous voulions investir dans la création. Nous avons dû nous séparer. Il a cependant choisi de porter notre différend sur la place publique, tout en en travestissant la nature, afin de mieux servir ses intérêts personnels. Cela nous a conduits à arrêter, à grands frais d'ailleurs, le projet.

Je restais néanmoins désireux de prouver que, malgré les énormes difficultés de la profession, on pouvait, en France, créer des films cinématographiques rentables. Je me suis donc associé à titre personnel, après mon départ de L'Oréal, avec Jean-Louis Livi pour produire *Tous les matins du monde*, *Un cœur en hiver*, *L'Accompagnatrice*, *Le Colonel Chabert*, *Le Plus Beau Métier du monde*. Toutes ces réalisations ont été bénéficiaires. Je crois donc pouvoir dire que nous aurions réussi avec Paravision si nous étions entrés avec modestie dans la réalisation de films, et si nous avions évité de nous engager dans une affaire compliquée de négoce qui consistait à acheter des droits d'exploitation de vieux films pour les revendre aux stations de télévision.

Synthélabo : alors que mûrissait dans mon esprit la création de Galderma, je me suis dit que nous pouvions peut-être envisager une diversification plus audacieuse encore. Je pensais au développement, à la production et à la commercialisation en pharmacie de médicaments prescrits sur ordonnance. Il me semblait, en effet, que les laboratoires pharmaceutiques avaient, pour la plupart, perdu le sens de l'imagination créatrice et le goût de la recherche en profondeur. Devenus riches, ils se contentaient, à l'époque, de faire ce qu'on appelle du *screening*, qui consiste à synthétiser systématiquement toutes les molécules possibles dans une classe de produits chimiques donnée et à les valider ensuite expérimentalement. Toute modeste qu'elle ait pu être, la recherche que nous pratiquions à L'Oréal se fondait, au contraire, sur l'association de certaines structures moléculaires à des propriétés cosmétiques. Il me semblait qu'appliquée aux médicaments, la recherche de relations de cause à effet devait permettre des progrès sensibles. Cependant, je restais très impressionné par la taille des entreprises de ce secteur et notamment celle de leurs laboratoires de recherche et je me disais que nous avions vraisemblablement peu de chances de pouvoir lutter contre pareils géants.

C'est à Jacques Monod que je dois d'être finalement sorti de ma réserve. Il était furieux de constater que les augmentations de prix qu'il réclamait pour ses vaccins lui étaient systématiquement refusées par le contrôle des prix (au prétexte « qu'un vaccin, c'est de l'eau et que le prix de l'eau n'avait pas augmenté »). Il m'avait demandé – ce devait être en 1975 – d'intervenir à ses côtés auprès des fonctionnaires de cet organisme. Pour fourbir nos arguments, j'avais exposé à Jacques Monod le détail des formules des produits de L'Oréal et les mécanismes de formation de leurs prix. Il s'était alors beaucoup intéressé à l'organisation de notre recherche et aux performances de nos chercheurs, auxquelles il s'était montré très sensible. Il m'avait dès lors encouragé à aller plus loin et à ne plus hésiter à m'intéresser à l'industrie pharmaceutique. Il m'avait appris, en se référant à l'Institut Pasteur que, dans ce domaine de recherche, les petites équipes très compétentes et motivées étaient généralement beaucoup plus efficaces que les grandes.

Je me suis donc mis à battre la campagne. J'ai rencontré les propriétaires de plusieurs petits laboratoires pharmaceutiques et j'ai pu me rendre compte que leur métier était beaucoup moins lourd que celui que j'avais exercé à L'Oréal, surtout au départ. Un jour, j'ai rencontré l'actionnaire majoritaire de Synthélabo et c'est ainsi que j'ai commencé à m'intéresser à ce laboratoire. Avant de songer à en faire l'acquisition, j'avais naturellement désiré m'entretenir avec mes collaborateurs directs, Charles Zviak et André Filou, de l'opportunité de notre entrée dans la pharmacie. Je ne les avais pas trouvés fermés au projet, mais ils ne m'avaient pas paru non plus très enthousiastes. Au fond, je les sentais inquiets. L'éternel problème : ils estimaient manquer de lisibilité. Je décidai d'informer Liliane Bettencourt de mon projet, sur lequel elle me donna aussitôt son accord. Malgré le fait que nous débouchions, cette fois, sur un terrain largement inconnu, elle me faisait confiance pour cette nouvelle aventure.

Le projet prit corps. L'affaire était animée par le Dr Tisseyre, un jeune médecin très fougueux, créatif, qui poussait le chiffre d'affaires de l'entreprise malgré le petit nombre de molécules valables dont il disposait. Il fallait donc que nous étoffions coûte que coûte nos structures. Je m'enquis de biologistes et je finis par trouver des chercheurs exceptionnels – le Dr Bartholini, qui prit la direction des laboratoires, M. Langer, spécialiste des maladies du système nerveux central, et M. Wick, un biochimiste. Nous avons également trouvé, dans l'entreprise, deux dirigeants de grande valeur, MM. Lepienne et Dufour.

Nous avons eu plus de difficultés avec la direction générale de l'affaire. Après M. Villepelet, qui rendit de grands services, un cadre supérieur détaché de L'Oréal prit cette responsabilité. C'était un homme très brillant mais sans doute l'était-il trop car, manquant de bon sens, il fit des économies drastiques au détriment de la recherche. J'ai dû prendre la décision de me séparer de lui et demander à Charles Zviak de prendre la présidence de Synthélabo. Malheureusement, Charles Zviak fut emporté, en quelques mois, par une grave maladie. Hervé Guérin a alors été installé à la tête de l'entreprise où il fit preuve d'exceptionnelles qualités d'entrepreneur.

Synthélabo a maintenant fusionné avec Sanofi et il ne m'appartient pas d'évoquer son avenir. Ce dont je suis certain, c'est que cet investissement dans la pharmacie a présenté pour L'Oréal un très grand intérêt. Nous avons réalisé dans cette entreprise un investissement cumulé de 3,5 milliards de francs. Aujourd'hui, la participation de L'Oréal dans le groupe Sanofi-Synthélabo est de 19,5 % et comme la capitalisation de Sanofi-Synthélabo est de 190 milliards, on peut considérer que la participation de L'Oréal se situe entre 35 et 40 milliards, c'est-à-dire dix fois la mise de départ. L'audace a donc été très payante et je suis heureux, pour L'Oréal, d'avoir pris ce risque.

Je suis heureux aussi d'avoir contribué à mettre à la disposition des médecins et de leurs malades des médicaments fortement innovateurs : le Stilnox notamment, médicament original de l'insomnie, le plus vendu au monde dans sa catégorie.

CHAPITRE X

Nous poussons l'internationalisation de nos activités

Au début des années 60, la part du chiffre d'affaires que L'Oréal réalisait hors de France était de l'ordre de 3 %. En 1985, elle était de 60 %.

Pour obtenir ce résultat, nous avons repris notre liberté sur les marchés extérieurs qui, au lendemain de la dernière guerre, étaient encore exploités par des agents indépendants auxquels L'Oréal était liée par contrats de concession. Partout, nous avons poussé les feux, spécialement sur les marchés les plus importants, l'Italie, l'Allemagne, le Japon, le Royaume-Uni et les États-Unis.

Nous aidons notre filiale italienne à traverser une conjoncture difficile

Notre filiale italienne a son siège à Turin. Aujourd'hui, Turin est vraiment à la porte à côté mais, dans les années 60, c'était une véritable expédition que de s'y rendre. Pour passer une journée de travail dans notre filiale, il fallait prendre, la veille, un train-couchettes qui partait de Paris vers 20 heures. Comme le trajet était relativement court, le train arrivait vers 2 ou 3 heures du matin à la frontière, à Modane. Il marquait alors un arrêt prolongé, peut-être pour permettre aux passagers de faire leur nuit, comme on dit, et d'arriver à Turin à peu près à l'heure d'ouverture des bureaux. On se mettait aussitôt au travail et, le soir, on reprenait le train dans l'autre sens. J'ai dû faire cette navette une dizaine de fois par an jusqu'au moment où nos structures d'animation internationale ayant été mises en place, j'ai pu espacer mes visites. À vrai dire, les voyages à Turin ne me pesaient pas trop. J'aime beaucoup Turin. C'est une ville austère, bien tenue, très patricienne. J'aime aussi les Piémontais. Ils sont d'une race de montagnards, de grands travailleurs, peu enclins au verbiage.

Dans les années 30, Eugène Schueller avait confié la représentation de L'Oréal à un agent qui, d'après ce qui m'avait été rapporté, était un homme de très grande valeur. Il était mort pendant la guerre et c'est avec son fils que la reprise de l'agence fut négociée. À sa demande, nous acceptâmes de le garder dans la filiale, mais il n'était pas question de lui confier le poste de directeur général qu'il briguait. Je dus le lui dire moi-même, au cours d'un entretien qui prit rapidement une allure tragi-comique.

– Si vous ne me confiez pas le poste de directeur général, s'était-il écrié en ouvrant la fenêtre du bureau où nous nous tenions, je saute !

– Eh bien, allez-y ! lui avais-je dit.

Je m'étais approché de lui pendant la scène et, comme il était plutôt menu, j'étais sûr de pouvoir le ceinturer en cas de nécessité. Mais, comme je le prévoyais, je n'eus pas besoin d'intervenir et il s'effondra dans un fauteuil en sanglotant. Je l'ai traité avec douceur et, par la suite, il accepta, toute honte bue, d'exercer consciencieusement les fonctions relativement subalternes que nous lui avions proposées.

Nos activités pour la Coiffure étaient dirigées par Lucien Bisetti, un ancien coiffeur dont la compétence, en matière de

1942 : Rue Martre à Clichy.
Entrée des bureaux
et de l'usine Monsavon.

1982 : Le siège social
du groupe L'Oréal a été
construit, sur le même site,
après destruction totale
des bâtiments existants.

1947 : 50 000 personnes assistent, sur la Grand-Place de Bruxelles,
à l'émission radiophonique « On chante dans mon quartier » patronnée par Monsavon.

1949-1950 Savignac
Un monument de la création publicitaire.
(affiche publicitaire de Raymond Savignac pour Monsavon, © Adagp, Paris 2001)

« I USE THE MOST EXPENSIVE HAIRCOLOR IN THE WORLD »

I use the most expensive
haircolor in the world.
Preference by L'Oréal.
It's not that I care about money,
It's that I care about my hair.
It's not just the color,
I expect great color.
What's worth more to me
Is the way my hair feels,
Smooth and silky but with body,
Feels good against my neck.
Actually, I don't mind spending more for L'Oréal
Because I'm worth it !

« BECAUSE I'M WORTH IT. »

« Parce que je le vaux bien » : slogan du film publicitaire *Preference* créé et diffusé pour la première fois en 1973 aux États-Unis.

coloration, n'avait d'égale que celle du directeur général de notre filiale belge. Homme d'un grand dévouement, il était adoré de tous les coiffeurs, depuis le nord de l'Italie jusqu'à la Sicile, car il était toujours prêt à se mettre à leur service. Ce fut aussi, pour les mêmes raisons, un grand animateur de notre force de vente. Il est mort à la tâche et toute la profession ressentit, comme ses collègues de L'Oréal et moi-même, le vide de sa disparition.

Nos activités sur les marchés publics étaient menées par Sergio Mancini, un Italien plein de fougue et d'un grand talent oratoire, qui avait rang de directeur général. Assez dogmatique, il aimait les exposés magistraux et les argumentations logiques. Mais sa logique était une logique binaire. L'expression « ou bien, ou bien... » émaillait ses propos, de sorte que je m'amusais toujours à lui lancer : « Et l'autre, que faites-vous de l'autre ou bien ? », avant de lui montrer que les problèmes de distribution et de publicité ne relevaient pas d'une logique binaire, qu'il y avait toujours une autre voie à explorer, un autre « ou bien » qu'il ne fallait pas négliger.

Eugène Schueller avait confié la présidence de la filiale à un Français, Louis Cantournet. C'était un excellent gestionnaire qui, peu à peu, assimila les problèmes que posaient le marketing moderne et l'essor de la nouvelle distribution. Il avait cependant un péché mignon : il aimait les honneurs et, en cela, il détonnait par rapport à son entourage de Piémontais calmes, froids et raisonnables. Il se dépensa sans compter pour obtenir que le cardinal archevêque de Turin vînt inaugurer la nouvelle usine qui fut installée, en 1967, dans les faubourgs de Turin. L'organisation de cette manifestation, les nombreuses visites qu'il lui fallut rendre à l'archevêché et la préparation des invitations qu'il avait décidé de lancer, durent bien occuper Cantournet pendant plusieurs semaines. Mais il était convaincu que ce genre de relations publiques, comme il disait, était aussi important qu'un bon programme de publicité. Ses mondanités finirent par lui valoir d'être élevé à la dignité de *Commandatore* de la République italienne, titre qui se situe, là bas, au sommet de la hiérarchie des distinctions. Mais, comme il répugnait à être honoré sans que je le sois aussi, il fit en sorte que je reçoive des mains de l'ambassadeur d'Italie en France la même distinction que lui.

À quelque temps de là, je dus participer à une grande manifestation organisée, à Bologne, par notre filiale, avec tous les professionnels italiens de la coiffure et de la mode. Cantournet insista beaucoup pour que je porte ma décoration à cette occasion. « Ainsi, ajouta-t-il au téléphone, vous honorerez la Maison en même temps que notre clientèle. » Je me suis donc saisi de l'insigne, chez moi, avant de partir et je me suis fait un devoir de le porter à la boutonnière pendant toute la manifestation de sorte que, le soir, j'étais assez satisfait de pouvoir déclarer, non sans malice, à notre président :

– Vous m'avez demandé de porter ma décoration ; voilà, je l'ai fait ; j'espère que cela vous a fait plaisir.

– Mais ce n'est pas l'insigne de *Commandatore* que vous portez à la boutonnière ! me déclara-t-il, assez étonné.

J'étais tout à fait décontenancé et il m'a fallu du temps pour comprendre que je m'étais tout simplement trompé d'insigne. En quittant mon domicile, le matin, j'avais pris, dans le tiroir de mon bureau, l'insigne du club de football de la Jeanne-d'Arc que j'avais fondé dans ma jeunesse, à Wervicq, mon village natal…

À l'exception de la coiffure, où les choses étaient, en Italie, à peu près conformes à notre modèle, le climat des affaires était très différent de celui de la France. La distribution italienne mit beaucoup de temps à se moderniser. Nous réalisions un chiffre d'affaires très important dans les drogueries et dans les petites parfumeries qui étaient, en réalité, de véritables bazars. On y trouvait de tout : des parfums de luxe, des produits populaires de parfumerie, des produits d'hygiène, de droguerie et de mercerie. Les propriétaires de ces petits magasins étaient des hommes très entreprenants et très dynamiques, et l'on sait d'ailleurs quel rôle moteur joue la petite entreprise commerciale ou industrielle dans l'économie de l'Italie du Centre et du Nord.

En principe, c'est Paris qui donnait le ton pour la politique de produits publics. Mais l'Italie s'alignait le plus souvent sur la France avec retard et non sans opérer des retouches sur les instructions qu'elle recevait. On changeait la forme des flacons, au prétexte que les verriers italiens ne pouvaient pas se conformer aux normes françaises. On se livrait à des fantaisies graphiques sur les étiquettes. Parfois même, l'usine se permettait de modifier la formulation des produits, ce qui n'allait pas sans dangers. La publicité était évidemment un sujet permanent de discussions au cours desquelles l'argument culturel ne manquait jamais de nous être opposé. On avançait que les femmes italiennes n'étaient pas comme les françaises. J'ai d'ailleurs entendu le même refrain dans tous les pays du monde. En fait, nos Italiens étaient moins attachés à la réalité des marchés qu'à des inventions publicitaires qui flattaient leur sens esthétique. Leur style était très fleuri, très coloré, il comportait, en général, une grande part d'humour, mais il se détachait de ce que je considérais comme essentiel : la mise en avant obstinée de la performance des produits, plutôt qu'un étalage de facilités de style.

En raison de tous ces manquements à la règle, j'ai dû me fâcher plus d'une fois mais, à chacun de mes voyages à Turin, je constatais que l'on avait tenté de corriger les erreurs dénoncées au cours de mon précédent voyage, sans toutefois y parvenir complètement. Malgré tout, notre affaire progressait et tint longtemps la tête de toutes nos affaires extérieures. Nous dûmes aussi reconnaître que le modèle français n'était pas toujours transposable en l'état. Il fallut de nombreuses années pour qu'on trouve, en Italie, une distribution plus conforme à ce qu'elle était, à l'époque, en France. Il fallut alors apprendre à nos représentants à négocier avec des acheteurs de grandes surfaces formés à l'école américaine. On y parvint grâce aux grandes facultés d'adaptation dont firent preuve les cadres de la filiale ainsi qu'à leur profond attachement à L'Oréal Paris. Ils eurent d'autant plus de mérite que, vue depuis le Piémont ou la Lombardie, l'Italie était loin de présenter elle-même le visage unitaire que Cavour avait voulu lui donner un siècle plus tôt.

Les Turinois détestaient les Romains et leurs propos de table étaient constamment émaillés de critiques très virulentes à l'égard du personnel politique de la capitale. « Le nord de l'Italie travaille avec acharnement pour créer des richesses pendant que tous ces gens perdent leur temps en palabres interminables. D'ailleurs, contrairement aux apparences, l'avocado Agnelli et M. Berlinguer font plus pour diriger le pays que les fonctionnaires de Rome. » Ces propos m'amusaient d'autant plus qu'ils ne me paraissaient pas dénués de sens. Il arrivait parfois qu'au cours du déjeuner, mes collaborateurs se mettent aussi à manger du *monsignore* romain, en soulignant tout ce qui pouvait séparer ce genre de personnage du brave don Camillo de la plaine du Pô. En revanche, ils comprirent que j'étais choqué lorsqu'il leur arrivait de s'en prendre, dans leurs histoires, à la dignité du Saint-Père.

La coupure psychologique avec l'Italie du Sud, le Mezzogiorno, était aussi réelle. Il faut dire que, dans les années 60, les Italiens du Sud représentaient une sorte de *Lumpenproletariat*. Aussi affluaient-ils vers le Nord, où ils étaient attirés par la promesse d'emplois lucratifs, notamment dans l'industrie automobile. De leur côté, les Turinois commençaient à subir leur influence ; ils devenaient moins glacials. Les rues et les cafés s'animaient. Les victoires des équipes de foot étaient fêtées avec plus d'exubérance. Une nuit, je fus réveillé, dans ma chambre d'hôtel, par un tintamarre assourdissant. Je téléphone aussitôt à la réception de l'hôtel pour demander des explications. On me dit que tous les amateurs de football que comptait Turin – c'est-à-dire à peu près toute la ville – avaient déclenché, dans la rue, un concert de klaxons pour fêter une victoire de l'équipe nationale italienne au Mundial qui se déroulait quelque part en Amérique du Sud. L'internationale du football a rendu banal ce genre de manifestation, que nous avons aussi connu, en France, au cours de l'été 1998. Mais il se trouve, et cela reste italien, qu'au bout d'une heure environ, le concert a cessé brusquement et toutes les cloches des églises de la ville et des campagnes environnantes (et il y en a, des clochers d'églises en Italie !) ont pris le relais et se sont mises à carillonner.

Si le football a pu briller de la sorte à l'époque en Italie, il n'en fut pas de même de l'économie. Le pays a vécu dans une ambiance quasi révolutionnaire pendant toute la décennie 70. Les Brigades rouges ont commencé à se manifester par toutes sortes d'attentats terroristes et de séquestrations de dirigeants d'entreprises industrielles et de magistrats. L'enlèvement, puis l'exécution d'Aldo Moro en 1978, ensuite ceux du général Della Chiesa sont encore dans les mémoires. Mais on oublie que, partout dans le pays, des attentats et des exactions de toutes sortes se produisaient quotidiennement à l'encontre de citoyens moins connus. Tous ces désordres ne manquaient pas d'affecter la vie de nos affaires. Bien que les nouvelles structures d'animation de nos activités internationales aient été déjà mises en place, à Paris, dès le début de cette période, il m'a paru nécessaire de continuer à me rendre dans notre filiale à un rythme soutenu afin d'apporter à ses dirigeants mes encouragements et mes conseils. Je dois dire que nos Italiens ne baissèrent jamais les bras. Ils firent preuve de beaucoup d'imagination et c'est avec un grand plaisir que j'ai pu cautionner les initiatives qu'ils prirent, par exemple, pour assurer l'approvisionnement de notre clientèle. Comme on ne pouvait plus compter pour cela ni sur les chemins de fer, ni sur la poste, ils ont pris la décision de décentraliser largement leur logistique. Ils se sont appuyés sur de petites entreprises locales de transport. Nos représentants leur envoyaient les bons de commande des clients ; les transporteurs confectionnaient alors les colis à partir d'un stock qui leur avait été confié ; ils assuraient ensuite leur livraison, leur facturation et le recouvrement des créances. J'étais ravi de cette solution qui me paraissait constituer un excellent cas de décentralisation réussie.

Notre filiale italienne vécut ainsi d'expédients jusqu'au moment où se produisit, à Turin, ce qui fut qualifié dans les manuels d'histoire de « Marche des quarante mille ». Nous étions très précisément le 14 octobre 1980 et je me trouvais à Turin, au siège de notre filiale, via Garibaldi, lorsque monta de la rue, plutôt qu'une clameur, une sorte de rumeur sourde. Intrigués, nous nous précipitâmes aux fenêtres d'où nous pûmes observer un énorme défilé de manifestants, d'autant plus impressionnant que ces derniers avançaient, avec des mines résolues, mais sans vociférations, ni sans le débraillé vestimentaire des professionnels de l'agitation sociale. Il y avait dans cette foule des hommes et des femmes de toutes conditions : des cadres en costume et cravate, mais aussi des contremaîtres en blouse et des ouvriers en bleu de travail. Nous apprîmes que le mouvement était parti d'un atelier de la Fiat dont le responsable avait décidé d'organiser une manifestation de son personnel pour protester contre la terreur que les gauchistes faisaient régner dans cette entreprise. Le nombre des manifestants n'avait cessé de grossir à mesure que le cortège s'avançait jusqu'au centre de la ville où je me trouvais. Bref, tous les Turinois en avaient assez et avaient décidé de le montrer. Le responsable des ressources humaines de notre filiale recevait d'ailleurs, depuis plusieurs semaines, un nombre impressionnant de candidatures émanant de cadres de la Fiat. Il me mit sous les yeux, en me les commentant, une trentaine de dossiers. Les raisons invoquées par ces candidats étaient toujours les mêmes : « Nous ne pouvons plus travailler dans notre entreprise en raison des grèves sur le tas que déclenchent à tout moment les syndicats ; nous craignons aussi pour notre sécurité car, dès que nous essayons de nous opposer à leurs folles initiatives, nous recevons des menaces. » On disait d'ailleurs, à Turin, que des fusillades s'étaient produites dans certains locaux de la Fiat.

À la suite de la marche des quarante mille, les manifestations de rue et les grèves cessèrent comme par enchantement et les choses rentrèrent peu après dans l'ordre. Notre filiale put se remettre au travail afin de rattraper le retard qu'elle avait pris par rapport aux initiatives de Paris. Naturellement, elle adopta les mêmes structures qu'à Paris, où les divisions internationales avaient été mises en place en 1973, respectivement pour les Produits publics, Parfums et Beauté, Vichy et la Coiffure, de sorte que les quatre divisions de la filiale purent être animées par les vice-présidents respectivement chargés des quatre divisions internationales du groupe. Je me rendis moins souvent à Turin et j'ai gardé le contact avec la filiale italienne grâce aux réunions que nous avons organisées, tous les trois mois, à Paris, avec les responsables opérationnels de nos filiales européennes les plus importantes, c'est-à-dire l'Italie, l'Allemagne et l'Angleterre.

Lorsque Louis Cantournet prit sa retraite, j'ai confié l'Italie d'abord à Jean-Pierre Best, qui fit de bonnes choses, quoique, parfois, avec un peu de raideur, puis à Lindsay Owen-Jones qui, après la Belgique, la dirigea avec un réel succès. Ce fut une étape marquante dans sa carrière, avant les États-Unis.

L'Allemagne devient notre filiale européenne la plus importante

Un problème très épineux se posait en Allemagne. Eugène Schueller y avait créé, dans les années 30, une filiale, mais il s'était laissé convaincre de lui donner un statut juridique tel que son gérant unique était pratiquement inamovible. Tout se passait donc comme si nous nous trouvions, là aussi, devant un agent. Le comble était que le gérant de notre filiale fît preuve de plus de pusillanimité que le plus timoré de nos agents. Il se montra, en outre, d'autant plus rétif dans ses rapports avec nous qu'il estimait défendre les intérêts supérieurs de L'Oréal en Allemagne et non pas les intérêts privés d'un agent. Il était, en particulier, hanté par la crainte que la moindre de nos initiatives puisse porter ombrage aux concurrents locaux, dont il n'avait que trop tendance à exagérer les mérites et la puissance. Je dus mener contre lui une bataille longue et éprouvante avant d'obtenir, finalement, qu'il nous quitte. Ce conflit dura plusieurs années et il est certain que notre position dans ce pays aurait été bien meilleure si nous y avions recouvré notre liberté d'action aussi rapidement que dans les pays où nous avions des agents.

Eugène Schueller m'a demandé de l'accompagner en Allemagne, pour la première fois, en 1948. Je n'avais encore jamais travaillé directement avec lui et je n'étais pas retourné dans ce pays depuis le voyage que j'y avais fait, avant guerre, avec François Mitterrand et André Bettencourt, à l'occasion d'une de nos vacances d'étudiants. Les choses avaient beaucoup changé. Les destructions dues aux bombardements et les conséquences morales de la défaite donnaient une image bien différente de celle, que j'avais gardée, d'une Allemagne qui se voulait définitivement *über alles*. Le voyage avait été interminable et éprouvant. Nous avions quitté Paris vers 17 heures par le train, pour arriver à Strasbourg six heures plus tard. Là, nous étions descendus dans un hôtel, près de la gare, pour repartir à 6 heures le lendemain matin, en empruntant un train omnibus non chauffé, qui avait dû s'arrêter dans une dizaine de gares avant de nous mener, deux heures plus tard, à Karlsruhe, notre destination. Nous sommes arrivés dans notre filiale par un froid sibérien. L'entreprise était lilliputienne. Elle était installée dans un immeuble situé sur la place centrale de Karlsruhe, et comprenait un rez-de-chaussée et une cave. Au rez-de-chaussée se trouvaient la direction et les bureaux administratifs et, au sous-sol, ce qu'on appelait l'usine, où l'on fabriquait nos teintures dans une salle de 300 m^2 environ. Je dois dire qu'au cours de ce voyage, nous n'avons rien appris qui puisse nous inciter à l'optimisme. Notre filiale opérait uniquement sur le marché de la coiffure et elle y occupait une position marginale. Outre les teintures, elle vendait un liquide de permanente qui était fabriqué dans un hangar, à une cinquantaine de kilomètres de Karlsruhe.

Le seul collaborateur qui me fît vraiment une impression positive fut le chimiste. Il avait été blessé au moment où nos troupes avaient pénétré en Forêt-Noire et il travaillait dans le grand trust chimique I.G. Farben, lorsque les Alliés l'avaient démantelé. Diminué physiquement et assez désorienté, il avait fini par entrer dans la minuscule entreprise qu'était notre filiale, où il devait faire preuve, tout au long de sa carrière, d'un grand esprit créatif et d'une parfaite fidélité. En revanche, le gérant de la filiale m'apparut d'emblée tel qu'il devait être pendant les années où je fus obligé de composer avec lui, avant de parvenir à une séparation. C'était un grand rouquin au rire sonore qui, sous des dehors de matamore, se montrait étonnamment timoré. Ce tigre de papier nous exposa, avec force détails, que l'Allemagne était en plein redressement et que, face à cette Allemagne renaissante, notre petite affaire n'avait qu'à bien se tenir. Elle devait se garder de provoquer la fureur de ses concurrents, pour ne pas être laminée par eux. Le personnage n'aimait sans doute pas les Allemands, mais il les admirait secrètement et, en tout cas, il avait peur d'eux. Nous devions cependant finasser avec lui car, pour des raisons que j'ai déjà exposées, il était juridiquement dans une position de force.

Nous avons passé une bonne partie de la journée avec lui et son chimiste et, comme aucune ouverture ne sortait de nos entretiens, nous avons décidé, Eugène Schueller et moi, de repartir pour Paris dès le lendemain. Mais il nous fallut d'abord passer la nuit à Karlsruhe, ce qui fut une nouvelle épreuve et n'améliora pas notre moral déjà très entamé. Je me souviens qu'on avait retenu, pour nous, deux chambres dans ce qui passait pour être un des bons hôtels de la ville. En fait, nos chambres étaient au rez-de-chaussée et donnaient sur une rue particulièrement bruyante. En outre, les vitres qui avaient été brisées au cours des bombardements n'avaient pas encore été remplacées faute, nous avait-on dit, de matériaux. À leur place, des planches avaient été clouées et, comme elles étaient disjointes, nous avons vraiment beaucoup souffert, surtout Eugène Schueller, qui était particulièrement vulnérable au froid. Pour lui obtenir une couverture supplémentaire, j'ai dû batailler ferme avec le veilleur de nuit de l'hôtel, qui ne comprenait naturellement pas le français.

Il ne nous fallut pas beaucoup de temps, au cours du voyage de retour, pour tirer la leçon de cette visite. Il nous paraissait évident que le gérant de la filiale freinerait tous nos projets d'expansion, le pire étant qu'au lieu d'inciter ses collaborateurs à aller de l'avant, il jouerait, par démagogie, sur l'incontestable animosité que les Allemands éprouvaient pour tout ce qui était français. Il faut dire que pour beaucoup d'entre eux et pas seulement pour ceux qui avaient fait la guerre, ce n'était pas la France qui avait battu l'Allemagne, c'était l'Allemagne qui avait battu la France avant que les Américains ne battent l'Allemagne, ce qui n'était d'ailleurs pas faux. Ceux qui ont vécu ces années d'après-guerre savent bien qu'il fallut tout le prestige du chancelier Adenauer et du général de Gaulle pour que ces ressentiments finissent par s'apaiser.

Mais, pour l'heure, ils existaient et m'obligeaient à ne rien brusquer avec notre gérant. À force de patience, nous parvînmes à lui faire adopter notre premier grand formulaire de coloration, l'Imedia Sélection, ainsi qu'une nouvelle permanente à froid que nous venions de mettre au point en France. Bien entendu, sachant qu'il ne pouvait être question d'aborder avec lui le marché de nos produits publics, je me suis efforcé d'apporter à l'Allemagne tout le contenu de notre panier à provisions pour le secteur de la coiffure. Enfin et surtout, j'ai décidé de pénétrer sur le marché allemand par la Sarre où, profitant du fait que cette région avait eu jusqu'en 1955 un statut politique particulier, notre délégué général, Théo Koeppe, s'était créé un petit royaume indépendant. C'était un homme d'une stature exceptionnelle. D'origine alsacienne, il avait fait ses débuts de carrière dans l'administration préfectorale, mais il bénéficiait d'une double appartenance : français, il l'était par son patriotisme, mais par sa culture, il était allemand. Son prestige parmi les coiffeurs sarrois était considérable. Alors qu'en Allemagne nous étions dominés par la concurrence, en Sarre, grâce à lui, nous avions une position privilégiée. C'était un grand orateur, ce qui revêt une très grande importance vis-à-vis des Allemands.

Je m'en suis rendu compte à l'occasion de la première manifestation publique à laquelle il m'ait été donné de participer. Il se trouve que, dans le mois où les Sarrois avaient voté d'une manière massive, par référendum, en faveur du retour de leur région à l'Allemagne – c'était en 1955 – L'Oréal avait programmé une grande manifestation des professionnels de la coiffure à laquelle Koeppe m'avait demandé de participer. En m'accueillant à la gare de Sarrebruck, il m'annonce que je serai obligé de faire un discours.

– Très bien, lui dis-je, je prononcerai quelques mots en français dont vous ferez distribuer la traduction dans la salle.

– Pas question, vous devez vous exprimer en allemand.

J'étais très embarrassé et, après discussion, nous avons fini par convenir que je dicterais rapidement un texte à sa secrétaire, qu'il en ferait aussitôt la traduction, en la simplifiant le plus possible pour m'aider à prononcer des mots qui m'étaient, c'est le cas de le dire, parfaitement étrangers. Il souligna aussi les syllabes sur lesquelles je devais mettre l'accent tonique. Nous répétâmes jusqu'à 3 ou 4 heures du matin. Je crois que j'ai joué mon rôle à peu près correctement au cours de la manifestation qui eut lieu le lendemain mais Koeppe, qui prit la parole après moi, fut absolument superbe. Je n'ai évidemment pas compris un mot de ce qu'il a dit, mais je me suis laissé bercer par la musique de ses propos, en me disant que l'on avait certainement raison de célébrer les charmes de la langue de Goethe. Koeppe eut droit, en tout cas, aux applaudissements frénétiques de son auditoire. Je n'en revenais pas, car ces coiffeurs sarrois, qui montraient tant d'enthousiasme pour les projets d'un fournisseur français, avaient pratiquement tous choisi, quelques jours plus tôt, que leur région quitte le giron de la France dans lequel les Alliés l'avait placée à la fin de la guerre.

Le problème de la reconnaissance de notre entreprise en Allemagne était autrement plus épineux. Alors que nous étions de loin les premiers en France, en Italie, en Belgique et en Sarre et que nous commencions à nous implanter fortement en Espagne et en Angleterre, notre part du marché allemand de la coiffure était encore dérisoire. Comment faire comprendre aux coiffeurs allemands, que dominaient les fournisseurs du pays, qu'il y avait en France une grande entreprise qu'ils ne connaissaient pas, mais qui fabriquait de très bons produits ? Je ne pouvais pas compter sur le patron de notre filiale qui n'avait ni le charisme ni la volonté de conquête de Koeppe. Je ne pouvais pas non plus compter sur ses collaborateurs puisqu'ils avaient été gagnés par son défaitisme. Il fallait un événement susceptible de remuer, malgré lui, tout ce petit monde.

L'occasion nous en fut donnée par la Fédération internationale de la coiffure qui prit l'initiative d'organiser, à Cologne, au début des années 60, une grande foire internationale à laquelle étaient invités à participer tous les coiffeurs européens et leurs fournisseurs de produits professionnels. Nous avions la possibilité de louer un stand pour présenter L'Oréal et j'ai décidé de ne pas lésiner : nous avons loué le plus grand emplacement qui était offert et qui était placé, de surcroît, au centre du bâtiment, à l'endroit où, logiquement, tous les visiteurs étaient tenus de passer. Résolus à frapper un grand coup, nous avons choisi de ne pas nous limiter à des présentations techniques. Nous avons organisé, comme au cinéma, un spectacle permanent qui s'est déroulé pendant trois jours, de 10 heures à 23 heures. Les shows duraient à peu près une heure et mettaient en scène les plus grands coiffeurs comme Alexandre, les sœurs Carita, Guillaume Frank, tous revêtus de leurs habits de lumière. Comme je voulais donner de notre affaire une image très internationale, j'ai demandé que l'on fasse appel à des joailliers américains pour les bijoux de scène, à la haute couture italienne et à quelques-uns des plus grands mannequins. L'accompagnement musical des shows avait été réalisé pour nous par nos amis de Radio-Luxembourg.

Toutes ces initiatives firent grand bruit. En trois jours, de dix à quinze mille coiffeurs se sont pressés dans notre stand. En comparaison, ceux de nos concurrents paraissaient déserts. Comme on pouvait s'y attendre, ces derniers, dépités par notre succès, multiplièrent les pressions sur le président de la fédération internationale, en se plaignant du bruit qui venait de notre stand. Le président, qui était un coiffeur hollandais, vint assister à l'une de nos représentations avant de rendre son jugement : pour lui, nous étions parfaitement dans notre droit et ce n'était pas la faute de L'Oréal si les stands de ses concurrents étaient muets, chargés de graphiques, d'alignements de chiffres et de formules chimiques qui n'éveillaient guère la curiosité des passants.

Nos concurrents eurent plus de succès auprès du gérant de la filiale. Toujours enclin à satisfaire leurs moindres exigences, il s'empressa de diminuer l'intensité de la sono. Je m'en suis rendu compte en rentrant de déjeuner et, pendant que je lui faisais des remontrances, mon adjoint, Georges Glass, que j'avais chargé de régler les détails d'organisation de la fête, avait rétabli les décibels et, afin d'éviter toute équivoque, il s'était assis sur le rhéostat de réglage du son. Comme il pesait un bon quintal et qu'en me désignant du doigt, il invoquait le *Führer Prinzip* pour ne pas céder aux injonctions du gérant, celui-ci n'eut d'autre ressource que de rentrer, furieux, à l'hôtel. Bien entendu cet incident fut la cause d'une des nombreuses empoignades que j'eus avec lui. Il ne voulut pas reconnaître que la manifestation avait été un énorme succès et qu'elle était susceptible de faciliter grandement notre introduction auprès de la masse des coiffeurs allemands qui ne travaillaient pas encore avec nous. Il y allait toujours de son antienne « Nos concurrents sont furieux et vont, plus que jamais, nous barrer la route. »

Heureusement les collaborateurs de la filiale, en particulier nos représentants, s'éloignèrent cette fois de cette vision étriquée. Il se produisit avec eux ce qui s'était produit en Sarre. Impressionnés par notre sens de la fête et comprenant qu'une entreprise capable de déplacer, à son profit, une palette de coiffeurs aussi prestigieux, ne pouvait pas être une entreprise de seconde zone, ils se rassemblèrent, unanimement et avec enthousiasme, sous la bannière de L'Oréal. Peut-être aussi sentaient-ils que nous leur donnions la possibilité de se débarrasser, une fois pour toutes, des complexes et des fantasmes nés de la défaite de 45. Le déterminisme du succès avait opéré son charme.

Ce fut le point de départ d'une montée en puissance irrépressible de toute l'affaire. Nos formulaires de coloration furent très vite acceptés partout et nos produits de mise en plis, Suffrage et Sullège, connurent dans toute l'Allemagne un succès inespéré, à telle enseigne que nous vendîmes, dans ce pays, trois fois plus de lotions de mise en plis qu'en France. Notre chiffre d'affaires grimpait sans cesse et j'en profitai pour imposer au gérant de faire venir Koeppe auprès de lui, d'en faire son second et de le préparer à prendre sa suite. Il finit par abdiquer. Nous pûmes lui faire renoncer officiellement à son statut de gérant. Nous étions, enfin, maîtres chez nous.

Koeppe s'installa à Karlsruhe, où il eut tôt fait de gonfler le moral de la force de vente. Il eut naturellement recours à la méthode d'animation à base de harangues qui lui avait si bien réussi en Sarre. Aussi me demanda-t-il un jour de venir prendre la parole devant 250 vendeurs, pour préparer le lancement d'un nouveau produit. Ils se levèrent tous comme un seul homme lorsque j'ai pénétré dans la salle où ils étaient réunis. Koeppe me présenta à eux dans cette langue que je trouvais, dans sa bouche, si musicale. Il avait le sens du théâtre et j'ai senti qu'il avait mis une emphase particulière à parler de moi. Je me suis adressé ensuite à l'auditoire en français, après avoir demandé à Koeppe de traduire mes propos. C'était un travail difficile, que les interprètes professionnels ont souvent beaucoup de difficulté à mener à bien. Koeppe s'en tira à merveille. Tous les représentants se levèrent et chantèrent en chœur une chanson de la Forêt-Noire qu'ils avaient – autre initiative de Koeppe – répétée pour l'occasion.

Quand la laque Elnett fut lancée en France, je m'étais douté que le gérant se refuserait à nous imiter en Allemagne, malgré l'extraordinaire succès dont nous pouvions nous targuer. La filiale allemande n'opérait alors que sur le marché de la coiffure ; il lui fallait donc créer, de toutes pièces, une deuxième force de vente capable d'opérer chez les droguistes, qui constituaient, à l'époque, le gros de la distribution des produits publics, car les supers et les hypers n'étaient pas encore installés en Allemagne. J'ai fait en sorte que Koeppe soit chargé de mener l'opération. Il n'avait d'ailleurs guère à improviser. Il lui suffisait d'utiliser le même décor pour l'aérosol qu'en France, la même publicité, le même choix de magazines féminins et, pour la première fois, un peu de radio, la télévision commerciale étant encore relativement inexistante. L'excellence du produit, l'enthousiasme des vendeurs et la qualité de leur formation firent merveille. Nous pénétrâmes, par la grande porte, sur le marché des produits publics. Nous vendions la laque Elnett très cher, à la manière dont Mercedes vendait ses voitures. Certains de nos concurrents s'efforcèrent de nous barrer la route en offrant leurs aérosols, par deux unités, au prix d'une. Ils se ruinaient alors que nous gagnions beaucoup d'argent. Nous n'avons jamais voulu participer à la bataille des prix ; nous savions que notre produit était cher mais aussi qu'il était apprécié, à sa valeur, par les consommatrices allemandes. Ce premier succès en entraîna d'autres : celui du shampooing Elsève et du *rinse* Elsève-Balsam, puis de nos produits de coloration Récital.

L'affaire était en pleine expansion lorsque Théo Koeppe se tua sur l'autoroute, alors qu'il se rendait, en voiture, à Francfort. Nous en fûmes tous bouleversés. Sa disparition créa un grand vide dans nos cœurs, particulièrement dans ceux de ses collaborateurs allemands et de ses collègues français du siège avec lesquels il était en relation constante. Il avait auprès de lui Pierre Jecker, un homme de grande qualité, qui put aussitôt prendre sa suite. Expert-comptable d'origine, il avait été formé dans nos affaires françaises avant de révéler, auprès de Koeppe, ses talents d'administrateur. Sous sa direction, l'affaire continua à progresser rapidement. Malheureusement, il dut rentrer en France, au bout de quelques années, pour des raisons familiales. La filiale connut alors une période de fléchissement, car le collaborateur qui prit sa direction avait un tempérament inquiet. Avec lui, c'était toujours « ou bien, ou bien », comme avec son collègue italien, de sorte qu'à lui aussi, je devais répéter, à chacune de nos rencontres, que le marketing et la publicité n'obéissaient pas à cette logique simpliste.

Pour les activités Lancôme, nous avions hérité, en Allemagne, de la plus belle des filiales extérieures qu'avait créées M. Petitjean. Nous n'étions distribués que par un tout petit nombre de parfumeurs mais, grâce au charisme du patron local, Hans Müller, c'étaient tous des clients littéralement fanatisés par la marque. Je me suis aperçu un jour qu'une crème, appelée Nutrix, réalisait là-bas une proportion étonnamment importante du chiffre d'affaires de Lancôme. C'était étonnant parce qu'à Paris, la crème Nutrix était considérée comme un produit vieillissant et marginalisé. Cette observation a renforcé la conviction que j'ai toujours eue que de très bons produits peuvent longtemps tenir la route. Vichy connut également un grand succès dès son lancement en Allemagne car, comme en France, ses produits étaient vendus exclusivement dans les pharmacies qui lui firent, pour cette raison, un excellent accueil. Sur les marchés publics en général, les distributeurs allemands droguistes et parfumeurs se caractérisent par une très grande conscience professionnelle : ils sont tous capables de présenter aux consommatrices, avec beaucoup de précision et de clarté, tous les produits qu'ils vendent. Ce ne sont pas seulement des commerçants ; ce sont aussi des formateurs et des éducateurs.

La filiale allemande disputa rapidement à la filiale italienne le titre de deuxième entreprise du groupe après la France. L'une et l'autre étaient parvenues à maturité.

Notre réussite au Japon, une leçon d'humilité et de patience

Jacqueline et Maurice Arnal, deux de nos jeunes chimistes qui venaient de se marier, acceptèrent de tenter, en 1950, l'aventure japonaise. On a raison de dire que l'amour fait bien les choses : ignorés de tous, dépourvus de relations sur place et disposant seulement d'un maigre viatique, ils réussirent à vendre, pour commencer, des produits de coloration chez quelques coiffeurs de Tokyo. Il leur fallut apprendre le japonais et l'on sait combien cette langue est difficile. À vrai dire, lui parlait parfaitement l'anglais et résolut de s'en satisfaire. Elle était plus douée pour les langues de sorte que, quand je les ai revus, pour la première fois là-bas, dix-huit mois après leur arrivée, elle lisait déjà le journal. Cela signifiait, d'après les explications qu'on m'avait données, qu'elle maîtrisait près de deux mille idéogrammes du *kanji* et qu'elle avait acquis de bonnes notions de la langue dans laquelle les Japonais transcrivent les mots étrangers. Ils se partagèrent la tâche. Elle prit en charge la fabrication des produits dans ce que j'ose à peine appeler l'usine. Ce n'était pas si facile car elle n'était guère aidée par Paris qui s'était borné à lui faire parvenir quelques cuves et, bien entendu, sous forme d'extraits, les principes actifs de nos formules. Lui s'occupait des relations avec l'extérieur et notamment avec le ministère de la Santé publique qui s'évertuait à tuer dans l'œuf nos projets d'implantation en multipliant les obstacles à l'importation des matières indispensables à la formulation de colorants de qualité. Je dois dire que cette forme de protectionnisme des Japonais ne cessa de se manifester pendant tout le temps où j'ai été à la tête de L'Oréal.

À ces difficultés s'ajoutaient, à l'époque, les lenteurs des communications. Pour se rendre au Japon, nos tourtereaux avaient pris le bateau et leur voyage avait duré plus d'un mois. Quelques années plus tard, on put utiliser le Super Constellation, un avion à hélices qui mettait à peu près vingt-cinq heures de vol pour rallier Tokyo. Cela représentait, avec ces escales pendant lesquelles on se traînait dans des bâtiments d'aéroport sans intérêt, à peu près trente-six heures de voyage avec, à l'arrivée, une impression de torpeur due à un décalage horaire de huit heures. Ensuite vinrent les avions à réaction mais, pendant longtemps, les Soviétiques refusèrent le survol de leur territoire. Les vols étaient donc orientés vers l'ouest, avec escale en Alaska, à Anchorage. Le voyage durait encore vingt heures, avec toujours la fatigue du décalage horaire. Le voyage de retour prenait le même temps, mais il s'agrémentait d'une escale à Anchorage en pleine nuit. Comme on volait vers le soleil, on arrivait à Paris le matin, épuisés. En général, je m'obligeais à passer par le bureau avant d'aller chez moi pour me reposer pendant quelques heures et me changer.

Il y aurait mille choses à dire sur ce pays. J'ai encore le souvenir de ce tremblement de terre qui m'avait fait sauter de mon lit, éberlué, un beau matin. L'événement m'avait, c'est le cas de le dire, plutôt secoué. J'imaginais donc que les collaborateurs de la filiale qui m'attendaient, dans le hall de l'hôtel, s'inquiéteraient de mes réactions et, au moins, commenteraient la chose dans la voiture. Il n'en fut rien. Pour eux, c'était de la routine. Malgré l'importance relative de la secousse, aucun dégât n'avait été constaté dans la ville.

De tous les problèmes que le Japon nous a posés, l'éloignement ne fut certainement pas le moindre. Au moment où nos deux explorateurs y commençaient leur travail, la distance géographique était accentuée par la difficulté des communications téléphoniques ou télégraphiques. Je me demande d'ailleurs comment nous aurions pu les aider, depuis Paris, à trouver une conduite, car personne, au siège, ne connaissait ce pays. Ils prirent en tout cas une bonne décision. S'avisant que leurs initiatives de pénétration sur le marché seraient forcément limitées, ils eurent l'idée de se rapprocher d'un industriel japonais, M. Kobayashi, qui possédait une petite entreprise de produits cosmétiques et voyait avec intérêt la possibilité qui lui était offerte de diversifier ses activités dans la coiffure.

De notre côté, nous avions senti que notre pénétration sur le marché japonais de la coiffure devait passer par un système de grossistes propre au pays et d'une complexité difficile à comprendre pour un Européen. Un territoire était concédé par un fabricant à un grossiste principal qui se chargeait de stocker la marchandise, de livrer les clients, de les facturer et d'encaisser l'argent. Mais généralement ce grossiste principal concédait, à son tour, certaines parties de son territoire à des sous-grossistes, lesquels pouvaient avoir des sous-sous-grossistes. Ce système de distribution très capillarisé s'appliquait à la quasi-totalité des biens de consommation, y compris certains biens durables comme l'électronique grand public. Il fut à l'origine du différend commercial qui a opposé, au début des années 90, le Japon aux États-Unis. Ces derniers voulaient, bien entendu, favoriser la pénétration de leurs propres produits sur le marché local et, pour cela, ils cherchaient à imposer l'implantation de grandes surfaces. Les Japonais ont longtemps résisté en raison du fait que le démantèlement de leur distribution traditionnelle, à base de grossistes, sous-grossistes et d'une multitude de détaillants, aurait eu des conséquences catastrophiques sur l'emploi. En tout cas, dans le domaine de la coiffure, leur système a perduré.

Un jour que je me trouvais à Tokyo, j'appris qu'une réunion que nous devions tenir au siège devait être annulée en raison des obsèques d'un de nos grossistes les plus importants, cérémonie à laquelle les dirigeants de notre filiale étaient évidemment tenus d'assister. Je décide aussitôt de les accompagner. La cérémonie, empreinte de dignité et même de componction, fut impressionnante. La plupart des hommes étaient en redingote, leur chapeau haut de forme à la main. Un de nos collaborateurs japonais me confia, au sortir de la cérémonie : « Vous voyez cette rue, un des fils du défunt est responsable de la distribution de nos produits sur le côté droit et son frère a la même responsabilité du côté gauche. » J'étais sidéré. Je savais déjà que les usages nous interdisaient de rendre directement visite à nos clients coiffeurs. J'avais aussi entendu parler du système des grossistes et des sous-grossistes mais j'étais à cent lieues d'imaginer un tel morcellement et je dus me rendre à l'évidence : il aurait été impossible à un Occidental de retrouver seul ses clients dans le dédale des rues sans nom de Tokyo.

Je compris, dans ces conditions, que cela avait été pour nous une chance de faire de M. Kobayachi notre agent dans le secteur de la coiffure. C'était un homme respectueux, d'une grande honnêteté intellectuelle. Il ne fit aucune difficulté pour suivre nos conseils. Son fils, dès le début de notre collaboration, fit un stage à Bruxelles où il apprit les techniques de la coloration auprès du patron de notre filiale belge, qui était un maître en la matière. Vendre de la coloration au Japon était une gageure. Les seules grandes utilisatrices étaient les femmes à cheveux blancs de plus de 50 ans. Mais elles ne voulaient les teindre que dans leur couleur d'origine, c'est-à-dire le noir. Cela excluait de notre formulaire toutes les nuances sur lesquelles se fondait, en Europe, notre réputation, comme les acajous, les violines et les teintes claires, du châtain au blond clair. Il faut dire qu'au moins jusqu'aux années 70, la femme japonaise, très attachée à son foyer, respectueuse de son mari, soucieuse de l'éducation de ses enfants, se comportait un peu en gardienne de la tradition. Elle prenait grand soin de son corps et de ses cheveux, elle se lavait quotidiennement, mais elle n'était guère tournée vers la coloration de ses cheveux.

Le grand marché était donc celui des produits cosmétiques, que les fabricants japonais livraient dans des conditionnements superbes et très raffinés. Un flacon, un bouchon, une étiquette faisaient l'objet de tests d'acceptation très rigoureux et leur exécution industrielle était parfaite. Nous fîmes d'ailleurs beaucoup d'emprunts à l'industrie japonaise, notamment un conditionnement que j'avais trouvé magnifique et dont nous nous sommes inspirés pour lancer, en France, le bain moussant Obao. Les Japonais n'utilisent pas de déodorants : leurs habitudes d'hygiène ainsi que leurs habitudes alimentaires à base de poissons, donc d'acides aminés, permettant de neutraliser les odeurs corporelles. Pour les mêmes raisons, les Japonaises dédaignent les parfums. J'ai vu cependant s'opérer lentement la révolution des mœurs. Aujourd'hui, la femme japonaise est libérée. Le rêve d'une fille n'est plus de se marier jeune ; il est au contraire de rester célibataire le plus longtemps possible. Les hommes mariés avaient coutume de s'attarder dans les bars des grandes villes pour boire de la bière et du saké avec des collègues de bureau ou des amis, avant de rentrer chez eux aux environs de minuit. Des études sociologiques avaient révélé qu'à Tokyo, cette population de maris noctambules était de plus d'un million. Il apparaît aujourd'hui qu'en nombre croissant les femmes mariées n'acceptent plus ces comportements qui sont donc en passe d'être amendés au nom de la paix des ménages.

Notre filiale a tiré parti de cette évolution. Le marché de la coloration s'est progressivement élargi. Les femmes japonaises se sont mises à utiliser des teintures claires, elles se sont fait faire des mèches et, bien entendu, elles se maquillent, comme toujours, à la perfection. Bref, le marché local s'est aligné peu à peu sur les marchés occidentaux et notre agent a pu enregistrer des résultats de plus en plus satisfaisants. Aussi ai-je cherché à transformer son statut afin de le lier à nous par un contrat d'association en participation. Ce ne fut pas une mince affaire. La négociation dura huit jours. Tous les matins, je me retrouvais face à Kobayashi qui était assisté par un collaborateur. Il se réservait les après-midi pour méditer sur les discussions du matin. Toute la famille – celui que nous appelions le père Kobayashi, ses deux fils et une fille – était impliquée dans la conduite de l'entreprise. Mais le patriarche y régnait en maître absolu. C'était un homme petit et trapu, très doué, très perspicace dans ses relations avec les autres, très travailleur. En outre, ce qui était rare à l'époque au Japon, il pressentait l'évolution de la femme. Il faut dire qu'il admirait beaucoup l'Amérique et, si l'image de L'Oréal l'impressionnait, c'était en raison de notre expansion mondiale à l'américaine. Je ne me rappelle pas qu'il ait jamais opposé à nos recommandations la moindre réaction d'amour-propre. Il suivait nos conseils avec beaucoup de respectueuse fidélité et de persévérance. La seule réserve que je formulerai à son sujet était qu'il répugnait à prendre des risques à la cadence à laquelle je voulais qu'il les prenne. Quand j'insistais auprès de lui sur telle ou telle orientation qui me paraissait s'imposer pour l'entreprise, il me donnait généralement un accord de principe tout en me faisant remarquer qu'il lui fallait consulter la base. Je dois dire que sa base était proche ! Il avait installé deux dortoirs à l'intérieur de l'usine, un pour les femmes, l'autre pour les hommes. L'idée était d'éviter aux uns et aux autres d'avoir à perdre du temps dans des transports en commun.

Cela n'était pas la seule curiosité qu'offraient les industries du pays. Il y avait aussi le golf. Les Japonais sont fous de golf. S'ils disposaient d'autant d'espace que nous, la densité des installations de golf serait peut-être dix fois ce qu'elle est chez nous. Mais, comme ils n'ont pas d'espace, ils « tapent la balle » à l'intérieur de cylindres grillagés qui ont été aménagés un peu partout au voisinage des villes et souvent à l'intérieur des villes. Cela n'empêche pas qu'il y ait à quelque 100 km de Tokyo, le terrain de golf le plus extraordinaire qu'il m'ait été donné de voir. Le club s'appelle le « Three Hundred », ce qui signifie qu'il appartient à 300 Japonais qui doivent être immensément riches, car le luxe des installations est proprement stupéfiant. Chaque membre dispose, dans les vestiaires, de sa propre salle d'eau, tous les produits cosmétiques inimaginables sont mis à la disposition des joueurs, les serviettes de toilette sont chauffées. Les « cadettes » sont des jeunes filles de bonne famille habillées par Cardin. Sur le parcours, elles se saisissent de la balle après chaque coup pour la nettoyer. Des buvettes de grand luxe sont aménagées ici et là, où les joueurs peuvent se désaltérer librement. Sur un terrain de golf que je qualifierai de normal, certains départs sont surélevés et les joueurs y accèdent le plus simplement du monde en gravissant quelques marches d'un escalier taillé dans la butte. Au Three Hundred, les marches ont été remplacées par des escaliers mécaniques chaque fois que leur nombre aurait dû dépasser cinq ou six.

J'avais entendu parler de cet endroit hors du commun, mais je n'imaginais pas que les dirigeants de notre filiale pourraient y accéder un jour, pas plus que moi-même, à l'occasion de mes séjours au Japon. Il se trouve que l'ambassadeur du Japon en France offrit à la direction du golf de Saint-Nom-la-Bretèche, près de Paris, une sorte de marché, consistant à troquer trois vestiaires dans ce club contre trois vestiaires au Three Hundred. Nous sommes connus à Saint-Nom-la-Bretèche où nous organisons chaque année le trophée Lancôme et la direction de ce club savait que nous avions des activités au Japon. Aussi nous mit-elle en rapport avec l'ambassadeur et c'est ainsi que nous devînmes les bénéficiaires du marché. Mes collaborateurs purent avoir leurs entrées au Three Hundred, ce qui aurait été impensable dans des conditions normales. Je crois, en effet, que le coût du ticket d'entrée dans ce club est au moins dix fois plus élevé que celui de Saint-Nom-la-Bretèche.

Notre affaire grandissant, nous essayâmes, en nous appuyant sur les grossistes, de lancer la gamme de nos produits publics, mais ce fut toujours très difficile. En revanche, nous eûmes assez tôt l'espoir de pouvoir lancer, au Japon, nos produits Lancôme parce qu'ils correspondaient à des attentes des consommatrices. La difficulté venait cependant de la distribution, où chacun de nos concurrents avait pu monter, avec le temps, un système de relations privilégiées et de quasi-exclusivité avec des détaillants. Ce type de distribution nous était donc relativement fermé. Aussi avons-nous pensé que l'avenir de Lancôme se trouvait plutôt dans les grands magasins. Cependant, comme il y en avait encore très peu à l'époque, il fallait, pour réussir, pousser les feux dans chacun d'eux, ce qui signifiait que nous devions disposer, à l'américaine, de *corners* ou de *shops in the shop*, impérativement situés au milieu des magasins, où se presse généralement le gros des clientes et, comme nos concurrents, faire animer ces *corners* par des démonstratrices. Malgré le prestige de Paris, nous n'eûmes droit, au début, qu'à des emplacements en périphérie. Après quelques essais infructueux avec les hommes dont nous disposions sur place, je sentis qu'il nous fallait un grand négociateur capable de séduire le milieu très fermé des Seibu, Mitsukoshi et Takashimaya qui constituaient le gratin des grands magasins japonais. J'ai donc décidé de faire venir, de Paris, un cadre supérieur qui avait déjà révélé en France d'exceptionnelles qualités dans le même domaine. Il accepta de s'expatrier pour quelques années, à Tokyo, avec sa femme et ses enfants. Nos concurrents américains échouèrent parce qu'ils n'avaient pas ce type d'homme. Leurs cadres n'acceptaient pas de s'immerger dans la vie japonaise qu'ils exécraient et leurs femmes ne pensaient qu'à retourner en Amérique, après de courts séjours sur place. Or, tout est tradition au Japon et, pour y réussir, il faut accepter les rigueurs d'un séjour prolongé et même, dans l'idéal, sans esprit de retour. Gilles Weil, le dirigeant de Lancôme que j'avais fait venir de Paris et qui devint d'ailleurs rapidement le président de la filiale, resta sur place pendant plus de six ans et il y résida même seul pendant les dernières années de son séjour, au cours desquelles ses filles avaient dû entreprendre leurs études supérieures à Paris. Il fit là-bas un travail admirable. Peu à peu, il réussit à obtenir que nos stands soient transférés sur des emplacements situés au centre des magasins, puis il obtint de les agrandir. Tout cela nous coûta beaucoup d'argent, mais cet investissement finit par payer. Gilles Weil est aujourd'hui vice-président du groupe chargé de la division internationale Parfums et Beauté. Il me confiait, récemment, que Lancôme est désormais au premier rang dans les grands magasins japonais. J'ajoute que nous avons pu reprendre à notre associé Kobayashi, la quasi-totalité de ses parts dans nos activités pour la coiffure, de sorte que nous sommes, aujourd'hui, totalement maîtres de notre destin au Japon.

Mais quel travail a-t-il fallu abattre, en une quarantaine d'années, pour en arriver là ! Et de quelle patience avons-nous dû faire preuve ! La patience, voilà bien la qualité, je peux même dire la vertu qui manque le plus aux visiteurs habituels du Japon. Un jour, sachant que je séjournais à Tokyo, notre ambassadeur me fit dire que le ministre français du Commerce extérieur souhaitait s'informer sur le Japon et ses mystères et, dans ce but, me rencontrer. Nous prenons rendez-vous pour un petit déjeuner dans mon hôtel. Le jour dit, je vois arriver notre ministre, la mine réjouie, qui me lance après les politesses d'usage : « J'aurais pu éviter de vous déranger, car j'ai passé toute la journée d'hier à me documenter avec les collaborateurs de mon cabinet et je crois pouvoir dire que j'ai compris le Japon. » C'était pourtant un homme que je savais intelligent et sensible mais il s'était trouvé encadré par les gens de son cabinet et des représentants de l'ambassade, qui l'avaient abreuvé de statistiques. Quelle légèreté de la part de tous ces technocrates qui, comme aurait dit Deming, connaissaient « tous les chiffres visibles », mais ne savaient rien du consommateur japonais.

La vérité est qu'il faut beaucoup de temps pour commencer à percer les mystères du Japon. Au cours des nombreux voyages que j'ai faits là-bas entre 1950 et 1984, j'ai successivement eu affaire avec plusieurs ambassadeurs de notre pays. Un seul m'a paru connaître son sujet. Il se trouve qu'au début de sa carrière, il avait occupé, dans la même ambassade, une position relativement subalterne mais qui lui avait permis de se faufiler un peu partout, de fréquenter des Japonais de toutes les conditions sociales, bref de connaître du pays autre chose que les « corps constitués » auxquels se limitent les invitations protocolaires. Cela lui avait beaucoup servi et, par contrecoup, m'avait beaucoup servi et servi à mes collaborateurs lorsqu'il revint au Japon comme ambassadeur. Il avait, en particulier, compris que la réputation d'imitateurs que l'on faisait, en Occident, aux Japonais méritait d'être considérablement nuancée. La raison en est simple : tous les grands créateurs, par exemple les grands peintres, ont commencé par se copier les uns les autres avant de devenir à leur tour des créateurs.

Dans les disciplines qui sont les miennes, celles de l'industrie, Taiichi Ohno, qui fut vice-président exécutif de Toyota a été, à mon avis, un des grands créateurs de ce siècle. Il mérite d'être classé au même niveau que Henry Ford, le père fondateur de l'industrie moderne, et même au-dessus d'André Citroën et de Louis Renault. J'ai visité pour la première fois les usines de Toyota, en 1983, au moment où le gouvernement français venait de me confier le dossier de l'automobile française. J'ai assisté, à l'occasion de ce voyage, à une démonstration de changement rapide d'outils dans un atelier où cinq énormes presses effectuaient les passes successives d'emboutissage de portières de gauche d'un modèle Toyota qui était, je crois, la Corolla. Le coup de sifflet du contremaître avait déclenché un véritable petit ballet mettant en scène les ouvriers de la section et quelques techniciens. Les poinçons et les matrices d'emboutissage qui étaient montés sur les cinq presses ont tous été déclavetés en un tournemain ; on les a fait glisser sur un chemin de roulement pendant que, de l'autre côté des presses, les outils d'emboutissage des portières de droite étaient roulés puis clavetés à leur place. Au bout de 3′28″ des portières de droite tombaient à la place des portières de gauche. On voit bien l'intérêt du changement rapide d'outils : il n'est plus besoin de produire, à l'avance, des quantités importantes, tantôt de portières de droite, tantôt de portières de gauche, puis de stocker les unes et les autres avant de les monter sur les véhicules auxquels elles sont destinées. Toyota peut même se permettre de produire tous ces éléments de carrosserie à l'unité pour alimenter, sans solution de continuité, ses chaînes d'assemblage.

Tout cela est maintenant bien connu, de même qu'il est bien connu qu'Ohno a obtenu ces résultats par la méthode des 5 pourquoi, en demandant à ses techniciens pourquoi il fallait l'équivalent d'un poste de travail de 8 heures pour passer de l'emboutissage d'une portière de gauche à celui d'une portière de droite et, après chaque réponse, en répétant sempiternellement « pourquoi », ce qui lui permit d'obtenir que le changement ne prenne finalement que quelques minutes. Ce qu'on ne sait pas cependant – ou qu'on s'est empressé d'oublier –, c'est que, avant Ohno, aucun des dirigeants d'une industrie automobile qui, en Occident, passait pour être le symbole du progrès, n'avait songé à se poser et à poser cette question à ses collaborateurs. Il en a été de même pour les délais de développement des nouveaux modèles, les « essuyages de plâtre » occasionnés par leurs lancements, pour les rebuts, les en-cours, la fermeture des usines au mois d'août, la parcellisation des tâches et le recrutement à grande échelle de travailleurs immigrés.

Il m'a également été donné de visiter, près du mont Fuji, une des usines de la Koito Manufacturing Company, un sous-traitant qui produit, pour Toyota et Nissan, des composants de feux avant et arrière d'automobiles en matière plastique injectée. Cette usine travaillait sans stock, sur appel des usines d'assemblage de ses clients. J'ai demandé au président qui nous faisait visiter ses installations, ce qui se passerait s'il devait neiger. Je m'attendais à ce qu'il me parlât de stocks de sécurité. La réponse fut d'une autre nature : « S'il y a de la neige sur les routes, cela signifie que la circulation est ralentie ; il faut donc plus de temps pour aller depuis notre usine jusqu'à celles de nos clients ; nous devons alors produire momentanément plus et augmenter le nombre des camions en circulation et il nous arrive pour cela d'utiliser des camions de location. »

Une autre question me préoccupait. « Vos deux clients principaux représentant chacun 30 à 40 % de votre chiffre d'affaires, que se passerait-il si l'un d'entre eux ne vous passait plus de commandes ? » La réponse me revint sans la moindre hésitation : « Cela ne se fait pas. » Quelle leçon pour un juriste de formation comme moi, besogneusement formé par l'*alma mater* à l'observance des lois, au point d'oublier, cependant, que la morale toute simple permet souvent de faire l'économie de beaucoup de règlements incongrus.

Le lent développement de la filiale britannique

Bien que né dans le nord de la France, c'est-à-dire dans la région la plus proche de l'Angleterre, ce pays m'était à peu près totalement étranger. J'ai été d'autant plus frappé par sa profonde originalité lorsque je m'y suis rendu après la guerre. Comme disait le général de Gaulle lorsqu'il voulait insister sur ses particularités, « l'Angleterre est une île »...

J'ai commencé par découvrir le *fog*, un vrai brouillard à couper au couteau. Ce devait être en 1949 et j'étais descendu, avec John Seemuller, dans un petit hôtel du centre de Londres. Je m'étais fait réveiller très tôt et, après ma toilette, je savourais déjà, par la pensée, le *breakfast* qui m'attendait au rez-de-chaussée et dont on m'avait tant vanté les mérites. J'ouvre la porte de ma chambre. Stupéfaction ! Le *fog* avait pénétré dans l'hôtel et, dans le couloir, on n'y voyait pas à deux mètres. J'ai dû, comme mon compagnon de voyage, prendre appui sur la cloison pour arriver jusqu'à l'ascenseur. Il faut croire, cependant, que les Britanniques ne tenaient pas tellement à leur *fog*, car ils ont par la suite abandonné le charbon, qui en était responsable, pour utiliser des énergies plus propres.

Mais ils avaient bien d'autres différences avec les continentaux, qu'ils ont soigneusement cultivées. J'ai vu, quelques mois plus tard, des Anglaises se promener en short, le long d'une plage, du côté de Brighton, par un après-midi de printemps plutôt frais. Les personnes qui m'accompagnaient m'ont expliqué qu'il n'y avait là rien d'étonnant, qu'un rayon de soleil avait fait son apparition et que les femmes profitaient de l'occasion pour bronzer. Je m'expliquais pourquoi le marché des produits solaires était là-bas si développé.

La conception qu'ont les Britanniques des messages publicitaires est également très particulière, comme j'ai pu m'en rendre compte, plus tard, lorsque nous avons voulu utiliser, chez eux, le film que nous avions réalisé, aux États-Unis, pour le produit de coloration Preference, film qui avait eu un succès si extraordinaire partout ailleurs dans le monde. La phrase finale du communiqué – « cela m'est égal de dépenser plus, parce que je le vaux bien » – leur avait paru déplacée. Ils trouvaient inconvenant de parler d'argent au sujet de la beauté et plus inconvenant encore qu'une femme se vante de dépenser sans compter pour être belle.

Ces manifestations de puritanisme n'empêchaient d'ailleurs pas l'excentricité dans les habitudes de consommation et les styles de vie. Il ne faut pas oublier que la jupe courte a été lancée en Angleterre par Mary Quant et qu'André Courrèges a surfé ensuite sur sa vague en France, avec d'ailleurs beaucoup de talent.

Une autre caractéristique du marché britannique, qu'il partage d'ailleurs avec le marché américain, est que la profession de la coiffure est loin d'y être aussi prospère que sur le continent. Les coiffeurs s'approvisionnent chez des grossistes ou en *cash and carry*. Nous ne les livrions pas directement, contrairement à ce qui se pratique partout ailleurs en Europe. Cela dit, la plupart de nos produits ont été commercialisés aussi en Grande-Bretagne, mais à l'exception d'Ambre Solaire, avec des appellations différentes. C'est ainsi que L'Oréal Régé est devenu Tress, Régé Color, Colour Glo et Biodop, Trill. Ce goût de l'anglicisme a subsisté après notre prise de contrôle de notre agent, qui est intervenue en 1968. De même qu'Ambre Solaire est restée Ambre Solaire, Elnett est restée Elnett, Modeling est restée Modeling, mais Minivague est devenue Demi-

Wave, et Rojaplis, Twice as Lasting. Ces changements de désignation furent parfois très heureux. Ce fut notamment le cas pour Twice as Lasting qui a pris, dès son introduction, au début des années 70, 25 % du marché des produits de mise en plis. Cela avait d'ailleurs aussi été le cas pour Tress au début des années 1950.

Notre filiale est réellement devenue une grande affaire à partir des réformes de structures opérées au début des années 70. Nous lui avons affecté un de nos directeurs, Jacques Glain, qui en a pris la présidence. Il a pu s'appuyer sur Peter Laurenson, fils de notre ancien agent, ainsi que sur Cyril Ashley, qui avait été le bras droit de ce dernier. En raison justement de son ancienneté dans l'affaire et de son très grand attachement à L'Oréal, Cyril Ashley a joué un rôle essentiel pour assurer l'adhésion à nos conceptions du développement de l'ensemble du personnel de la Golden, qui représentait près de mille personnes en 1970.

On a commencé par transformer l'organisation de la division coiffure. On nous avait rapporté que celle-ci « ne travaillait qu'avec quatre ou cinq grossistes de la place de Londres, le rôle du directeur commercial consistant à aller boire avec eux chaque semaine une tasse de thé, à faire le point des ventes et voir si l'on pouvait vendre quelque chose de plus ». Notre action a consisté à restructurer les forces de vente et à assurer directement nos rapports avec les coiffeurs. En bref, on a calqué l'organisation britannique sur la française. Après quoi on s'est occupé de la réorganisation de la division des produits publics, sans rencontrer de difficulté majeure. Le grand défi a consisté à déployer la filiale dans le domaine du cosmétique et de la parfumerie, où nos activités étaient pratiquement inexistantes au début des années 70.

Ce défi a été relevé grâce à l'action de Jacques Glain tout d'abord, puis à celle de Reinfried Spazier, qui a pris sa suite comme président de la filiale à la fin des années 70.

Nous perçons aux États-Unis après vingt années de bricolage

Au milieu des années 50, nous avions encore tous en mémoire le brio et l'enthousiasme avec lesquels les Américains étaient venus à notre secours, en 1945, après l'avoir déjà fait en 1917, au cri de « La Fayette, nous voilà ». Ces sentiments de reconnaissance étaient mêlés d'envie pour ce pays de cocagne que, pour la plupart, nous ne connaissions pas, mais dont les GI's nous avaient donné un avant-goût, avec leurs uniformes si seyants, leurs engins motorisés, leurs radios et jusqu'à leurs cigarettes et leurs bonbons. On comprend aussi que certains de nos collaborateurs qui avaient pu servir dans l'armée américaine, se soient imaginés que ce pays n'aurait aucun secret pour eux et qu'il accueillerait nos produits sur ses marchés, comme il avait accueilli, naguère, les épées de La Fayette et de Rochambeau.

L'un de ces collaborateurs, qui parlait parfaitement l'anglais, réussit à convaincre Eugène Schueller qu'il avait les qualités nécessaires pour établir L'Oréal aux États-Unis. Avant de l'envoyer sur place, Eugène Schueller me demanda cependant de mettre un peu d'ordre là-bas. Cela consista à renégocier un contrat de représentation qui avait été signé avec la propriétaire d'un institut de beauté de Miami. Je me suis donc rendu à Miami avec John Seemuller dont le père était américain et, moyennant une indemnité raisonnable, j'ai pu nous libérer de nos engagements antérieurs. La voie était donc libre, mais l'envoyé d'Eugène Schueller était loin de se douter des périls qui l'attendaient. Il était parti là-bas la fleur au chapeau, avec cette idée fausse que les États-Unis, c'était comme l'Europe et qu'on pourrait y lancer, sans difficultés, nos produits pour les coiffeurs.

C'était négliger le fait que l'Amérique est un immense continent et que, contrairement à la France et au reste de l'Europe où les coiffeurs sont régulièrement visités par des forces de vente spécialisées dépendant des fabricants, la distribution de produits professionnels pour la coiffure se fait, comme au Japon, par l'intermédiaire de grossistes spécialisés. À l'époque, ces grossistes ayant tous une implantation locale, aucun ne couvrait la totalité du territoire national. Notre émissaire avait donc essayé de se lancer dans la région de New York, mais comme il avait dépensé tout l'argent dont il disposait et qu'à Paris l'Office des changes s'opposait à de nouveaux envois de fonds, il dut plier bagage.

Eugène Schueller disparaît sur ces entrefaites. Je prends sa succession en 1957 et je me trouve avec le dossier américain sur les bras. Ma première décision a consisté à envoyer là-bas Jacques Corrèze. C'était un bon administrateur, un bon commerçant, très près de ses sous et donc des nôtres. Il démarra l'affaire en suivant le chemin qu'avaient pris tous les fabricants de cosmétiques, celui de la vente par l'intermédiaire des grossistes. Nous allâmes cependant de désillusions en désillusions. Nous nous imaginions que L'Oréal était au moins connue des femmes chic de la côte est : il n'en était rien. Nous pensions aussi pouvoir nous appuyer, comme nous l'avions fait en Europe, sur quelques grands coiffeurs pilotes. Mais, sur ce point, l'Amérique détonnait et, d'une manière générale, la présentation des salons de coiffure n'était en rien comparable à celle des salons européens. Chez nous, la coiffure était un bon métier, alors qu'aux États-Unis, c'était un métier de seconde zone. Le prestige de la France, s'il pouvait à la rigueur servir pour commercialiser un parfum, était sans le moindre effet sur la vente de produits techniques comme la coloration ou la permanente. Et puis l'Amérique était la chasse gardée d'un concurrent prestigieux qui vendait, sous la même marque, des produits de coloration aux coiffeurs et, par l'intermédiaire des drugstores, au grand public. Ses budgets de publicité étaient énormes. Quant à nous, nous n'avions, pour nous battre, que la qualité supérieure de nos produits de coloration, mais nous n'étions même pas sûrs qu'elle fût perçue par des consommatrices américaines habituées à se contenter des services de coloration que leur rendaient, à la va-vite, des coiffeurs peu formés techniquement.

En arrivant moi-même à New York après le rachat de Lancôme, j'avais pensé pouvoir m'appuyer sur le prestige de *Lancôme of Paris*. Mais, probablement mal conseillé, M. Petitjean, le fondateur de l'affaire, avait concédé la distribution de ses produits à un grossiste flambeur et tricheur, qui n'avait fait aucun effort pour choisir des circuits adaptés au prestige de la marque. Il avait même été jusqu'à tolérer la vente du parfum Climat dans de petites ampoules, à la sortie du métro, sur des étalages misérables. Nous eûmes donc beaucoup de difficultés à retirer Lancôme des mains de ces margoulins. Nous y sommes parvenus à force d'obstination, ce qui donna à nos affaires en Amérique un axe véritable de développement avec la distribution de Lancôme dans les grands magasins américains, les *department stores*. Nous avions, en France, beaucoup travaillé cette collection, qui était devenue beaucoup plus cohérente et plus attirante. Nous fûmes aidés, dans la conception de l'affaire Lancôme pour le marché américain, par un collaborateur français, Rodolphe d'Ornano, qui avait une connaissance très fine des *department stores*. La conquête de ce milieu résulta de la même stratégie de pénétration que nous avions utilisée au Japon : des produits d'une qualité incontestée et un directeur américain connaissant parfaitement son marché, capable de faire preuve d'enthousiasme en même temps que de persévérance et de tact dans les négociations avec des acheteurs très sollicités et habitués à manier des millions de dollars de transactions. L'affaire prit son essor pour ne jamais cesser, depuis, de se développer. Je dois ici rendre hommage à l'esprit créatif de nos collaborateurs. Un jour, un fournisseur vint leur proposer un sac fourre-tout dans l'idée qu'ils pourraient en faire un objet promotionnel. Comme le sac était très joli, nous avons aussitôt pensé à en faire, avec les décors appropriés, ce qui devait devenir « *The Lancôme bag* ». Les Américaines se l'arrachèrent. Depuis, le procédé promotionnel est devenu banal, mais nous fûmes les premiers à l'utiliser. Ce fut, en somme, notre première initiative publicitaire aux États-Unis. Son succès nous incita, par la suite, à augmenter progressivement et fortement nos budgets de publicité Lancôme.

Nous n'avions pas eu le même bonheur avec notre affaire coiffure. C'était un sujet de préoccupation que je partageais, à chacune de mes visites, avec Jean Caste qui, depuis quelques années, était président de la filiale et avait brillamment assuré l'essor de Lancôme. Le directeur de la coiffure était un homme très actif mais il confondait activité et activisme. C'était « un bourreur ». À plat ventre devant les grossistes, il ne cessait de leur proposer des promotions toujours plus alléchantes, ce qui avait pour effet de les noyer sous les stocks et ne manquait pas de provoquer des chocs en retour. Les stocks s'écoulaient incomplètement, les grossistes finissaient par nous en retourner une grande partie. Notre directeur n'a jamais voulu comprendre que sa politique commerciale aboutissait à une impasse. Il était têtu, agressif et sûr de lui. Mais il avait une passion cachée qui le rendait attachant : c'était un grand amateur de jazz. Tous les soirs jusqu'à 23 heures, il allait assister, en sortant du bureau, à des *jam sessions*. Ensuite, il rentrait chez lui où il menait une vie spartiate. Le lendemain, il arrivait au bureau avant tous ses employés. Sa personnalité était pour moi un mystère que mes entretiens avec lui ne m'ont jamais permis de dissiper. Je me trouvais devant un homme buté, incapable de se rendre compte qu'il allait à la catastrophe.

Il fallait donc se rendre à l'évidence : contrairement aux espoirs que nous avions caressés vingt ans plus tôt, nos activités pour la coiffure seraient toujours bridées, d'abord en raison de l'état relatif de sous-développement du marché américain, ensuite parce que notre directeur local se révélait incapable d'exploiter intelligemment le peu de potentiel qu'il nous offrait. Sans doute l'affaire Lancôme avait-elle des perspectives très prometteuses, mais, au début des années 70, elle était encore en devenir. Pour percer sur les marchés de produits de grande consommation, je savais que nous devions nous concentrer sur la coloration, où notre supra de qualité était incontestable. Mais pour en faire prendre conscience aux consommatrices, il fallait prendre d'énormes risques. Notre affaire américaine était pauvre et notre principal concurrent affichait des budgets annuels de publicité de 25 millions de dollars pour ses produits publics de coloration alors que notre chiffre d'affaires avec les salons de coiffure ne dépassait pas 5 millions.

C'est dans cette ambiance de perplexité que nous eûmes, un beau jour, le bonheur de prendre une grande initiative.

Je m'étais rendu dans une banlieue triste de New York afin de visiter quelques salons de coiffure. Je me disais, par habitude, que la solution de notre problème devait venir de là. En fait, elle vint d'ailleurs et ce fut une divine surprise. J'étais accompagné par un représentant d'origine canadienne qui était parfaitement bilingue. J'avais déjà visité trois salons sans parvenir à dégager de mes observations de grandes idées de progrès et nous déambulions de conserve, mon collaborateur et moi, sur le trottoir d'une avenue interminable, le long d'un gigantesque cimetière, lorsqu'il se mit à pleuvoir. Nous nous sommes alors réfugiés dans un petit drugstore. Quelle n'a pas été ma stupéfaction d'apercevoir, en rentrant dans le magasin, sur un rayonnage, quelques flacons nus d'un de nos produits de coloration. Je reconnus Excellence, que nous commercialisions en France sous le nom de Colorelle, et je me dis aussitôt que ce produit n'aurait jamais dû se trouver là, car il était réservé aux coiffeurs. Cela expliquait d'ailleurs sa présentation fruste. S'agissant d'un produit professionnel dont les coiffeurs connaissaient la technique d'emploi, il était livré dans les salons, par cartons de douze flacons, sans étuis individuels et sans notices, avec simplement l'indication, par un chiffre imprimé sur l'étiquette, de la nuance de coloration qu'il permettait d'obtenir. Le contraste était évidemment saisissant entre ces flacons qui ne disaient pas leur nom et, sur le même rayonnage du drugstore, les kits artistement décorés de la concurrence, dans lesquels la consommatrice trouvait un flacon d'eau oxygénée, un flacon de coloration, un flacon de rinçage, une paire de gants et un mode d'emploi détaillé.

Je demande aussitôt à mon compagnon de s'enquérir des raisons pour lesquelles ces flacons d'Excellence se trouvaient là. Le propriétaire du drugstore nous déclare alors qu'il se les procure chez un de ses voisins coiffeur, pour répondre à la demande de quelques-unes de ses clientes. Je me trouvais typiquement en présence d'une note individuante. Je me dis aussitôt que si quelques clientes d'un drugstore minable d'un quartier minable de la banlieue de New York avaient su discerner la qualité de notre produit de coloration au point de désirer l'appliquer elles-mêmes, chez elles, il devait certainement s'en trouver d'autres dans d'autres quartiers de la ville. Je rentrai aussitôt au bureau tout émoustillé et demandai que l'on entreprenne immédiatement une enquête. Celle-ci devait révéler que le phénomène, en effet, se reproduisait dans une proportion significative de drugstores de New York, de l'ordre de 15 % je crois me rappeler. Je me pris à rêver de conquête : « Amérique, nous voilà ! » Le moment de le clamer me paraissait peut-être venu. Il me semblait que nous n'avions plus à hésiter pour prendre le risque d'une action publicitaire afin d'exploiter, à la mesure de nos ambitions, le marché de la coloration dans les drugstores.

Il restait évidemment des problèmes à résoudre pour assurer le succès de l'opération, à commencer par des problèmes de marketing, comme la fixation du prix de vente au public et la conception du message publicitaire. Les dirigeants locaux me font valoir que, n'ayant eux-mêmes aucune expérience dans ce domaine, ils doivent recruter un spécialiste du marché américain des produits publics. Quelques semaines plus tard, je tiens une réunion à Paris avec eux et leur nouveau collaborateur, lequel nous expose que notre seule chance de percer sur le marché américain des produits publics était de présenter nos produits de coloration à l'économie, dans de petits flacons nus, autour desquels la notice d'emploi et les gants auraient été enroulés et maintenus par un élastique. Il recommandait de les vendre 1 dollar seulement, c'est-à-dire très bon marché, la concurrence vendant ses produits, dans des kits luxueux, au prix de 2,25 dollars.

Cette approche misérabiliste me rendit furieux. Ce soi-disant spécialiste faisait du marketing de savonnette, à la rigueur de shampooing. Je me précipitai au tableau et fis valoir en quoi le marché de la coloration devait être différent. Lorsqu'un shampooing ne convient pas, la consommatrice peut en changer sans état d'âme et quand elle veut. On peut dire que la consommatrice n'est que faiblement impliquée dans l'achat du produit. Il n'en est pas de même pour une coloration, car la coloration détermine son *look* pour plusieurs mois. Dès lors, comment imaginer que si la coloration lui convient bien, elle puisse buter sur une différence de prix de 1 ou 2 dollars par rapport aux prix concurrents ? Payer 2 ou 3 dollars un kit de coloration ne devrait pas l'effrayer alors qu'elle paie 20 dollars lorsqu'elle va chez le coiffeur. Puisque nous bénéficiions d'un supra de qualité, ma conclusion était que nous pouvions vendre notre produit 2,75 dollars au lieu de 2,25, mais il ne fallait pas lésiner sur sa présentation : un kit encore plus attrayant que celui de la concurrence et des silhouettes féminines jeunes pour la décoration du flacon. Notre spécialiste américain du marketing protestait et, comme il faisait du mauvais esprit, j'ai fini par exiger qu'on se sépare de lui sur-le-champ. Ce fut une des rares décisions de ce genre que j'aie dû prendre dans ma carrière.

Le prix étant fixé et les principes de conception du *packaging* bien définis, il restait à résoudre l'épineux problème de la publicité. Ce problème préoccupait beaucoup la direction locale comme moi-même, car l'importance de l'investissement publicitaire à réaliser nous paraissait hors de proportion avec les moyens financiers de la filiale. Il fallut donc impérativement que notre message puisse se distinguer de celui des concurrents par sa qualité et son originalité. En raison de la modestie de nos budgets, il va sans dire que les grands publicitaires de Madison Avenue ne se bousculaient pas à la porte de notre affaire américaine. Il se trouva cependant que le jeune créatif que Walter Thomson nous avait délégué se passionna pour notre projet et adhéra tout à fait à notre stratégie de marketing. Il avait, en effet, parfaitement compris combien la coloration était importante pour une femme.

Il prépara un message pour la télévision qui correspondait à mes attentes et me remplit d'aise. Son originalité tenait au fait que, contrairement à l'habitude, l'argumentation devait être énoncée, non pas par une voix off, mais par une femme représentative du public de consommatrices américaines que nous voulions conquérir. Dès lors, la question était de trouver une femme susceptible de traduire cette publicité testimoniale avec le maximum de naturel. Il nous fallait, bien entendu, un visage, des cheveux et une voix mais nous n'avions en aucune façon besoin de faire appel à un mannequin vedette. En cela aussi, nous allions nous départir des manies du milieu de la publicité. C'est dans le milieu des comédiennes de Broadway que nous devions trouver notre bonheur.

Au bout de quinze jours, on m'annonce que la maquette du film est prête ; j'annule mes rendez-vous et je me précipite à New York. Ce fut pour moi une grande joie de découvrir les images et d'entendre, pour la première fois, ces paroles qui, depuis, ne cessent de faire le tour du monde :

I use the most expensive haircolor in the world
Preference by L'Oréal
It's not that I care about money
It's that I care about my hair
It's not just the color
I expect great color
What's worth more to me
Is the way my hair feels
Smooth and silky but with body
Feels good against my neck
Actually, I don't mind spending more for L'Oréal
Because I'm worth it !

Le scénario était parfait, le message – ça m'est égal de dépenser plus pour L'Oréal, parce que je le vaux bien – était énoncé par une jeune femme merveilleusement présente et naturelle. Nous avions désormais tout pour réussir une grande affaire. Bien sûr, notre budget de publicité n'était pas à la mesure de ceux de nos concurrents, ce qui motivait les craintes de beaucoup de nos collaborateurs. Mais j'estimai que la qualité suppléerait à la quantité et je décidai d'aller de l'avant. On lança donc Preference sur les marchés publics. Le produit était merveilleusement présenté, la publicité mettait rigoureusement en valeur sa performance. Les femmes se moquèrent du prix et le succès fut instantané. En quelques années, notre chiffre d'affaires de coloration dans les deux circuits coiffeurs et drugstores passa de 5 à 100 millions de dollars. Ce fut le départ de la grande entreprise américaine de L'Oréal. Et ce succès doit beaucoup à Jean Caste qui sut magnifiquement l'orchestrer.

Comme je l'avais annoncé, c'est sur nos filiales extérieures les plus importantes que nous nous sommes concentrés pour répondre, plus vite, à la conjoncture particulière des années 70 et 80. Mais partout ailleurs dans le vaste monde, L'Oréal poursuivait son expansion. Celle-ci fut l'œuvre d'entrepreneurs, au sens plein du terme, auxquels je désire rendre ici un hommage particulier. Au Canada, elle fut l'œuvre de Philippe Dalle, qui était vraiment parti de rien pour construire une magnifique affaire. Guy Peyrelangue, qui devint, par la suite, le patron de l'Amérique, fut le développeur du Mexique, après le travail de défrichage qu'avaient accompli Jean-Pierre Valériola puis Pierre Landon. Des scénarios analogues se sont déroulés au Brésil, avec Philippe Pezé ; en Argentine avec Monsieur Béllère et la magnifique réussite de Francis Planque ; dans les territoires disséminés d'Afrique et les petits pays d'Asie, grâce à Paul Pliven. Enfin, pour la Suisse, nous avons pu nous appuyer sur deux personnalités d'exception, Messieurs Berli et Maréchal, dont le rayonnement débordait largement le cadre de leur filiale.

CHAPITRE XI

Nos accords avec Nestlé

Nous étions en 1973. Le premier choc pétrolier venait de se produire. Les cassandres du Club de Rome n'avaient pas manqué d'en amplifier les effets sur l'économie mondiale en provoquant, pendant un temps, un très grand désarroi dans les esprits. En ce qui nous concerne, la crise eut, tout compte fait, des effets bénéfiques. Elle nous incita à comprendre que nous avions trop de stocks et qu'il nous fallait améliorer notre trésorerie, ce que nous avons fait très rapidement. Nos affaires continuaient à bien se porter, car les consommateurs continuaient à consommer. Ils utilisaient leurs voitures comme auparavant, malgré une élévation considérable du prix de l'essence. La crise frappait surtout les esprits des dirigeants, lesquels craignaient une poussée inflationniste de l'économie qui ne manqua pas de se produire quelques mois plus tard.

Dès 1969, alors que le président de la République, récemment élu, et Mme Pompidou prenaient quelques jours de repos chez André et Liliane Bettencourt, en Bretagne, Liliane Bettencourt, au hasard d'une conversation sur L'Oréal et son avenir, avait eu cette remarque du Président : « Vous ne pourrez pas toujours rester seule, il vous faudra bien, à un moment donné, trouver un partenaire et ce sera un choix difficile. » Liliane gardait, vis-à-vis de L'Oréal, la même attitude que son père, attitude qui relevait d'ailleurs du bon sens paysan : « Il faut toujours rester maître chez soi. »

Pour ma part, cherchant à mesurer les périls auxquels L'Oréal pouvait être confrontée, je m'avisais qu'elle était peu vulnérable, car nous avions réussi à en faire une entreprise diversifiée. Au départ, nous n'opérions que sur le marché de la coiffure ; ensuite, nous avions développé la vente des produits publics, puis celle des produits cosmétiques de luxe ; enfin, nous avions créé, avec Vichy, une affaire de parapharmacie et nous nous apprêtions à acquérir Synthélabo, une entreprise tournée vers la vente de produits éthiques. Toutes ces affaires étaient largement indépendantes les unes des autres. Conformément à la politique de la caisse de compensation, nous avions donc plusieurs sources différentes de revenus. En outre, le développement de nos activités internationales faisait que notre chiffre d'affaires à l'extérieur de la France était désormais supérieur à celui que nous réalisions sur le marché domestique. Cela accroissait aussi nos capacités de résistance à des péripéties d'ordre conjoncturel. Enfin, nous avions, dans chacune de nos affaires, plusieurs produits majeurs. Nous étions donc solides et, comme je le disais souvent en pensant aux entreprises du pré carré qui ne vendaient qu'un seul produit, nous étions « une affaire mille pattes » et je ne voyais pas la nécessité de rechercher un associé pour faire face à la crise du pétrole.

Le danger me paraissait plutôt venir de la situation politique du pays. Le parti socialiste avait signé, l'année précédente, un programme commun avec le parti communiste et, aux élections législatives qui devaient se dérouler quelques mois plus tard, la gauche avait des chances de l'emporter sur la droite. Il faut dire qu'à l'époque, la gauche n'avait en rien le sens de la mesure et des réalités qu'elle a acquis depuis. Elle était prête à tous les emballements et, conformément au programme commun, elle annonçait, si elle parvenait au pouvoir, la nationalisation de beaucoup de grandes entreprises. Dans ce contexte, je me disais que si L'Oréal pouvait s'associer avec une affaire non française, elle serait, du même coup, mieux protégée contre la menace d'une nationalisation. Au demeurant, nous savions qu'Elf, dont les capitaux étaient contrôlés par l'État, recherchait, aussi bizarre que cela ait pu paraître, une diversification dans notre secteur d'activité et nous pouvions penser que ses dirigeants ne manqueraient pas de saisir l'occasion d'un changement de majorité politique pour mettre la main sur L'Oréal. L'avenir devait d'ailleurs montrer qu'après avoir créé Sanofi, Elf devait, en effet, prendre le contrôle de Saint-Laurent, de Yves Rocher et de Nina Ricci.

Les Bettencourt demeuraient cependant perplexes. L'amicale confiance qui nous unissait m'amenait à partager leurs soucis. Je me suis mis à la recherche d'un partenaire étranger avec d'autant plus de détermination que, dans le domaine des biens de consommation qui est le nôtre, je ne voyais, en France, que des affaires moins internationales ou moins bien gérées que L'Oréal. Trouver une entreprise hors de France, qui soit intéressée par L'Oréal ne posait aucun problème, mais la législation ne nous laissait, à l'époque, aucune liberté, car toute intrusion d'un étranger dans le capital d'une entreprise française devait être soumise au Trésor. Bien entendu, les représentants des grandes entreprises américaines avaient déjà défilé dans mon bureau, mais l'Amérique, à l'époque, était mal vue de l'Administration française, ce qui n'a d'ailleurs pas changé. Il n'était donc pas question de trouver une solution de ce côté-là.

Sur ces entrefaites, j'apprends que Pierre Liotard-Vogt, avec lequel j'avais beaucoup sympathisé à l'époque où il dirigeait la filiale française de Nestlé, recherchait une diversification pour son groupe, dont il avait pris la présidence quelques années plus tôt. J'étais, *a priori*, favorable à un rapprochement avec Nestlé, dont le siège est à Vevey, en Suisse romande, où l'on parle français. Le problème de la langue avait de l'importance à mes yeux, d'abord parce que la langue est le reflet d'une culture, ensuite parce que si, aujourd'hui, tous nos collaborateurs parlent anglais, c'était loin d'être le cas à l'époque. Et puis, en discutant avec les gens de Nestlé, je me suis vite rendu compte que s'ils étaient animés par l'esprit de conquête, il y avait aussi, dans leur comportement, une grande rigueur morale : on ne triche pas chez Nestlé. Un de mes collaborateurs m'a d'ailleurs dit un jour : « Ah oui, vous avez raison monsieur Dalle, c'est une affaire propre », pour ajouter : « De l'eau propre, mais peut-être un peu froide. » Il avait tout compris.

Au début de 1973, André Bettencourt remit une note au président Pompidou. Quelques semaines passèrent, puis le Président l'informa qu'il avait pesé le pour et le contre, qu'il était favorable, et qu'il allait en parler au ministre de l'Économie et des Finances. Nous entreprîmes donc nos discussions avec les gens de Nestlé. Il fallait trouver une structure juridique qui permette d'aboutir. Le ministre des Finances, M. Giscard d'Estaing nous reçut, donna son approbation, et nous eûmes de longs entretiens avec l'administration du Trésor pour mettre les choses au point. Tous comprirent finalement l'intérêt que nous avions à nous adosser à une affaire qui était installée dans tous les pays du monde libre, car elle pouvait nous aider à devenir plus internationaux encore. Un holding – Gesparal – a été créé, dans lequel Liliane Bettencourt a conservé la majorité et nous avons vécu, depuis cette époque, Nestlé et nous, dans le plus grand respect des accords signés en 1973.

Vingt ans plus tard, les milieux financiers étaient persuadés que la majorité passerait à Nestlé car les accords avaient été formalisés pour vingt ans. Mais Nestlé préféra maintenir ses intérêts dans Gesparal et tenir compte de la volonté exprimée par Liliane Bettencourt de conserver la majorité de Gesparal jusqu'à sa mort. En contrepartie de la vente de la minorité de ses actions de Gesparal à Nestlé, elle avait reçu des actions de Nestlé, ce qui lui permettait de se conformer aux avis du président Pompidou puisqu'à sa mort, il devenait possible à ses héritiers de vendre des actions Nestlé, plutôt que des actions Gesparal. C'est pour moi un motif de satisfaction de penser que le fait d'avoir pu réunir deux associés qui s'entendent aussi bien, constitue, pour le personnel, le meilleur des remparts contre toute forme d'OPA venant, comme on en a vu tant, d'un prédateur.

Le président et le directeur financier de Nestlé ont pris des postes d'administrateurs de L'Oréal pendant qu'André Bettencourt et moi-même devenions administrateurs de Nestlé. Pour ma part, je fis carrière chez Nestlé en devenant membre de son comité du conseil, institution commune à toutes les grandes entreprises suisses. Ce comité comporte cinq ou six membres élus par le conseil d'administration. Il se réunit fréquemment pour discuter des grandes décisions stratégiques de l'entreprise. Après avoir été nommé membre de ce comité, j'en suis devenu le premier vice-président, à la demande de son président, qui est aussi président du conseil d'administration.

Nestlé et L'Oréal sont aujourd'hui des entreprises très florissantes. Il est difficile de mesurer ce que les contacts intimes que les Bettencourt et moi-même avons entretenus avec la direction de Nestlé ont pu apporter à L'Oréal. Personnellement, j'ai, dès la signature de nos accords, éprouvé beaucoup d'admiration pour le caractère international de cette affaire. Je me souviens de mon étonnement en constatant que les cadres supérieurs qu'il m'était donné de rencontrer à Vevey avaient tous bourlingué de par le monde et quand je dis le monde, il s'agissait parfois de pays ou de localités que j'étais incapable de situer avec précision sur une carte. Nous étions loin, à L'Oréal, d'avoir une connaissance aussi étendue de notre planète. La constatation de notre décalage m'a obsédé jusqu'à ma retraite et je suis très heureux de constater que depuis, l'internationalisation de nos affaires a été poussée avec beaucoup de brio.

Dans le domaine de la recherche, certains échanges entre nos laboratoires et ceux de Nestlé se sont révélés très fructueux. Nous avons créé ensemble, à parts égales, à Sophia-Antipolis, la société Galderma, orientée vers le développement, la production et la commercialisation en pharmacie de spécialités dermatologiques. Cette société est aujourd'hui promise à un grand destin. Nous avons fait aussi, avec Nestlé, certaines acquisitions qui ont été très fructueuses comme, en Amérique, celle de Warner Cosmetics, qui avait la licence des produits

Armani, Ralph Lauren et Gloria Vanderbilt. Les dirigeants et les cadres de Nestlé ne sont jamais intervenus dans la vie opérationnelle de L'Oréal et il en a été de même des collaborateurs de L'Oréal vis-à-vis de Nestlé.

Je crois pouvoir dire qu'animés d'un très grand respect mutuel, nous avons scellé un accord d'entreprises qui, sans heurts et sans difficultés, a résisté à l'épreuve du temps. Notre ciel a toujours été serein.

CHAPITRE XII

Je pars

J'ai participé, un jour, à un débat sur la succession des dirigeants, au cours duquel un chef d'entreprise avait déclaré que, chez lui, tout était prêt, qu'il n'était pas indispensable et que plusieurs de ses collaborateurs au moins pourraient prendre sa suite s'il venait à disparaître. C'était un homme de grande réputation, car il avait fait une entreprise prospère d'une affaire difficile, dont il avait pris la direction dans les années 60. Mais il me semblait que l'attitude qu'il affichait était l'indice d'une volonté de s'accrocher indéfiniment au pouvoir et que, ce faisant, il faisait courir à son entreprise le risque d'une guerre de succession en même temps qu'il pouvait ternir la réputation que ses mérites lui avaient acquise.

Sa déclaration a renforcé la détermination que j'avais prise d'organiser avec soin ma succession. J'entendais aussi partir à un moment où ma vitalité et mon autorité seraient encore incontestées, de sorte que j'avais pris l'habitude de déclarer, en toute occasion, que, passé 65 ans, je résignerais mes fonctions. Toutefois, comme je me sentais en forme, j'avais tendance à reculer l'échéance. D'ailleurs, personne autour de moi – André ou Liliane Bettencourt, pas plus que Pierre

Liotard, alors président de Nestlé – ne paraissait s'en inquiéter. Une crise d'asthme survenue à la suite d'une bronchite m'amena à précipiter les choses, car je craignais une rechute de ce mal qui avait empoisonné ma jeunesse. Au cours du comité de direction de novembre 1984, j'ai annoncé que, ayant atteint l'âge de 65 ans, j'entendais abandonner la présidence de L'Oréal. J'ai lu le communiqué bref et dégagé de toute émotion que j'avais décidé de faire paraître. Le silence était impressionnant. Les membres du comité me dirent tous par la suite leur stupéfaction. J'avais pris tout le monde à revers. Personne ne s'attendait à l'annonce de mon départ, pas plus qu'à celle des dispositions que j'avais prises pour assurer ma succession, dans l'ordre et dans le calme.

Ces dispositions avaient été le fruit d'un long travail de préparation mené avec les membres d'un comité des sages que j'avais formé pour m'aider dans cette tâche difficile. Les prétendants à la succession sont toujours plus nombreux qu'on ne le croit. Ils se voient tous à la tête de l'entreprise, alors que vous ne discernez vous-même qu'un nombre restreint de candidats possibles. Mais se déterminer par rapport à deux ou trois candidats pose déjà un problème très délicat.

Aux yeux de tous, c'est à Charles Zviak que revenait ma succession. Il avait été, pendant toute sa carrière, un collaborateur de premier plan. Créatif, courageux impartial, il faisait toujours preuve de sang-froid face aux difficultés et de sagesse pour les surmonter. Le fait qu'il était installé depuis longtemps dans la Maison s'ajoutait à ses mérites pour lui donner une autorité incontestée parmi le personnel. Cet ensemble de qualités m'avait conduit à lui donner, vingt ans plus tôt, le titre de directeur général. Mais il n'en tirait aucune vanité. Il prenait ses repas tous les jours au self-service du personnel, alors que son rang lui donnait la possibilité de fréquenter le restaurant d'entreprise que nous avions créé pour recevoir des personnalités extérieures. Charles Zviak était profondément démocrate. C'était un homme simple, loyal. En installant, après moi, un chercheur à la tête de la Maison, je voulais aussi montrer que, contrairement à ce qui se disait trop souvent, à mon goût, à l'extérieur, L'Oréal n'était pas une affaire de publicitaires et que la recherche était, pour nous, la fonction la plus importante de l'entreprise. Or Charles Zviak n'avait pas été seulement un chercheur : il avait été aussi un trouveur. On lui devait la formulation heureuse de beaucoup de produits. J'ajoute qu'il était garant de la rigueur de formulation de la totalité de nos produits. Le seul problème que posait sa nomination tenait au fait qu'il n'avait que cinq ans de moins que moi. Il ne pourrait donc assumer la présidence que pendant cinq ans, ce qui posait, d'emblée, le problème du choix de son successeur.

J'avais pensé à Guy Landon. Son autorité était d'autant moins contestée dans la Maison qu'il avait exercé un rôle prépondérant dans le recrutement et l'évolution des carrières de nos cadres. Il exerçait en outre, à mes côtés, la responsabilité du dialogue avec les représentants du personnel. Sa perspicacité et son esprit de finesse lui donnaient, à mes yeux, une très grande valeur. Comme il était très proche de moi, je m'étais ouvert auprès de lui de mes préoccupations. Mais il était surtout intéressé par ce qu'il appelait le marketing des hommes et il me disait qu'il ne pourrait pas se passionner véritablement pour la création et le lancement de produits, malgré les compétences qu'il aurait pu acquérir dans ce domaine. De plus, Artcurial était son enfant ; il l'avait fait naître en plein accord avec moi, mais il devait encore le tenir à bout de bras.

Je lui ai évidemment demandé de m'aider dans mes recherches. J'ai aussi fait appel à John Seemuller, qui était mon ancien de quelques mois dans la Maison, et dont je savais qu'il avait un sens profond de l'intérêt général ; enfin, j'ai pensé à André Filou, qui avait rendu d'éminents services au groupe pendant toute sa carrière et que j'avais, depuis longtemps, classé dans la catégorie des sages. Bien entendu, Charles Zviak était le premier à m'assister dans cette recherche puisqu'il s'agissait de désigner celui qui lui succéderait. J'avais insisté sur la nécessité absolue de nous éloigner de toute candidature qui amènerait à la tête de l'entreprise un gestionnaire plutôt qu'un entrepreneur. Depuis des années en effet, je prêchais que gérer n'est pas entreprendre. Mais, quand les entreprises atteignent une certaine taille, il faut que la gestion accompagne les élans créateurs. Nous étions une affaire internationale et dans le mouvement brownien où il vivrait, il fallait que mon successeur soit à la fois un grand gestionnaire et un grand entrepreneur.

J'avais évidemment en tête de choisir un collaborateur qui corresponde à la nature des activités de L'Oréal. L'entreprise avait connu énormément de remue-ménage. La nécessité de multiplier les lancements de nouveaux produits me montrait à l'évidence qu'il nous fallait un patron obstiné, donnant peu de prise au découragement, sachant comprendre les chercheurs et capable, si nécessaire, de les animer directement. La plupart de nos produits, après nous avoir valu de grandes réussites commerciales, présentaient parfois des risques de vieillissement. Il fallait donc, en permanence, veiller à les rénover ou à les remplacer. De plus, nous devions nous garder de la désinvolture des publicitaires, souvent trop enclins à annoncer les nouveautés sans mettre en avant leurs promesses de performance. Enfin, nous devions avoir à l'esprit que L'Oréal, c'est quatre métiers exercés par quatre types de clients très différents les uns des autres. Les coiffeurs sont des artisans pour lesquels la formation technique est essentielle. Chez les parfumeurs, tout est affaire de raffinement, voire de préciosité. Les pharmaciens sont sensibles aux aspects scientifiques des produits. La grande distribution, comme son nom l'indique, distribue : il faut savoir l'aider à compenser son absence de communication réelle avec les consommateurs. Certes, les produits que nous vendons dans ces circuits sont tous des produits d'hygiène ou de beauté, mais les clients qui les vendent sont aussi différents les uns des autres que les consommateurs qui les achètent. Mon successeur devrait être capable d'embrasser toute cette complexité. Enfin, il devait être capable d'accélérer l'expansion internationale de L'Oréal et de parachever la mondialisation de nos activités.

Marc Ladreit de Lacharrière était sur les rangs. C'était un collaborateur très doué, qui avait fait des stages d'initiation sur la route avec tellement de brio qu'on en était arrivé à oublier qu'il sortait de l'ENA. Il m'avait aidé à donner à L'Oréal la maîtrise de la finance moderne. Il avait su également moderniser l'administration du groupe : les comptes consolidés au début de chaque mois, c'était une petite révolution à l'époque, car les comptes des grandes entreprises françaises étaient loin d'être aussi précis que ceux des entreprises américaines. Il avait installé l'informatique en s'associant, avec intelligence, à notre doctrine décentralisatrice. Il avait le goût de l'économie et un certain sens du commerce. C'était un entrepreneur. On l'a vu avec le succès de Fimalac, l'entreprise qu'il a créée après nous avoir quittés. C'est un homme de grande envergure, fait pour diriger des entreprises très capitalistiques, où les problèmes de financement à long terme sont majeurs, mais nous ne l'avions pas préparé au marketing quotidien de produits appartenant, de surcroît, à quatre métiers différents.

Lindsay Owen-Jones avait été responsable de la division Produits publics en France, puis patron de la Belgique, et enfin l'homme de tête de l'affaire italienne. Il avait su tenir, à Turin, la barre avec brio au moment des folles agitations qu'avait connues l'Italie. Nous l'avions également préparé aux disciplines du marketing stratégique, après quoi je l'avais nommé aux États-Unis où il avait su animer, avec fermeté, notre filiale et la faire définitivement décoller. Ce n'était pas facile, en raison des différences qui existent entre le marché français et le marché américain. Il était devenu, à New York, un grand patron. Volontaire, acharné au travail, bénéficiant d'une excellente santé, il s'était révélé un créatif de premier plan. C'était le pousseur de chiffre d'affaires dont L'Oréal aurait besoin après moi. Il avait un goût manifeste et une facilité peu commune pour entrer en contact avec des hommes de cultures et de pays différents. Il avait, encore jeune, choisi de quitter son pays, la Grande-Bretagne, pour venir terminer ses études supérieures en France, puis faire carrière à L'Oréal en consentant les efforts d'adaptation qu'impose une mobilité totale. Enfin, il parlait, outre l'anglais qui était sa langue maternelle, le français et l'italien à la perfection. Il comprenait aussi l'allemand. Tant de qualités faisaient de lui le candidat idéal.

Nous nous sommes mis d'accord, en comité, pour décider qu'il devait me succéder. J'avais cependant un problème délicat à régler : j'avais auprès de moi, en la personne de Jean Lévy, un collaborateur très attachant. C'était un bon gestionnaire, très au fait de l'évolution de la distribution et qui avait établi des relations confiantes avec la plupart de nos grands clients. Dans ce milieu, on le considérait volontiers comme mon dauphin, d'autant plus que, du fait de ses responsabilités, il avait, on le savait, de fréquents entretiens seul à seul avec moi. Bref, il passait pour avoir mon oreille, de sorte qu'il m'arrivait souvent d'être interpellé à son sujet : « Est-ce bien Jean Lévy qui va vous succéder ? » Je pouvais donc penser que la désignation d'Owen-Jones perturberait considérablement Lévy, mais comme j'avais en tête de proposer à ce dernier de prendre, en Amérique, la place d'Owen-Jones, je me disais qu'il trouverait, dans cette proposition, une compensation largement suffisante.

Il fallait maintenant préparer l'installation de Lindsay Owen-Jones et d'abord le prévenir de nos intentions. Il devrait quitter l'Amérique pour s'installer, à Paris, avec le titre de directeur général, aux côtés de Charles Zviak, en attendant de prendre sa succession au bout de cinq ans. Jean Lévy accepta de prendre sa suite à New York après avoir éprouvé cependant, au départ, une certaine difficulté à comprendre qu'il s'agissait, pour lui, d'une merveilleuse opportunité de carrière. J'en avais été d'autant plus étonné que, tout en se réjouissant de revenir à Paris, Owen-Jones, de son côté, manifestait tout de même des regrets à l'idée de quitter New York.

Finalement les choses s'arrangèrent et l'organisation prévue se mit en place. Je suis resté président pendant quelques mois, le temps de faire comprendre à tous ma résolution concernant à la fois mon départ et l'organisation de la suite. Il me semblait que j'avais réussi à éliminer pour L'Oréal, et de manière définitive, tous les risques que comporte habituellement la succession du président d'une grande entreprise. Après son fondateur, Eugène Schueller, L'Oréal m'avait connu comme directeur général dès 1948, puis président à partir de

1957. Zviak me succéderait et Owen-Jones prendrait sa suite au bout de cinq ans.

Je pouvais partir.

J'ai pris la présidence d'un comité stratégique, structure créée pour prendre en charge, en dehors de l'exécutif, la réflexion prospective. Mais j'y ai renoncé lorsque je me suis rendu compte que je risquais de gêner Charles Zviak dans l'exercice de ses fonctions de président. J'ai alors définitivement quitté L'Oréal pour exercer d'autres activités à l'extérieur, notamment pour m'occuper d'entreprises familiales. J'ai conservé ma charge de premier vice-président de Nestlé et, par la suite, je suis devenu conseiller du président de cette entreprise. Mais je ne me suis plus rendu à Clichy dans les bureaux de L'Oréal, en dehors des manifestations auxquelles j'ai pu être convié, pour faire honneur à un collaborateur ou à l'occasion de réunions du conseil d'administration, dont je fais toujours partie.

De 1942 à 1985, j'avais passé près d'un demi-siècle à L'Oréal. Je pouvais dire que L'Oréal avait été ma vie. En partant, pensant à tous ces produits – les laques capillaires, les shampooings, les déodorants, les produits de coloration, les crèmes de beauté, les parfums et les produits éthiques – qui avaient été développés et mis sur le marché pendant que j'étais président, je me disais, non sans mélancolie, qu'il ne me serait plus donné d'éprouver cette fièvre de création qui m'avait apporté tant de satisfactions. Surtout, je me rendais compte qu'en quittant physiquement la Maison, je devrais renoncer à conserver les liens qui m'unissaient aux nombreux collaborateurs que j'avais entraînés, à mes côtés, dans l'aventure L'Oréal. Ces liens s'étaient noués dans les succès comme dans les épreuves. Je ne cacherai pas que leur rupture avait été, pour moi, un arrachement. C'est pourquoi j'avais refusé tout cérémonial à l'occasion de mon départ.

Aujourd'hui, après quinze années, j'ai toujours en mémoire la plupart des visages de ceux que j'ai côtoyés, parfois quotidiennement, à L'Oréal. Ils ont tous contribué à son histoire. Afin de leur rendre hommage, je me suis efforcé d'aller à leur rencontre, dans un grand tour de la Maison que j'ai entrepris par la pensée, d'abord en France, puis dans nos filiales extérieures. Je suis sûr que je serais pardonné si, après tant de temps, ma mémoire devait, parfois, me faire défaut.

Je dédie cet ouvrage à Mmes Basseville, Croste, Frévin, Papyn, à René, à Mlles de Milleville, Peretti, Dia, Corbin.

MM. Kalopissis, Zviak, Charle, Lachampt, Mlle Ghilardi, MM. Velon, Koulbanis, Jacquet, Zorayan, Mmes Bugaud, Coste, MM. Grollier, Lévêque, Goetz, Rosenbaum, Bauer, Bouillon, Langer, Lang, Schaeffer, Monnais, Viout, Prunérias, Kamp, Borée, Abeg, Papantonio, Reymond, Vanlerberghe, Boulogne, Wick, Mmes Handjani, Boido, Fiquet, Griat, Guiloiseau, Madrange, Pasero, Zabotto, Dr Bartholini, Dr Tisseyre.

MM. Guy Landon, Bounine, Valériola, Vincent, Lozza, Mlle Dauxerre, MM. Ladurée, Chausson, Bastianetto.

MM. Henri Febvre, Yves Faivre, Dormagen, Ladreit de Lacharrière, Marcel Meyers, Jean-Pierre Meyers, Béranger, Darragon, Lambert, Dauvergne, Dufour, Lepienne, Villepelet, Castres Saint-Martin, Kahn, de Kaenel, Suramy, Ducros, Bounaix, Martin, Lammert, Coisne, Defrance, Mas, Dr Segond, Dr Laffitte, Dr Périer.

MM. Seemuller, Séguin, Vin, Duvillier, Morane, Lafforgue, Laurent, Lucien Desruet, Michel Desruet, Corne, Migeon, Rifflet, Yvenat, Vappereau, Jean, Cancalon.

MM. Maisonnat, Lhote, Blanc, Leprince-Ringuet, Dellavalle, Galli, Mme Samama, MM. Laudereau, Pourières, Schmidt, Delsarte, Mériat, Bortoli, Bretzner, Casati, Chupin, Roland.

MM. Filou, Glass, Chouraqui, Vachey, Sajot, Rivoire, Pieyre de Mandiargues, Rabain, Berrébi, Streichenberger, Paternot, Thomas, Gajac, Gallinier-Warrain, Dumoncel, de Beaulieu, de Rochechouart, Ballu, Gruselle, Omer Lefebvre, Mathieu, Her, Morellini, Montribot, Morales, Mottu, Castille, Goupil, Saviane, Bignolais, Burette, Chimier, Gaudinière, Brett, Cousin, Hart, Milon, Baujeu, Bénit, Chauveau.

MM. Pradère, Lanceau, Gilles Roger, Gratiot, Dagues, Gévelot, Mlles Annette Louit, Marie-Claire Heriche, MM. Pierre

Landon, Mlle Monique Peretti de la Rocca, MM. Lurie, Faye, Cotten, de Bissy, Giraud, Daveau.

MM. Armand Petitjean, Salmon, Demidoff, Guyot-Jeannin, Touze, Menet, Basset-Chercot, Antoine Javal, Henri-Georges Muller.

MM. Philippe Lefebvre, Pilven, Mourvillier, Maton, de Beaurepaire, de Saint-Léon, Campbell, Casati, Bélien, Tondu, Clavier.

MM. Koeppe, Jecker, Straub, Glain, David Ashley, Spazier, Hans Müller, Thierry Servant, Cantournet, Mancini, Bisetti, Best, Pertusio, Buclet, Vivier, Wernekinck, Van der Meulen, Maréchal, Berli, Sales, Evrard, Xavier Filou, Sigurd Hauge, Laroche, Dillon-Cornecq, M. et Mme Arnal, MM. Gaba, Coumbias, Weil, Cyril Ashley, Fauque, John Konrads, Neil, Bothomley, MM. Philippe Dalle, Corrèze, Jean Lévy, Caste, Peyrelongue, Rodolphe d'Ornano, Baldassari, Planque, Gomez, Claudel, Pezé, Emiliani, Caplan, Buonomo, Aguayo.

Aujourd'hui, beaucoup de ces collaborateurs ont malheusement disparu. D'autres ont pris, comme moi, leur retraite. D'autres sont encore en activité. Grâce à eux et à tous ceux qui les ont rejoints, L'Oréal poursuit sa marche en avant et sa réussite ne cesse d'éclater partout dans le monde. Au moment où se termine la rédaction de ces souvenirs de ma vie professionnelle, je ne saurais dissimuler ma joie de cet épanouissement de l'esprit L'Oréal.

Quatrième partie

L'ESPRIT L'ORÉAL

Je me suis souvent demandé ce qui avait pu nous faire courir à L'Oréal, moi le premier, et surtout nous faire courir tous ensemble, d'un même élan. On peut certainement dire que L'Oréal s'est bâtie sur l'effort et que pour tous, anciens et nouveaux, l'effort a presque valeur de culte. J'en tirais déjà une grande fierté, il y a cinquante ans, en constatant que les bureaux du siège social d'un de nos grands concurrents étaient fermés, chaque soir, à 17 heures et je me disais : « Nous travaillons plus qu'eux, nous finirons donc pas les rattraper. » Mais nous étions alors une toute petite entreprise, où il ne venait à l'idée de personne de ménager son temps et sa peine.

Ces comportements ont cependant résisté à la croissance et à la dissémination de nos structures. Je crois que cela a été dû au souci que j'ai toujours eu et fait partager à tous les dirigeants du groupe, de donner un sens à l'effort de tous, par une réflexion en commun, à chaque étape de notre marche en avant, sans jamais négliger de tirer des enseignements de nos erreurs éventuelles. C'est cette démarche partant du particulier qui nous a permis d'établir notre doctrine. Mais c'était une doctrine non écrite. C'est pourquoi je préfère m'y référer ici comme à un état d'esprit, l'esprit L'Oréal.

L'esprit L'Oréal, c'est d'abord un esprit d'ouverture sur les marchés et la société, afin de saisir ce qui commence, parmi les consommateurs et d'être les premiers à le faire. Tout est parti de là. Nous avons appris à nous mettre à l'écoute permanente et attentive du consommateur, à nous plier à ses désirs et, pour cela, à bousculer, si nécessaire, l'ordonnance de nos structures. Sans cette volonté de saisir, avant les autres, ce qui commence, je n'aurais probablement pas donné à la recherche l'importance qu'elle a revêtue à L'Oréal et qui nous a distingués, très tôt, de la plupart de nos concurrents ; nous n'aurions pas pris si souvent le risque de « vider la caisse », comme nous disions, pour tirer parti d'une opportunité de marché que nous avions été les premiers à pressentir ; nous nous serions crus obligés de sacrifier, à grands frais, aux commodités du tapage médiatique et nous n'aurions pas eu la volonté de nous plier aux exigences d'une publicité sélective, au service de la performance de nos produits. Enfin, notre parti pris d'ouverture sur les réalités de la vie a commandé toute notre politique de recrutement et de formation de nos cadres. J'ai toujours veillé à ce que l'esprit de bivouac, celui de la route et de l'atelier, l'emporte sur l'esprit d'état-major, celui des bureaux. Je crois que cette exigence s'impose tout particulièrement aujourd'hui pour deux raisons. C'est dans les endroits où se font, se vendent et se consomment les choses que naît le progrès ; c'est dans les usines, les magasins et les foyers plutôt que dans la caverne-aux-ordinateurs. C'est dans les mêmes endroits que se nouent les solidarités. La fréquentation très assidue des ateliers et de la route nous a permis de garder leur place, à nos côtés, aux petits – les petits clients comme les petits fournisseurs – aux sans-grade et aux déshérités, aux malades et aux victimes des aléas de la vie.

Voilà ce qui a fait, à mon sens, l'originalité de l'esprit L'Oréal. Et c'est sans doute en raison de cette originalité et des succès qu'elle lui a valus que j'ai été consulté à deux reprises, par le gouvernement, sur des problèmes d'intérêt général.

CHAPITRE XIII

Saisir ce qui commence

« Il faut commencer par la recherche des premières causes, c'est-à-dire des principes. »
Descartes, *Discours de la méthode*

La mode, c'est ce qui se démode ; c'est aussi ce qui se remode

À L'Oréal, nous avons toujours reconnu le pouvoir du consommateur un peu à la manière de Nestlé qui va jusqu'à annoncer, dans sa publicité institutionnelle, que, « chez Nestlé, le président, c'est bébé ».

Découvrir les besoins non satisfaits et identifier les besoins restant à satisfaire, ouvrir constamment les marchés à de nouveaux consommateurs, s'inquiéter de leurs jugements sur nos produits, telles étaient mes préoccupations de chaque instant. J'étais relativement peu accompagné dans cette recherche par mes collaborateurs, qui se laissaient souvent surprendre par la révélation de besoins nouveaux, parce qu'ils n'avaient pas fait l'effort d'aller à leur rencontre. Bien entendu, j'utilise ici le mot consommateur dans son acception générique car, à L'Oréal, c'est avant tout à la femme que nous pensons lorsque nous évoquons le consommateur.

C'est la principale utilisatrice de nos produits pour ses cheveux, son visage, ses mains et son corps tout entier.

Il y a, chez les femmes, un subtil dosage de désir de changement et de souci de conservation. Il n'est donc pas simple de sentir l'évolution de leurs besoins et surtout de saisir ce qui commence parmi la minorité des femmes qui sont toujours les plus enclines à se distinguer par le changement. On a peine à croire, aujourd'hui, que les femmes aient pu éprouver, naguère, le besoin d'une chevelure frisée. Nous avions d'ailleurs, pour y répondre, toute une gamme de produits qui s'appelaient justement les indéfrisables. Et puis, un jour, les besoins ont brusquement changé. À la fin des années 60, nous avons vu apparaître, dans la façon dont certaines femmes s'habillaient et se coiffaient, la tendance nouvelle du « négligé esthétique ». Les grands coiffeurs, comme Antoine, Alexandre, Franck, Dessange, les sœurs Carita, avec lesquels j'ai toujours maintenu des relations privilégiées, nous ont beaucoup aidés à percevoir l'évolution des goûts et les nouvelles aspirations de ce qu'ils appellent leurs clientes les plus branchées. Les plus jeunes, conscientes de la beauté de leurs cheveux, voulaient les garder longs. Elles refusaient carrément les artifices de l'art, les cheveux coupés court et encore plus les cheveux permanentés. Par une curieuse inversion des critères habituels d'imitation, les jeunes servaient de modèles aux femmes plus âgées, lesquelles avaient tendance à garder les cheveux trop longs, ce qui les vieillissait.

Des jeunes filles excentriques se faisaient teindre leurs cheveux en couleurs agressives, dans les tonalités bleues, vertes ou rouges. J'ai eu peur que cette mode, qui était partie de Soho, ne gagne la France, car cela aurait eu pour nos clients coiffeurs et nous-mêmes des conséquences catastrophiques. Les Japonais, de leur côté, avaient réinventé la perruque et connaissaient un moment de folie. Les perruques en cheveux naturels étaient confectionnées, en France, par certaines firmes très anciennes et présentaient toutes sortes de possibilités de changement avec, toutefois, l'inconvénient d'être trop lourdes. Les Japonais amenèrent alors des perruques légères en fibres synthétiques. Le succès fut considérable, mais il ne dura pas. Le port de ces perruques imposait un certain maniérisme qui ne s'accordait pas avec les exigences du négligé esthétique. Il fallait désormais avoir les cheveux au vent.

Nous ne devions pas nous laisser entamer ni dominer par les soubresauts de la mode, encore moins chercher à l'influencer. Notre intérêt était au contraire d'accompagner ses mouvements sans jamais chercher à les contrecarrer. Aux environs de 1972, Courrèges était en plein triomphe de ce qu'il appelait « la souplesse structurée » et il pensait avoir définitivement établi, parmi les femmes, la mode des tons pastel et des jupes courtes. Et puis vint Saint-Laurent qui imposa, en une collection, les robes longues, comme Christian Dior l'avait fait quelques années plus tôt, avant que vînt Courrèges. « La mode, c'est ce qui se démode », disait Cocteau et je crois qu'on peut dire que c'est aussi ce qui se remode.

Nous découvrons les disciplines du marketing

Je n'ai jamais eu d'état d'âme au sujet du mot marketing. Il dit bien ce qu'il doit dire, à savoir qu'il faut aller sur le marché, donc au-delà des commerçants auxquels on vend des produits, pour s'informer du sort que les consommateurs réservent à ces derniers. Comme le mot est dérivé de *market*, qui veut dire marché en anglais, de bons esprits lui ont cherché un substitut français en brodant sur le mot marché. Marchéage, mercatique et marchandisage, le moins qu'on puisse dire de leurs propositions est qu'elles sont malsonnantes. Il ne faut donc pas s'étonner que marketing ait fini par s'imposer dans notre langue. Je l'utilise sans vergogne depuis les lendemains de la Libération, époque à laquelle j'avais commencé à m'interroger sur les nouveaux besoins des consommateurs.

Un vrai grand besoin se faisait sentir qui, celui-là, était indépendant de tout phénomène de mode. Quels qu'aient pu être leur âge ou la nature de leurs cheveux – longs, frisés ou colorés, permanentés ou non – les femmes se plaignaient toujours d'avoir des difficultés à démêler leur chevelure après un shampooing. Cela nous donna l'idée de faire suivre le shampooing d'un rinçage démêlant. Ce fut un très grand succès, dû à la mise au point, qui fut d'ailleurs très longue, de formules de lotions de rinçage à base de cations actifs. Je fus moi-même émerveillé de le constater, peigne en main, dans les salles d'application. L'expérience était simple : dans un fauteuil se trouvait installée une jeune femme dont on venait de rincer les cheveux à l'eau, après un shampooing ; dans un fauteuil voisin, une autre jeune femme, avec une chevelure tout à fait semblable, à laquelle on avait appliqué le même shampooing, suivi cette fois d'un rinçage cationique. Dans ce dernier cas, le peigne glissait doucement dans la chevelure sans la moindre difficulté et j'eus l'occasion d'ailleurs de répéter l'opération avec la même satisfaction sur des chevelures de textures les plus diverses. Ces expériences suffirent à me convaincre que le lancement de ces *rinses* (c'est ainsi qu'on les appela aux États-Unis) serait, pour nous, un triomphe commercial auprès des coiffeurs. Nous connûmes ce triomphe avec L'Oréal Régé.

Un autre vrai grand besoin avait trait à la restauration des cheveux. Un cheveu, qu'il soit naturel, permanenté ou coloré, a une texture différente selon qu'on l'examine au microscope à la racine ou à la pointe. Les shampooings trop nourrissants ont tendance à alourdir les cheveux et les shampooings trop détergents à les dessécher. Il fallait répondre à cette diversité de besoins. Les cheveux colorés ou permanentés ont besoin de soins spécifiques. La reconnaissance de ces besoins fut à l'origine de la gamme Kérastase.

Le maquillage et le choix d'une technique appropriée de maquillage ne sont pas choses faciles. Il faut tenir compte du type de peau ; il faut aussi s'efforcer de respecter l'intégrité de la peau et même d'empêcher son vieillissement. C'est à partir de ces préoccupations que nous avons développé les activités cosmétiques de L'Oréal. Mais nous sommes allés plus loin en créant, à Sophia Antipolis, un laboratoire de recherche dermatologique fondamentale du vieillissement de la peau.

Le problème de la protection de la peau contre le soleil était pour nous un vieux problème, puisque l'Ambre Solaire, notre produit phare dans ce domaine, avait été créé dès avant la guerre par Eugène Schueller. Avec l'explosion des communications, le développement des sports d'hiver et l'attrait grandissant des villégiatures exotiques, nous nous sommes trouvés confrontés à des problèmes d'agression d'une dimension sans cesse croissante. Les filtres antisolaires et les écrans totaux se sont multipliés sur le marché, mais ces produits ne présentaient pas toujours les garanties de qualité et d'innocuité souhaitables. Nous avons, à L'Oréal, lancé des programmes de recherche très importants dans ce domaine, d'une efficacité reconnue par le marché, qui ont permis la découverte de deux catégories de filtres.

L'obsession du supra de qualité

J'ai rencontré pour la dernière fois Raymond Aron peu de temps avant sa mort, survenue en 1983. Les socialistes étaient au pouvoir en France depuis 1981 et pas plus que leurs prédécesseurs, ils n'avaient réussi à endiguer la montée du chômage dans lequel on semblait s'être installé depuis le premier choc pétrolier. Nous fûmes tous les deux d'accord pour estimer que le mal venait de l'offre et non de la demande. « Les besoins qui restent à satisfaire sont immenses, me confia Raymond Aron, tant d'hommes et de femmes, dans ce vaste monde, et dans nos pays mêmes sont encore, à cet égard, démunis, faute d'un pouvoir d'achat suffisant. Et que dire des besoins de qualité qui restent insatisfaits dans les industries et les services les plus divers ! Or la recherche de la qualité est centrale pour l'emploi, car elle signifie un surcroît de valeur ajoutée aux produits industriels comme aux services. Elle impose de travailler globalement plus, et certainement autrement. »

Cette conversation s'était déroulée lors d'un tournoi de

Roland-Garros, dont Raymond Aron était un spectateur assidu, car il avait été, dans sa jeunesse, un excellent joueur de tennis, classé même, je crois, en première série. En connaisseur, il avait pris l'exemple des raquettes pour me dire qu'à son époque, elles étaient très lourdes, qu'il fallait prendre un soin extrême de leurs boyaux alors que nous en étions déjà aux cadres en fibre de carbone, aux grands tamis et aux cordages en nylon et qu'on était loin, selon lui, d'avoir épuisé le sujet.

Pour ma part, j'avais commencé ma carrière, à Monsavon, en faisant une énorme erreur qui avait consisté à ne pas prendre conscience du fait que notre savonnette était moins performante que celles de nos concurrents. Cette défaillance m'a profondément marqué. Son souvenir m'a hanté à l'occasion de tous les lancements de nouveaux produits que nous eûmes à préparer, par la suite, à L'Oréal. À chaque fois, je me suis posé, d'une manière lancinante, la question de savoir si nos produits étaient bien d'une qualité supérieure – ne serait-ce que légèrement supérieure – à celle des produits concurrents. J'appris aussi que le jugement sur la qualité d'un produit concurrent arrive parfois trop tard : la concurrence a déjà amélioré son produit. Et puis la qualité n'est pas toujours facile à apprécier d'une manière objective car elle résulte, en général, de la combinaison de plusieurs facteurs souvent contradictoires. L'achat d'une automobile en famille en est un exemple caractéristique : certains membres de la famille donnent la priorité à la motorisation, d'autres à la protection contre la corrosion, d'autres au prix, d'autres enfin à l'espace intérieur ou à la place pour les bagages. Le constructeur d'automobiles aimerait bien pouvoir mettre sur le marché le produit qui satisferait à tous ces critères à la fois. En réalité, il sait ou devrait savoir que, parmi tous ces critères de choix, il en est un, ou quelques-uns, qui s'imposent à tous les autres. Mais il devrait savoir aussi que ces critères majeurs évoluent avec le temps.

Des yeux pour voir et des oreilles pour entendre

Une amie me confiait récemment que, désirant faire à un enquêteur une remarque sur le produit qu'il était supposé étudier, celui-ci lui avait rétorqué : « Je n'enregistre pas votre remarque parce que mon questionnaire ne la prévoit pas. » Or ce sont justement ces remarques inattendues qui sont importantes, car elles permettent de « saisir ce qui commence » et sont donc l'indice d'une opportunité à exploiter sans tarder pour être sur le marché avant les concurrents. C'est pourquoi nous nous intéressions plutôt, à L'Oréal, à des enquêtes de longue durée auprès d'un nombre réduit de consommateurs, en veillant cependant à les faire mener par des professionnels compétents, n'hésitant pas à encourager les digressions au cours des entretiens. Je crois que beaucoup d'entreprises sont aveuglées par l'emprise du quantitatif et des « sondages express ».

Le gouvernement français m'a demandé, en 1983, mon avis sur les difficultés que traversait alors notre industrie automobile. J'ai pu constater que nos constructeurs avaient une mauvaise appréciation des critères majeurs commandant les attentes des clients en matière de qualité. Notre industrie venait de perdre 12 % de son marché domestique en 18 mois et je me suis vite rendu compte que ses représentants se refusaient à en comprendre les raisons véritables. Ils s'obstinaient à répéter que leurs moteurs étaient parfaitement au point et que leur qualité était même très supérieure à celle des moteurs de leurs concurrents étrangers. C'était d'ailleurs ce que leur indiquaient les enquêtes que leur profession faisait couramment faire. Bref, ils ne comprenaient pas ce qui leur arrivait et n'hésitaient d'ailleurs pas à le dire. En fait, ils ne se rendaient pas compte que les attentes de leurs clients avaient changé, ce qu'une dizaine d'entretiens avec des chalands dans les points de vente auraient suffi à leur révéler. À l'époque, les clients considéraient, en effet, que la qualité du moteur allait désormais de soi et ils n'étaient même plus en mesure de discerner les différences qu'il pouvait y avoir, à cet égard, entre les constructeurs. Ce qu'ils savaient, en revanche, et qui les irritait au plus haut point, c'est que les essuie-glaces fonctionnaient mal, que les carrosseries rouillaient, que les suspensions étaient dures et que les portières des voitures françaises fermaient mal, au contraire des japonaises, qui étaient tellement bien ajustées qu'on pouvait les fermer d'une simple pichenette.

Le cas de l'automobile n'a fait que confirmer la conviction que j'ai très vite acquise à L'Oréal qu'il n'est jamais facile à un dirigeant et encore moins à un chef de produits de reconnaître les défauts de ses produits. Dans nos activités pour la coiffure, nous avons mis beaucoup de temps à nous avouer à nous-mêmes qu'une firme allemande avait sorti, à la fin des années 40, un formulaire de coloration supérieur au nôtre. Pour les produits publics, j'ai pris l'initiative de faire appel à deux cadres supérieurs de la Maison sélectionnés avec soin, en raison de leurs talents d'observateurs et de leur aptitude à procéder à la radioscopie permanente des marchés. Il s'agissait de personnalités d'un excellent niveau universitaire, dépourvues de toute « passion maison ». Ces cadres ont accepté, pendant plus de vingt ans, de sillonner toute la France. Ils avaient, peu à peu, développé un sens aigu de l'observation des comportements de nos clients et des consommateurs. On imagine mal les services qu'ils nous ont rendus. J'ai demandé à toutes nos filiales dans le monde de nous imiter. Le but de cette initiative était simple : nous assurer que nous bénéficiions, partout dans le monde et dans tous nos secteurs d'activités, de ce que nous avons dénommé le supra de qualité. Cette expression est vite passée dans le langage de la Maison, d'autant plus vite qu'un jour, je m'étais emporté devant l'ensemble de nos cadres réunis en congrès, en m'exclamant, pour réagir contre quelques initiatives que j'avais trouvées trop banales : « Le supra de qualité ! partout et pour toujours, aujourd'hui comme demain ! »

Ce mot d'ordre a été à l'origine d'une interrogation permanente dans la Maison. Partout, dans chaque pays, dans chaque division, pour chaque produit, tout le monde s'interroge désormais : « Avons-nous le supra de qualité ? Les concurrents nous ont peut être déjà rattrapés et les goûts des femmes ont peut-être déjà changé. Ne risquons-nous pas de perdre l'initiative ? » C'est cet état d'esprit qui a permis à L'Oréal d'aller toujours de l'avant. Les innovations provenant, soit de nos laboratoires, soit des services de marketing, devaient nous assurer d'une avance sur nos concurrents. Lorsque l'innovation était brevetée, nous étions assurés d'échapper à la concurrence par les prix qui est toujours désastreuse. Mais comme il fallait innover dans chacune de nos divisions, nous devions dégager des initiatives pour chacune d'elles. Nous avions, en définitive, besoin de mettre un panier à provisions toujours plein à la disposition de nos forces de vente.

L'obsession du panier à provisions

Panier à provisions, l'expression paraît bien prosaïque. Elle évoque, en effet, le panier de la ménagère. Mais c'est bien de cela, justement, qu'il s'agit. Une bonne maîtresse de maison doit veiller à ce qu'on ne manque de rien chez elle, pour la cuisine comme pour la propreté et l'entretien des pièces et des meubles et j'ai toujours pensé qu'un bon dirigeant d'entreprise devait se comporter comme une bonne ménagère. Ce n'est d'ailleurs pas si facile, car il faut veiller à faire provision de bons produits, c'est-à-dire de produits susceptibles d'entraîner des succès commerciaux. Et il faut le faire constamment, de façon à renouveler les produits qui vieillissent, imaginer de nouveaux produits à lancer sur les marchés existants et se créer des opportunités nouvelles sur les marchés encore inexploités. Remplir le panier à provisions devait être, pour nous, une obsession.

Il faut d'abord disposer de professionnels de très haut niveau dans toutes les disciplines de l'entreprise. Car tout le monde est concerné : ceux qui, dans les laboratoires de recherche et les services de marketing, ont la charge des créations et ceux qui, dans les unités opérationnelles, sur la route comme nous aimons à dire, en ont parfois l'idée et en attendent toujours, avec leurs clients, le profit. Les clients d'ailleurs – je pense surtout aux coiffeurs, parce que ce sont des utilisateurs particulièrement avertis de nos produits – ont souvent, à ce sujet, une attitude ambiguë. « Encore un produit nouveau ! » Il arrive qu'un coiffeur se plaigne ainsi de la pression que nous exerçons sur lui du fait de nos créations incessantes. Mais le même coiffeur pouvait, quelque temps plus tard, accueillir notre représentant en le pressant de questions sur ce qu'il avait de nouveau à lui offrir. Cela montre bien que si le changement crée des problèmes, tout le monde accepte finalement de s'y soumettre, dès lors qu'il contribue à la satisfaction du consommateur.

La question est bien là : comment assurer la satisfaction du consommateur ? On s'est mis à son écoute, on s'est donné des yeux pour le voir et des oreilles pour l'entendre, on a pris conscience de ses exigences : comment transformer le concept en produit ? C'est en fait dans une espèce de mouvement brownien qu'il faut entraîner toute l'entreprise. Je n'ai jamais hésité à bousculer les structures afin d'organiser le désordre, car une certaine dose de désordre est indispensable à la création. Mais la démarche exige de chacun une grande force de caractère et c'est de cette qualité que nous avons toujours cherché à nous assurer lors du recrutement de nos collaborateurs. Accepter de « faire, défaire pour mieux faire », comme disait Eugène Schueller, et l'accepter à tout instant de sa vie professionnelle, c'est en effet renoncer, dans une large mesure, au confort des positions acquises dans un organigramme.

Mais, pour être véritablement créateur, le désordre ne doit pas être anarchique. Il doit procéder d'une méthode. La préparation des esprits en fait partie. « Avoir l'esprit préparé », la formule est de Pasteur et je me référais souvent à lui pour orienter vers la création les esprits de mes collaborateurs, depuis les vendeurs sur la route jusqu'aux chercheurs dans les laboratoires, en passant par les chefs de produits. Il faut dire que Pasteur était devenu pour moi la référence absolue, en raison de sa soif de création et de son audace. Il lui fallait de l'audace, en effet, pour s'aviser que la fermentation pouvait être due à certains micro-organismes alors qu'à l'époque il était admis qu'elle était due à une « génération spontanée » ; il lui fallut encore plus d'audace – car il n'était pas médecin – pour s'intéresser ensuite à la pathologie humaine et découvrir que les germes d'une maladie, une fois rendus moins actifs, pouvaient servir de vaccins contre la même maladie.

Pasteur avait obtenu son baccalauréat avec une note médiocre en chimie, ce qui ne l'avait pas empêché de devenir, par la suite, un grand chimiste, puis un grand biologiste. Je professais donc qu'à condition d'avoir, comme Pasteur, « l'esprit préparé », nous pouvions, dans notre petit domaine, nous autoriser tous les espoirs : une coloration de cheveux non agressive, une laque capillaire qui ne poisse pas et peut-être même, un jour, le moyen d'éviter la chute des cheveux.

Être fier de son métier

On ne travaille pas efficacement sans être fier de ce que l'on fait et l'on ne peut être fier de ce que l'on fait sans reconnaissance sociale de son métier. Au début de ma carrière, la sidérurgie et la grosse mécanique et, d'une manière générale, les industries lourdes produisant des biens d'équipement étaient en tête dans l'échelle des valeurs sociales. Cela s'accordait d'ailleurs avec les nécessités de l'après-guerre car la reconstruction rapide de l'appareil productif du pays dépendait de ces secteurs. Il a fallu attendre les Trente Glorieuses pour que les mérites des entreprises produisant pour la consommation commencent à être reconnus. Mais, dans les milieux industriels classiques, cette reconnaissance s'est toujours faite du bout des lèvres. Je crois pouvoir dire que L'Oréal n'a été vraiment prise au sérieux qu'à partir du moment où les milieux financiers et ceux de la Bourse, se sont rendu compte qu'elle était devenue la première affaire mondiale dans sa spécialité.

Je mentirais si je disais que je n'ai pas éprouvé de la satisfaction à constater, peu à peu, ce revirement. Mais je n'ai jamais considéré, et je crois que cela a été le cas de la plupart de mes collaborateurs, qu'il pouvait suffire à nous rendre fiers de notre métier. Nous sommes tous au service de la beauté, c'est sur cela que se fonde notre fierté. Et si nous sommes satisfaits de constater que L'Oréal est devenu le leader mondial dans sa spécialité, c'est parce que cela signifie que nous avons rendu la beauté accessible au plus grand nombre. La beauté et les soins corporels ne sont plus réservés à quelques *happy few*. Nous les avons démocratisés. C'est là notre premier motif de fierté. J'ajoute que nous avons, du même coup, contribué à démocratiser l'accès au bien-être et à la sensation d'être, comme on dit, « bien dans sa peau ». Je me permets de rappeler, à cet égard, l'argument publicitaire que nous avons utilisé pour notre premier déodorant corporel : « Être fraîche, c'est facile, le rester, c'est Printil. »

Notre deuxième motif de fierté tient au fait que nous fabriquons et commercialisons des produits de synthèse, mis au point par nos chercheurs dans nos laboratoires. Je sais bien que la mode est à l'écologie et qu'il est de bon ton de faire dans le naturel. Je me suis toujours refusé à ce genre de démagogie. Il faut être réaliste et garder à l'esprit que notre mère nature peut aussi se comporter comme une marâtre. Le soleil, par exemple, qui est la source de toute vie, est loin d'être toujours bienfaisant : nos recherches ont établi qu'une exposition prolongée et trop fréquente à ses rayons peut provoquer des lésions irrémédiables de la peau. C'est contre ces agressions que les laboratoires de L'Oréal luttent, depuis maintenant près de soixante-dix ans et nous sommes fiers de constater que l'efficacité des filtres solaires qu'ils ont mis au point et ne cessent de perfectionner est unanimement reconnue. Nous sommes également fiers de l'efficacité des moyens que nous mettons à la disposition du public pour lutter contre des désagréments apparemment mineurs de l'existence, mais qui sont parfois sources de troubles psychologiques graves : les rides, les mains sèches, les lèvres gercées, les cheveux gras, les pellicules, les cheveux blancs, sans parler de la chute des cheveux.

Il faut aussi avoir à l'esprit que la durée de vie des êtres humains s'allonge et que, de ce simple fait, un nombre croissant d'entre eux vont légitimement vouloir conserver, le plus longtemps possible, certains des attributs de la jeunesse, comme un visage avenant, des cheveux bien coiffés, des mains douces et des ongles soignés. Ils le voudront pour les autres, par exemple pour que leurs petits-enfants aient du plaisir à leur rendre visite et à leur témoigner leur affection par des embrassades et des caresses. Ils le voudront aussi pour eux-mêmes, pour qu'ils se sentent mieux. Il a même été établi par des tests cliniques que les soins corporels fréquents et la possibilité qui leur est donnée de se maquiller les yeux et le visage comme à l'accoutumée, ont un effet positif sur le moral et la guérison de personnes atteintes de maladies graves comme le cancer. Il est également bien connu que la coiffeuse et l'esthéticienne sont, après le kinésithérapeute, les employées les plus demandées par les malades dans les centres de rééducation fonctionnelle.

La note individuante ou l'attrait de l'insolite

La note individuante joue un rôle majeur dans les mécanismes de découverte de L'Oréal. Elle met en évidence un fait particulier qui, malgré son caractère insolite ou à cause de lui, peut être l'amorce d'un succès généralisé.

Ce passage du particulier au général, qui est caractéristique de la démarche inductive, est vieux comme le monde, puisqu'il remonte, je crois, à Aristote. Au cours de mes études, j'avais été passionné par les fréquentes références qu'un de mes professeurs de philosophie faisait à John Stuart Mill et à sa théorie des coïncidences constantes, « l'art d'inférer que ce que nous savons comme vrai dans certain cas particulier sera vrai dans tous les cas qui ressemblent au précédent sous certains aspects bien définis ». En découvrant un jour, tout à fait par hasard, sur des rayons d'un petit drugstore américain un de nos produits de coloration qui n'aurait jamais dû s'y trouver, j'ai pu découvrir, du même coup, que certaines femmes américaines s'étaient attachées à ce produit réservé aux professionnels de la coiffure, au point de désirer l'utiliser elles-mêmes, chez elles. Je crois pouvoir dire que la prospérité de notre affaire américaine doit beaucoup au fait que, conformément à la démarche inductive, nous avons immédiatement recherché les généralisations possibles à partir de l'observation de ces cas particuliers, à première vue insolites.

Bien d'autres exemples me viennent à l'esprit. J'ai déjà dit plus haut que la chance nous avait souri, mais aussi que nous avions su la saisir pour faire des berlingots Dop un très grand succès commercial. Je peux citer aussi le cas de Suffrage. Dans les années 70, nous commercialisions, sur le marché de la coiffure, sous la marque Plix, un liquide de mise en plis qui paraissait bien accepté. Il me semblait cependant que ses ventes plafonnaient. Un jour, une amie me révèle au hasard d'une conversation, qu'elle juge le nom « dur ». Je fais faire une enquête qui nous apprend que les consommatrices, qui n'avaient jamais été interrogées jusque-là sur la marque, la jugent, en effet, plutôt abrupte. Il faut dire que le nom avait été choisi parce qu'il évoquait la mise en plis, mais qu'on avait abusé de ce rapprochement dans une rengaine publicitaire – « pli, pli, plix » – plutôt lassante. Le succès commercial était sans doute réel, mais il nous cachait des perspectives plus ambitieuses. Comme nous disposions, dans notre panier à provisions, d'une amélioration technique du produit, nous décidâmes de lancer le nouveau produit, à côté de Plix, en l'appelant Suffrage. Le succès fut considérable dans la plupart des pays européens, notamment en Allemagne. Mixa bébé est un lait que nous avions créé, comme son nom l'indique, pour la toilette des bébés. Un de nos collaborateurs nous apprend un jour qu'une mère de famille de son entourage avait pris l'habitude d'utiliser également ce produit ; il ajoute qu'intrigué, il avait interrogé d'autres mères au hasard de rencontres et s'était rendu compte que le cas n'était pas isolé. Nous n'avons même pas fait d'enquête plus approfondie tant le risque nous paraissait minime. « Bon pour bébé, bon pour maman » : ce message publicitaire très simple assura aussitôt le développement des ventes du produit.

Je me trouvais à Téhéran quelques semaines avant l'abdication du Shah. Le but de ce voyage avait été de décider la construction d'une usine sur place, dont notre agent iranien nous avait présenté le projet quelques mois plus tôt, en nous demandant de nous associer à son financement. Je connaissais bien le personnage qui était à mes yeux le symbole de l'esprit marchand oriental, et j'eus la surprise, en descendant de l'avion, de le trouver changé. À la question rituelle : « Comment va le chiffre ? », il répondit d'une manière évasive. Or je connaissais le chiffre : il était très satisfaisant. Comme il sentait mon étonnement, notre agent se borna à m'annoncer qu'il avait organisé, le soir même, en mon honneur, un dîner, en présence de nos principaux clients, les coiffeurs les plus célèbres de Téhéran. Ils étaient une bonne dizaine, mais ils parlèrent d'une seule voix pour me dire que, dans le Bazar, on considérait que le régime du Shah était désormais condamné, que, depuis la France, l'imam Khomeiny avait enflammé le peuple iranien, qu'on allait vers des jours très sombres et qu'ils me recommandaient de différer mon projet industriel. Inutile de dire que nous avons suivi leurs conseils. Mais la leçon que j'ai tirée de cette histoire est que la société civile, comme on dit, est souvent mieux informée que ne le sont les politiques. Il fut un temps où ces derniers savaient se prémunir contre les dangers de l'isolement. Il arrivait, par exemple, à Louis XI de quitter le Louvre discrètement et sous un déguisement, par des nuits sans lune, afin d'écouter le peuple...

Nous avons toujours eu la conviction, à L'Oréal, qu'une profusion de notes individuantes pouvait naître de la fréquentation assidue des magasins, des boutiques et des salons de coiffure. C'est la raison pour laquelle j'ai toujours fait obligation à nos directeurs de consacrer à ces sorties sur la route au moins une journée par semaine. Rien n'isole plus, en effet, que le travail d'état-major. À vrai dire, la recherche de l'insolite est maintenant comme une seconde nature chez tous nos collaborateurs.

Créer et exploiter des humus

Une entreprise est comme un végétal. Elle a besoin, pour se développer, d'un sol fertile et de terreau, ou d'humus, comme nous avions choisi de dire à L'Oréal. L'humus, on le sait, résulte d'une lente accumulation, dans le temps, de fertilisants naturels.

Lorsque l'humus est riche, toutes les récoltes sont possibles. Je l'ai montré à propos de Garnier. Cette affaire n'avait rien d'attirant pour un financier et sa valeur comptable était d'ailleurs très négative. Mais j'avais senti que son humus était d'une grande valeur, qu'il suffisait de le retravailler et de l'entretenir pour faire de Garnier une magnifique affaire. À l'inverse, il est extrêmement difficile de développer une entreprise lorsqu'on ne dispose pas d'un bon humus. C'est précisément dans cette conjoncture défavorable que je me suis trouvé à la fin des années 50. Nous avions, en effet, le handicap de la fusion juridique de L'Oréal et de Monsavon et de l'association des deux marques, qui se manifestait jusque dans les en-têtes de factures. Ces initiatives avaient été prises d'une manière irréfléchie, sous l'influence d'un administrateur de L'Oréal qui se piquait de stratégie financière. Les coiffeurs les avaient ressenties d'une manière très négative, car elles revenaient, à leurs yeux, à associer L'Oréal, la Maison du Coiffeur, à une affaire qui vendait des savonnettes en épicerie « à côté des pommes de terre ». Je me suis tiré de ces difficultés en cédant l'affaire Monsavon à Procter & Gamble, en faisant commercialiser le shampooing Dop par une structure différente de L'Oréal, en lançant des campagnes de publicité de grande qualité au sujet de nos produits de coloration et enfin, grâce au succès foudroyant et à l'image prestigieuse d'Elnett. À vrai dire, j'étais tellement préoccupé par la détérioration de l'humus L'Oréal que je m'étais abstenu, dans un premier temps, de faire signer Elnett par L'Oréal. Le produit s'est suffi à lui-même et, par la suite, tout s'est passé comme si L'Oréal avait bénéficié de l'humus Elnett pour s'imposer sur les marchés publics en y enrichissant son catalogue de produits.

Je dois ajouter que la collusion Monsavon-L'Oréal s'était uniquement produite sur le marché français. Nos filiales européennes avaient donc bénéficié à plein de la reconstitution de notre humus coiffure, de la notoriété des grands coiffeurs français et, d'une manière générale du prestige dont bénéficiait Paris, capitale de la mode. Partout, sauf dans le cas particulier de l'Amérique, l'humus de la coiffure nous a incontestablement aidés à développer nos activités sur les marchés publics. Il suffit d'ailleurs, pour en comprendre les raisons, de songer à l'effet multiplicateur de notoriété qu'a pu représenter dans les phases de conquête des marchés publics, la fréquentation des salons de coiffure par des millions de femmes qui y consommaient nos produits.

Éloge de l'aphorisme

Eugène Schueller avait le goût de l'aphorisme : le commerce, c'est du caoutchouc – faire, défaire pour mieux faire –, un pied sur le frein, un pied sur l'accélérateur. Il en usait en toute occasion et se défendait de le faire par coquetterie intellectuelle. « C'est pour mieux me faire comprendre », disait-il.

Ce style me convenait car je crois avoir toujours eu le souci de prendre le temps de concevoir avant d'agir, de sorte que, quand j'ai eu à diriger d'autres hommes, il m'a paru naturel de leur demander d'en faire autant. Ce faisant, j'avais bien sûr conscience d'être parfois réductionniste, mais le recours à l'aphorisme pour définir le cadre de l'action des autres me donnait le moyen de les commander sans avoir à m'immiscer dans leurs processus de décision. C'est dans cet esprit qu'au début des années 70, j'ai voulu stigmatiser « l'impérialisme et les impérialistes de l'informatique » pour faire comprendre à nos informaticiens qu'il leur fallait se convertir à la petite informatique conviviale. À la même époque, j'ai lancé dans la Maison le slogan du taylorisme à l'envers, car ces trois mots me paraissaient résumer toute la révolution qu'il convenait d'opérer dans le domaine de l'organisation de la production. J'ai tout naturellement fait de même pour inciter les gestionnaires et les comptables à une humilité salutaire.

La méthode m'a paru devoir plus encore s'appliquer à nos hommes de marketing, chez lesquels je devais constamment lutter contre les tendances technocratiques et l'impérialisme des chiffres. J'avais à l'esprit ces réflexions de Deming sur les *young executives* américains : « Ils sont obnubilés par les chiffres, pas par les produits. Ils ne pensent qu'au profit maximum, mais pas à l'excellence du produit et ils ne se rendent pas compte que les chiffres sont toujours trompeurs. Ils connaissent tous les chiffres visibles, mais ne savent rien des chiffres invisibles. Qui peut mettre un prix sur un consommateur satisfait et qui peut se rendre compte du coût d'un consommateur insatisfait [1] ? »

Je devais aussi tenir compte du fait que, contrairement aux hommes de production, aux comptables et aux informaticiens, les hommes de marketing ont, tous les jours, à prendre des initiatives dans tous les endroits du monde où nous exploitons des marchés. Le fait de recourir à leur intention, en toute occasion, à des slogans, des clichés ou des mots d'ordre forgés dans l'action, dans un langage vernaculaire, présente plusieurs avantages. Il permet d'orienter l'action ou, ce qui revient au

1. Longtemps incompris dans son pays, l'Amérique, Deming a été invité par les Japonais à appliquer à leur industrie ses idées sur la production industrielle de la qualité. Il a grandement contribué au renouveau de l'industrie japonaise.

même, de censurer toute initiative qui ne soit pas cohérente avec le principe d'action. Il constitue le meilleur des ciments pour assurer, dans l'élan, la cohésion d'une grande organisation. Enfin, comme ces mots d'ordre sont concis et en nombre réduit, ils permettent de communiquer d'une manière somme toute très économique, l'esprit dans lequel nous souhaitons que l'on agisse, partout dans l'entreprise, pour exploiter au mieux les opportunités qu'offre le panier à provisions.

On ne trouve dans un marché que ce qu'on y a mis

J'ai été très étonné de trouver, un jour, des croissants comme à Paris sur le plateau de petit déjeuner que l'on m'avait servi dans mon hôtel à Tokyo. Mais cet étonnement s'est changé en stupéfaction lorsque j'ai constaté que ces croissants étaient absolument délicieux. J'ai mené ma petite enquête et appris qu'il y avait des croissanteries au Japon. Le phénomène était récent, il était dû à l'audace de quelques entrepreneurs qui s'étaient dit que, si le marché des croissants n'existait pas au Japon – ce que toutes les enquêtes confirmaient d'ailleurs – c'était tout simplement dû au fait que personne n'avait encore eu l'idée de mettre des croissants sur le marché japonais.

À l'inverse, un de mes amis m'a rapporté, qu'envisageant de changer sa voiture, il avait visité, à la fin des années 90, plusieurs concessions de marques européennes. Partout, il avait constaté une offre abondante de voitures en stocks, disponibles par conséquent, « après quelques heures de préparation ». En revanche, il avait eu beaucoup de difficultés à trouver une voiture en stock équipée d'une boîte de vitesse automatique. Comme il s'en étonnait, on lui avait invariablement répondu : « Il n'y a pas de marché pour ça en Europe ; on n'est pas en Amérique. »

Comment pourrait-il y avoir un marché pour un produit qu'aucune entreprise n'a jamais mis sur le marché ? J'ai rarement entendu des hommes de marketing se poser cette question. Ils se bornent généralement à ce constat stérile : « Il n'y a pas de marché. » Cela tient au fait qu'ils ont été formés à l'analyse des marchés existants. Ils savent, en pareil cas, proposer des initiatives pour améliorer la position d'un produit. Mais ils sont démunis face à un marché qui n'est pas encore ouvert, parce que, par définition, les besoins des consommateurs ne s'y manifestent pas et, s'ils s'y manifestent, ne sont pas satisfaits. Parce que nous sommes convaincus, à L'Oréal, qu'on ne trouve sur un marché que ce qu'on y a mis, je crois pouvoir dire que nous sommes des ouvreurs de marché. Mais cela n'est jamais facile, car la démarche se heurte systématiquement, à l'intérieur même de la Maison, à la résistance de nombreux collaborateurs. Les uns, obnubilés par les analyses de ce qui existe, sont incapables de flairer les ouvertures possibles et vont même jusqu'à nier leur existence. Les autres reculent devant les risques : les mentalités de gestionnaire l'emportent alors sur l'esprit d'entreprise. Mon rôle, à la tête de L'Oréal, était de vaincre ces résistances.

« Il n'y a pas de marché de déodorants corporels en France ! » C'est ce qu'était le premier à dire le président de l'entreprise qui exploitait Odorono, la seule marque sur le marché à l'époque. Il ne se rendait pas compte qu'il exploitait en réalité le tout petit marché des mauvaises odeurs corporelles. Nous avons littéralement fait éclater ce marché en jouant sur une dimension qu'Odorono laissait inexploitée, celle du bien-être et de la fraîcheur corporels. Et il ne fallait pas être sorcier pour s'aviser que cette dimension était beaucoup plus porteuse que l'autre : au début des années 60, on ne trouvait sur le marché qu'Odorono, mais le marché plafonnait à 500 000 unités par an. Cinq ans après son lancement, Printil atteignait, en France, 6 millions d'unités. Aujourd'hui, le marché est de 150 millions d'unités. On y trouve sans doute autant de produits de la concurrence que de produits du groupe L'Oréal. Mais ne vaut-il pas mieux avoir la moitié d'un grand marché que la totalité d'un petit ?

« Il n'y a pas de marché pour les produits de revente chez les coiffeurs ! » C'est en nous opposant à cette idée reçue que nous avons réussi à faire de Kérastase une magnifique affaire.

Dans les années 60, la seule marque importante de rouges à lèvres était, sur le marché français, Rouge Baiser. Mais c'était un très petit marché, en comparaison des États-Unis. Quant au marché des vernis à ongles, il était, selon le même critère de comparaison, véritablement minuscule : les enquêtes montraient d'ailleurs que les femmes étaient, à l'époque, généralement réfractaires aux vernis. Nous avons vite compris que si ces marchés étaient comparativement si développés aux États-Unis, c'était parce que les produits qui y étaient commercialisés étaient d'une bien meilleure qualité que ceux dont on disposait en France. Nous avons donc commencé, comme nous le faisons toujours en pareil cas, par nous assurer un bon produit. Nous avons, pour cela, décidé de copier les Américains pour pouvoir les dépasser. Gemey a été le fer de lance de cette stratégie, grâce à la nouvelle formulation de rouges à lèvres et de vernis à ongles qui a été mise dans son panier à provisions. Restait à le faire savoir. « Rouge... rouge... rouge... de Gemey ! », une véritable symphonie rutilante, voluptueuse et élégante apparut à la télévision, dans les films publicitaires, créant autour des produits Gemey une ambiance de grand raffinement. Rouge de Gemey fut vite sur toutes les lèvres, au propre comme au figuré. Avant ces initiatives, on visait le million d'exemplaires pour les deux rouges réunis, avec toujours les mêmes fausses justifications de la pusillanimité : « Le marché ne peut pas permettre d'aller plus loin. » Dès que les films publicitaires furent réalisés et compte tenu du supra de qualité de nos produits, j'ai tout de suite fixé cinq millions d'unités comme objectif pour l'année de démarrage de l'opération Gemey. Cet objectif fut tenu, tout simplement parce que le marché potentiel était beaucoup plus important que nos collaborateurs ne le croyaient et aussi parce que nous avions d'excellents produits à mettre sur ce marché avec en plus, je dois ajouter, un prix très attractif par rapport aux produits concurrents. Ce fut le point de départ d'une splendide aventure : l'affaire Gemey, incorporée depuis à Maybelline, n'a pas cessé, depuis, de prospérer.

La vache fait son veau

Dès qu'une unité opérationnelle – une division, une filiale ou un département – est devenue prospère, ses dirigeants doivent avoir le courage d'engager les dividendes de la prospérité dans de nouvelles aventures, donc de nouveaux investissements. Or ils inclinent plutôt à faire leur pelote sur les succès déjà acquis. Cela se comprend d'ailleurs. Le succès d'un produit est fait d'un subtil dosage de nombreux facteurs : sa qualité intrinsèque bien entendu, mais aussi la qualité de l'information publicitaire diffusée à son sujet, son prix, son conditionnement et jusqu'au graphisme de son nom, de sorte qu'on éprouve toujours la crainte que la réussite ne puisse se répéter facilement.

On retrouve ces tendances à la frilosité dans le comportement d'ensemble des entreprises au sein de l'économie. En France, par exemple, les grandes entreprises n'ont jamais été aussi prospères qu'en cette fin de millénaire. Mais, face aux difficultés, elles ont adopté des comportements paresseux. Elles n'ont qu'une idée, se recentrer sur leur métier, le fameux *core business* dont se délectent les analystes financiers de *Wall Street* ; elles fusionnent leur activité avec d'autres exerçant le même métier, elles remplissent un peu plus leurs caisses, mais se gardent bien d'investir dans de nouvelles activités, moyennant quoi elles entretiennent la crise par circularité. La grande leçon de l'Amérique est que son industrie cherche constamment de nouvelles frontières. Il suffit d'observer les entreprises de la Silicon Valley, mais aussi de voir qu'elles ont fait des émules partout ailleurs en Amérique, et pas seulement dans le *high-tech*. La vache fait son veau, le veau devient une vache qui refait un veau et ainsi de suite. Ce parler de la France profonde a un peu étonné, voire choqué mon entourage, au début. Mais on a fini par convenir qu'il exprimait bien ce que nous avions tous à l'esprit. Dès que j'en ai eu la possibilité, je n'ai pas hésité à faire sortir L'Oréal de son métier, la coiffure : nous sommes d'abord allés sur les marchés publics, ce qui était une aventure, ensuite de quoi nous avons fait l'acquisition de Lancôme, ce qui était plus aventureux encore car nous abordions un domaine qui ne nous était pas familier puisqu'il était scientifiquement dominé par la biologie et non par la chimie. Enfin, nous avons fait l'acquisition de Synthélabo, ce qui était tout de même follement audacieux.

La vache fait son veau, cela vaut aussi naturellement pour la politique de produits à l'intérieur d'un même métier, voire d'une même famille de produits. Toute notre politique d'autoconcurrence a procédé de cette idée.

Rester sur les boulevards

Lorsqu'un produit a fait la brèche et que sa marque est donc connue et appréciée d'un large public, il est tentant de profiter de ce succès pour faire endosser par la marque des produits différents de celui auquel elle s'est identifiée. C'est une solution de facilité, qu'en français vernaculaire on appelle charger la bête. Combien de projets ne m'a-t-on pas présentés qui consistaient, par exemple, à se servir de la marque Elnett, en raison de son extraordinaire prestige, pour appuyer le lancement d'un shampooing ou d'un *rinse*. Cela paraît si simple et si séduisant : laque Elnett – shampooing Elnett. Mais justement, c'est trop simple. Comme, par hypothèse, on s'appuie sur le succès de la laque, on se permet de négliger, au sujet du shampooing, beaucoup des paramètres qu'il faut régler pour en assurer le succès. La conception du shampooing se trouvant affaiblie, les risques que son lancement soit un échec sont accrus. Le pire est que, si c'est le cas, la laque en subira les conséquences.

Pour stigmatiser ces tentations dangereuses, j'avais l'habitude de dire à nos jeunes collaborateurs du marketing qu'ils devaient apprendre à respecter nos grands boulevards. Le boulevard Elnett, c'est le boulevard de la laque, ils devaient donc rester sur le boulevard de la laque et s'interdire d'en sortir. Nous avons lancé la marque Allurelle d'Elnett sur le boulevard Elnett car le besoin se faisait sentir d'une laque très légère. Nous avons lancé par la suite, toujours sur le même boulevard, le microdiffuseur Elnett, car nous voulions permettre aux femmes d'avoir, à portée de la main, un tout petit atomiseur, assimilable à un petit bijou, qu'elles pouvaient mettre dans leur sac et qui leur permettrait, lorsqu'elles se recoifferaient dans la journée, d'utiliser Elnett, sans devoir transporter un aérosol encombrant. Le microdiffuseur fut un grand succès commercial parce qu'il était resté, comme Allurelle, sur le boulevard des laques.

Je sais bien que la politique du boulevard est critiquée aujourd'hui et qu'on a mis à l'honneur, dans les *business schools*, le concept de marque ombrelle pour trouver un nouveau prétexte à « charger la bête ». On sortira avec bonne conscience des boulevards mais sans éliminer le risque de créer, à côté d'eux, des ruelles, des venelles, voire des impasses, alors qu'on aurait pu créer d'autres grands boulevards, parallèles aux premiers, ce qui veut d'ailleurs dire, en bon français, qu'ils ne sont jamais destinés à se rencontrer. Nous avons dû résister à la pression de beaucoup de collaborateurs qui trouvaient tellement plus simple de lancer un shampooing Elnett. Le gérant de notre affaire allemande était particulièrement insistant. « Elnett a été notre premier grand succès dans le domaine des produits publics, répétait-il. C'est si simple de lancer un shampooing Elnett qui viendra grossir notre chiffre de laque. Nous pourrons ainsi capitaliser sur la publicité et surtout nous améliorerons nos profits sans prendre de risques. » À court terme, il avait raison, mais ses arguments étaient trompeurs. Sa solution était une solution de facilité. J'ai dû faire preuve d'autorité pour obtenir qu'on y renonce, car je me doutais bien que le lancement d'un shampooing Elsève sur son propre boulevard se révélerait autrement plus difficile, non seulement en France, mais dans tous les pays européens.

Mais nous avions un bon produit, un magnifique conditionnement. Dans la marque Elsève, il y avait sève, et sève était un mot magique en France. Elsève, venant après Elnett, exprimait aussi la continuité ; même si cela n'apparaissait pas fortement, l'initiative procédait d'une logique de références successives de produits de qualité sous la raison sociale L'Oréal. Après deux ou trois années d'efforts, Elsève avait fait, à son tour, la brèche. Avec le recul, quand je considère l'extraordinaire développement qu'a eu Elsève avec les lancements successifs, sous cette marque, de shampooings adaptés aux besoins spécifiques des consommateurs, je suis en droit de penser que nous avons certainement échappé à un grand risque en refusant de mettre ces initiatives sous la marque Elnett. Plus que jamais, je suis convaincu de la validité de la théorie des boulevards.

D'autres entreprises ont eu une politique très différente, consistant à mettre sur un même boulevard, sous la même marque, des produits les plus divers : un déodorant, une laque, un shampooing, un gel pour la douche, des produits de maquillage. Je pense que c'était une erreur et d'ailleurs je n'ai pas eu connaissance de marques de ce genre qui aient pu faire de réelles percées sur les marchés internationaux.

La brèche ou le déterminisme du succès

C'est au début des années 60 que nous réalisâmes nos premières grandes percées sur le marché de la coiffure avec Colorelle et, sur les marchés des produits publics, avec Elsève, Belle Color, Garnier, Lancôme et Bienfait du Matin, et bien d'autres marques. C'est aussi de cette période que datent nos premières formulations de la théorie de la brèche. Il nous était apparu nécessaire de formuler cette théorie pour convaincre les dirigeants de nos filiales à l'étranger de l'intérêt qu'ils avaient à imiter nos succès. Je leur disais en substance ceci : « Nous vous apportons un excellent produit, qui a fait ses preuves en France, qui a un nom international et dont la diffusion sur les marchés publics peut s'appuyer sur l'humus de vos affaires coiffure. » Vous devez « vider la caisse » et concentrer toutes vos forces sur ce lancement. Je les poussais ainsi à prendre des risques et je le faisais avec d'autant plus d'impétuosité qu'il m'était facile de leur faire valoir que les risques d'échec étaient négligeables et que le déterminisme du succès était inscrit dans l'observation des coïncidences constantes. Ce qui avait été vrai en France, le serait forcément ailleurs, dans des conditions identiques. C'est ainsi que nous réussîmes, pour la première fois, à faire nos brèches sur les marchés publics dans tous les pays étrangers où la présence de L'Oréal était significative.

Par la suite, faire la brèche s'imposa de plus en plus impérieusement à nous en raison de l'essor de la grande distribution. Il fallut, en effet, consentir des investissements publicitaires massifs et d'autant plus importants que la vente en libre-service excluait la vente-conseil, telle qu'elle pouvait être pratiquée dans le commerce de proximité. Alors que, dans ce dernier cas, une opération de lancement pouvait s'assimiler à une charge d'infanterie sans grande préparation d'artillerie, nous étions désormais conduits à entreprendre, pour garder l'analogie militaire, des opérations de type Overlord. Dès qu'une tête de pont avait été établie sur un marché national, il fallait pousser ses avantages avec l'obligation de ne jamais se contenter d'un demi-succès, faute de quoi la concurrence aurait eu tôt fait de la transformer en demi-échec. En outre, la même obsession d'élargir et d'étendre la brèche pour faire pièce à la concurrence nous a très vite amenés à opérer nos lancements simultanément dans tous les pays dont le niveau de prospérité nous paraissait suffisant.

Quand on est devenu de bons praticiens de la brèche, il devient aussi plus facile de contrer les concurrents et d'éviter que leurs initiatives ne se transforment en succès. Quand un concurrent a fait lui-même la brèche, les ressources dont on dispose, face à lui, se limitent, le plus souvent, à des artifices promotionnels concernant le prix ou la publicité. Ces artifices sont coûteux et ne permettent jamais que des retardements. On sait les instructions que le maréchal Rommel avait données aux troupes allemandes dans l'attente du débarquement allié en Normandie : « Ne les laissez jamais prendre pied sur la plage... »

Le meilleur moyen de contrer l'initiative d'un concurrent est la diversion, qui consiste à lancer sans attendre un produit susceptible de s'imposer, par sa qualité, face à celui du concurrent. Pour cela, il faut disposer d'un panier à provisions bien rempli. Mais il y faut aussi du courage, car le concurrent a peut-être déjà fait son trou, comme on dit ; il a peut-être déjà créé, chez les consommateurs, l'habitude de son produit. Le risque que l'on ne parvienne pas à le contrer n'est donc pas négligeable. Pour vaincre leurs appréhensions devant ce type de risque, il m'arrivait de dire à mes collaborateurs que s'ils avaient parfois l'impression de jouer au casino, ils devaient aussi savoir qu'ils jouaient avec des dés pipés. « Avec la qualité de nos produits et notre intelligence du consommateur, nous disposons, leur disais-je, de moyens exceptionnels de détourner à notre avantage les lois du hasard. La seule faute que nous ne devons pas commettre est de sous-estimer nos concurrents. »

La frousse

Il faut constamment avoir à l'esprit que nous n'avons pas le monopole de l'intelligence, de l'ingéniosité et du savoir-faire. Dans la mesure où nous avons pu nous donner une avance sur nos concurrents et cela, Dieu merci, nous est souvent arrivé, nous devons tout mettre en œuvre pour maintenir cette avance.

Il faut toujours avoir la frousse d'être dépassé par un concurrent plus ingénieux. Je peux dire que, pendant les quarante-cinq ans que j'ai passés à L'Oréal, je n'ai pas cessé d'avoir la frousse des concurrents et je n'ai pas été mécontent de rendre ma frousse contagieuse à l'intérieur de la Maison. Eugène Schueller disait toujours de la concurrence qu'elle était comme du poil à gratter. « Les affaires sont difficiles, le soir on se couche avec à l'esprit ces difficultés : on a un poil à gratter dans le dos et, lorsqu'on se réveille, il est toujours là. La concurrence ne lâche jamais prise. »

La frousse des concurrents nous a conduits à adopter des attitudes réflexes en réponse à leurs moindres initiatives. Cela a parfois entraîné, je l'avoue, d'inutiles débordements d'énergie, mais cela faisait partie du prix à payer pour assurer notre sécurité. Il m'est même arrivé de devoir en faire les frais moi-même. Cela s'est passé, je crois, au milieu des années 60. M. Dauvergne, le collaborateur que j'avais chargé d'assurer les relations avec les organisations professionnelles de la coiffure, fait un jour irruption dans mon bureau et me lance : « Schwarzkopf organise un grand show pendant deux semaines, au théâtre des Champs-Élysées, pour tous les coiffeurs français. » Cette annonce m'a fait froid dans le dos. Schwarzkopf était un de nos grands concurrents allemands et, depuis que nous avions pris l'initiative sur le marché allemand, il ne cessait de nous attaquer en France. Mais cette fois, il semblait y mettre les moyens. Je décide donc de réagir sans attendre.

Nous avions l'habitude d'organiser des shows pour les coiffeurs. Pendant quinze jours, visitant des clients l'après-midi, animant une grande manifestation de la coiffure le soir, et accompagné d'une secrétaire – ce qui me permettait de m'occuper de mon courrier le matin, j'ai donc fait la tournée des grandes villes françaises, avec une équipe de mannequins et de coiffeurs démonstrateurs. Nous nous sommes produits successivement à Lille, Amiens, Rouen, Nantes, Bordeaux, Toulouse, Marseille, Toulon, Nice, Grenoble, Strasbourg, Metz et Nancy.

Après quoi, je me suis retrouvé à Paris, épuisé mais satisfait d'avoir fait mon devoir et surtout rassuré par la chaleureuse confiance que nos clients coiffeurs nous avaient partout manifestée. Je n'étais pas dans mon bureau depuis une heure quand Dauvergne vient de nouveau frapper à ma porte. « Cette fois, j'ai une bonne nouvelle pour vous, monsieur Dalle », s'exclame-t-il. Je m'attendais à des échos, forcément favorables, de mon tour de France. J'ai alors la stupéfaction de l'entendre me dire : « Vous savez, monsieur Dalle, je me suis trompé, ce n'est pas notre concurrent Schwarzkopf qui organise des manifestations pour la coiffure au théâtre des Champs-Élysées, c'est le théâtre des Champs-Élysées qui fait venir, pendant deux semaines, la grande cantatrice Elisabeth Schwartzkopf ! » Lorsqu'il apprit toute l'histoire, Dauvergne fut assez penaud. Moi aussi. Mais ce quiproquo, qui n'eut d'ailleurs que des effets positifs sur nos affaires, n'entama en rien ma résolution de réagir toujours très vite aux initiatives de nos concurrents, au risque de le faire peut-être encore, à l'occasion, trop vite.

Pour les produits publics, le panel est un des moyens dont on dispose pour se mesurer aux concurrents. Il s'agit d'états qui sont publiés périodiquement et donnent, pour les catégories de produits auxquelles on s'intéresse, les positions relatives des différentes marques sur le marché, soit par rapport aux achats des commerçants, soit par rapport à la consommation des ménages. Il n'est pas toujours facile de s'expliquer la baisse éventuelle de ce qu'on appelle, en jargon du métier, la position panel d'un produit : elle peut être due à une mauvaise publicité ou à un relâchement temporaire de la force de vente, absorbée par la mise sur le marché d'un nouveau produit ; elle peut aussi être due aux initiatives promotionnelles d'un concurrent – toutes causes qui, on le voit, pourraient avoir un caractère temporaire. Mais on peut se trouver aussi devant un phénomène plus grave dû, par exemple, à une banalisation de son produit par rapport à ceux des concurrents. On n'a jamais le droit d'écarter ce genre de possibilité. Il faut avoir la frousse du panel et, dès qu'il donne le moindre signe de fléchissement, il faut immédiatement se mobiliser.

Il faut, en particulier, se garder de considérer que les reculs sur le marché domestique pourront toujours être compensés par des avancées sur les marchés étrangers. Il ne faut pas sous-estimer les concurrents : s'ils vous font reculer sur votre marché intérieur, c'est qu'ils ont de meilleurs produits et que ces produits sont appréciés. Le déterminisme du succès va jouer à leur avantage et leur permettre de saisir toutes les possibilités de développement qu'offrent les marchés extérieurs et de vous en fermer l'accès. En bref, leur déterminisme du succès va devenir, pour vous, le déterminisme de l'insuccès.

Il est extrêmement grave, pour une entreprise, de reculer sur son marché domestique. Si elle recule, c'est qu'elle a perdu son supra de qualité et qu'elle s'est enfoncée dans le conservatisme gestionnaire : elle recule, elle fait alors des économies de gestion, elle continue donc à gagner de l'argent mais cela ne dure pas longtemps. Je constate d'ailleurs que le mal est général en France : on a négligé un grand nombre de nos activités industrielles sur le marché intérieur – par exemple l'électroménager, l'électronique grand public, le textile-habillement, la chaussure – et on s'est concentré sur des industries à vocation exportatrice, comme l'armement ou le matériel ferroviaire. Cela revient à faire de la conquête des marchés extérieurs l'échappatoire de nos carences sur le marché intérieur. J'en ai eu la démonstration éclatante, en 1983, à propos du dossier de l'industrie automobile française. Celle-ci venait de perdre 12 % de son marché intérieur en dix-huit mois et, comme je demandais aux responsables patronaux ce qu'ils comptaient faire, j'ai eu la stupéfaction de les entendre me dire d'un air assuré : « Ils sont venus chez nous, on ira chez eux. » Comme s'il était raisonnable d'espérer être performant à 1 000 km plutôt qu'à proximité de ses bases !

La caisse de compensation

Quand on se trouve responsable de plusieurs milliers, voire de dizaines de milliers de collaborateurs, on n'a pas le droit de risquer à la légère l'avenir de l'entreprise. Déjà à Monsavon, j'avais fait en sorte de disposer, avec la crème à raser d'abord puis les « petits parfums », d'une espèce d'assurance contre les difficultés de tous ordres que nous connaissions sur le marché de la savonnette. J'appelais cette assurance notre caisse de compensation. L'expression est restée dans le langage oréalien pour inciter nos dirigeants, surtout nos dirigeants lointains, donc relativement isolés, à ne jamais vider la caisse pour faire une brèche sans s'être assurés qu'en cas d'échec, ils pourraient disposer, dans d'autres activités, de ressources permettant de rééquilibrer leur exploitation et de regarnir leur caisse de compensation.

Ce qui vaut pour une filiale vaut aussi pour le groupe dans son ensemble. Au contraire de certaines grandes entreprises des plus prestigieuses qui se sont rendues très dépendantes de la pérennité de leurs opérations sur des marchés étrangers comme, par exemple, le Japon, nous avons toujours pensé, à L'Oréal, que cette pérennité n'avait rien d'assuré ; nous disions plus familièrement qu'elle n'était pas « inscrite dans la constitution ». C'est pourquoi nous avons toujours cherché à avoir plusieurs fers au feu en nous installant solidement dans plusieurs pays du monde. Dans les années 60, la prospérité générale de nos affaires nous a permis de prendre le temps de construire notre filiale allemande en luttant, pas à pas, contre une intense concurrence locale. Au début des années 70, nous avons pu nous appuyer sur la prospérité de l'Allemagne et de la Belgique, lorsque l'Italie, qui était responsable d'une partie importante de notre chiffre d'affaire, hors France, connut des difficultés économiques considérables du fait de l'agitation à peu près permanente qu'entretinrent dans ce pays, pendant près de dix ans, les mouvements politiques d'extrême gauche.

La caisse de compensation a joué, dans nos stratégies de développement, un rôle particulièrement important à partir du moment où nous avons été en Bourse, car il n'était alors plus question de nous assurer seulement le maintien de disponibilités de trésorerie : il fallait aussi être sûr que le résultat d'exploitation ne serait pas affecté par une contre-performance ici ou là. Cette nécessité de maintenir les grands équilibres financiers s'imposa d'autant plus à nous que nos initiatives prirent progressivement des dimensions de plus en plus importantes.

Le droit à l'erreur

Un président serait malvenu de refuser à ses collaborateurs ce qu'il s'accorde à lui-même. À vrai dire, les présidents qui stigmatisent l'erreur chez les autres sont souvent des présidents parachutés, issus de milieux financiers publics ou privés. Les dirigeants qui sont de réels professionnels de leur entreprise ont une attitude toute différente parce qu'ils savent, par expérience personnelle, qu'il n'est pas de meilleure façon de devenir expert dans un métier que d'avoir surmonté soi-même des erreurs. Certaines de mes erreurs étaient restées légendaires dans la Maison. Par exemple, à l'époque de Monsavon, j'avais trouvé tout à fait naturel de m'intéresser aux lames de rasoir après avoir réussi à mettre au point une excellente crème à raser. Il faut croire que l'idée de gamme était déjà dans l'air… Quoi qu'il en soit, les lames de rasoir Monsavon furent un *flop* parce que nous n'avions aucune compétence dans ce domaine.

Le fait de savoir que le président a fait des erreurs et qu'il est néanmoins président est évidemment, pour un jeune cadre, un encouragement à l'audace. Dans tous les domaines d'activité d'une entreprise, le progrès nécessite des remises en cause de ce qui existe, donc des prises de risque. Il nécessite aussi, souvent, de refaire ce que l'on a déjà tenté de faire, sans succès, dans le passé. « Vingt fois sur le métier remettez votre ouvrage... » Dans un de ses livres de souvenirs[2], Henry Ford s'étend longuement sur le sujet, dans un chapitre intitulé « On a déjà essayé ». Il se réfère en particulier à la coulée du verre en continu, procédé qu'il avait réussi à mettre au point avec quelques ingénieurs, malgré les avertissements désabusés que de nombreux collaborateurs prodiguaient à ces derniers. « On a déjà essayé, ça ne marchera pas. » Ford était tellement convaincu de la nécessité de constamment remettre en cause les certitudes qu'il en était arrivé à interdire à ses collaborateurs de rédiger des comptes rendus d'échecs d'expériences. On dit que Louis Renault en fit autant.

Le lancement d'un nouveau produit sur le marché comporte toujours un risque d'échec. Il faut, pour surmonter ce risque, des hommes courageux. Nos directeurs d'affaires doivent être des entrepreneurs, des audacieux, des parieurs, des risqueurs, tout le contraire de gestionnaires. Ces qualités sont d'autant plus indispensables que la politique de l'entreprise impose de lancer sans arrêt de nouveaux produits, de prendre des initiatives, ce qui exige des tempéraments fougueux. Tous ceux qui ont un minimum d'expérience du commandement savent bien que, pour diriger des hommes, il vaut mieux avoir à les retenir qu'à les pousser.

Du bon usage de la loi des 80-20

La loi dite des 80-20 doit son nom à un ensemble de constatations empiriques qui relèvent, manifestement, de la règle des coïncidences constantes. Par exemple, 80 % du chiffre d'affaires d'une entreprise ou d'un département sont dus à

2. Henry Ford, *Propos d'hier pour aujourd'hui*, Paris, Masson, 1992.

20 % de ses produits ou à 20 % de ses clients. Mais ce qui est intéressant, c'est le parti que l'on peut en tirer. Face à des constatations de ce genre, un contrôleur de gestion ne manque pas de recommander l'élimination des « petits clients » et des « petits produits » parce qu'ils coûtent plus cher qu'ils ne rapportent. Pour ma part, je suis plutôt enclin à me demander comment faire des petits clients de grands clients et des petits produits, de grands produits. Je me rappelle que dans mes premières années de directeur général de L'Oréal, en 1952 ou 1953, j'avais résolu de rendre visite à la totalité des coiffeurs de la ville de Vienne, en Isère, y compris les coiffeurs en appartement. Cela m'avait pris une bonne dizaine de jours, à l'issue desquels je m'étais rendu compte qu'en effet, L'Oréal faisait l'essentiel de son chiffre d'affaires avec une minorité de clients. Mais j'avais aussi remarqué que nos représentants avaient tendance à ne s'intéresser véritablement qu'à ces clients-là, au risque de négliger tous les autres.

Il faut aussi avoir à l'esprit que, dans nos activités pour le public, la croissance naturelle doit venir, pour une bonne part (et même peut-on dire, pour une part croissante), de la diversification des besoins des consommateurs. L'offre idéale est donc le produit personnalisé. Dans de nombreux secteurs, ce n'est plus une utopie : on sait fabriquer, aujourd'hui, sans supplément de prix, des chemises et des costumes sur mesure et même des automobiles assemblées, sur commande, pour tenir compte des choix personnels de couleur, de carrosserie, d'habillage intérieur, de motorisation, etc., exprimés par les consommateurs. À L'Oréal, nous aurions beaucoup de difficultés à enrichir à ce point notre offre de produits, parce qu'il nous est évidemment impossible de connaître individuellement les millions de consommateurs quotidiens de ces produits. Aussi nous efforçons-nous de segmenter nos marchés et de mettre au point des produits adaptés aux caractéristiques de chaque segment : par exemple, cheveux gras, cheveux secs, colorés et décolorés, à racine grasse et pointe sèche, etc. Mais cela nous oblige à maintenir des « petits produits » dans notre catalogue, bien qu'ils ne représentent, conformément à la loi des 80-20, qu'une partie minoritaire de nos activités. Plutôt que de les éliminer, nous nous sommes efforcés de réduire leurs coûts de production. À vrai dire, la seule contrainte que nous ayons est due aux principes de gestion de notre distribution et spécialement de la grande distribution, qui n'hésite pas à « déréférencer » un produit dès qu'il ne lui paraît pas mériter la place qu'il occupe sur les linéaires.

Nous n'avons jamais eu de problèmes de ce genre dans nos affaires de produits professionnels pour la coiffure, car nous étions, là, au contact direct de nos clients, les coiffeurs. Nous savons qu'ils tiennent passionnément à pouvoir appliquer des tons de coloration hors du commun – comme un rouge acajou ou un blanc grisonnant – bien qu'ils leur soient demandés par un petit nombre de leurs clientes. Ils y tiennent parce que cela contribue à l'image de leurs salons. Il y a aussi dans la coiffure, des « petits clients » comme il y a, dans chaque salon, des « petits produits ». Notre force de vente est à même d'apprécier, mieux que personne, la dynamique de la profession. Ici, c'est une petite main, employée dans un petit salon, mais dont le talent est tel que le petit salon, grâce à elle, est susceptible de devenir grand. Là, c'est une reprise qui s'annonce, avec des possibilités nouvelles. En tout cas, nous ne pouvons pas accepter l'idée que chacun des membres d'une profession que nous avons vocation à servir, ne puisse évoluer à cause de nous. C'est une question de déontologie.

La théorie des cycles de vie est enseignée avec beaucoup d'aplomb dans les *business schools*. Selon cette théorie, les ventes d'un produit commencent à croître pendant les premières années de mise sur le marché, puis se stabilisent, pour décroître ensuite ; en outre, la tendance récente serait que le délai s'écoulant entre la phase ascendante et la phase descendante se raccourcit de plus en plus. J'ai toujours été, à ce sujet, très circonspect. Je crois que le déclin des ventes d'un produit ne peut s'expliquer que par sa banalisation par rapport à des produits concurrents et que l'amélioration permanente de la qualité est le seul moyen de lutter contre le raccourcissement des cycles de vie. La multiplication des artifices promotionnels n'est qu'une solution de facilité qui se révèle, à l'expérience, coûteuse et inefficace. Nous nous sommes souvent trouvés, par exemple, dans la bataille des contenances, à l'initiative de concurrents dont le raisonnement consiste à augmenter, pour le même prix, les quantités vendues, par exemple la taille d'un flacon, en pensant que tout le monde y trouvera son compte : le consommateur auquel on ne manque pas d'annoncer qu'il aura, par exemple, « 30 % de produit en plus pour le même prix » et le fabricant, puisqu'il livrera ces produits gratuits à un coût marginal. Nos hommes de marketing éprouvent toujours la tentation de s'enfermer dans cette logique parce qu'elle leur semble indolore.

Le raisonnement ne vaut que dans le cas d'un marché nouveau. Dans tous les autres cas, qui sont les plus nombreux, les promesses sont illusoires. En effet, livrer 30 % gratuits sur un marché déjà bien établi et pratiquement saturé, c'est livrer, pour le même prix, 30 % de produit en plus. Dès lors, le marché total va nécessairement se réduire de 30 % pour l'ensemble des fabricants, ce qui représente, on l'admettra, une décroissance de chiffre d'affaires énorme pour chacun. C'est la raison pour laquelle j'ai toujours, pour ma part, défendu l'idée que face à la bataille des contenances il fallait plutôt investir dans la qualité des produits pour les rendre plus attractifs.

CHAPITRE XIV

Organiser le désordre

Le propos pourrait surprendre, voire choquer, dans la mesure où l'on n'y verrait qu'un jeu de l'esprit. Et, en effet, il peut se comprendre de deux manières : d'abord comme remettre de l'ordre dans ce qui est désordre ; mais nous avons tous fait cela tout au long de nos vies. J'entends au contraire, par organiser le désordre, promouvoir le désordre afin de faire échapper les individus à leur tendance au conservatisme. « Le mammifère, disait Monod, est l'animal le plus conservateur et, dans la catégorie des mammifères, c'est l'homme qui est le plus conservateur. »

Organiser le désordre a, en effet, consisté, pour moi, à endiguer le conservatisme rampant qui s'impose dans une entreprise avec d'autant plus de facilité qu'elle est prospère et qui a tôt fait de dominer la vie privée de chacun de nous, pour peu que nous nous abandonnions aux délices de la « rêveuse bourgeoisie ». Et puis il y a la routine des activités quotidiennes, et les dangers d'endormissement qu'implique leur ordre immuable. Comme disait l'autre, « c'est fou ce que la vie est quotidienne »...

Depuis la révolution industrielle, on n'a cessé de lutter contre la durée, les rigueurs et les dangers du travail humain dans l'industrie. On a découpé les tâches pour les rendre moins pénibles, plus faciles à exécuter, et en moins de temps. On a gagné en rendement individuel, mais on a perdu en motivation comme l'a si bien montré Charlie Chaplin dans sa caricature cinématographique des *Temps Modernes*. On a cru dépasser le problème, au moins dans les industries dites de *process*, grâce à l'automation. Les ouvriers en blouse grise ont été remplacés par des techniciens en blouse blanche que l'on a installés dans les confortables fauteuils des salles de contrôle, mais ils ont eu tendance à s'ennuyer devant les cadrans qu'ils étaient chargés de scruter.

Face à ces constats très banals, on s'imagine volontiers qu'il est possible d'échapper à la monotonie des tâches répétitives en s'engageant dans la course aux diplômes dès le plus jeune âge, afin de gagner sa place dans l'ascenseur social pour devenir cadre ou dirigeant dans une grande entreprise ou une administration publique. On se trompe. La loi de conservation du caractère acquis est souveraine dans ce genre d'organisation où tant de jeunes, spécialement en France, rêvent de faire carrière. Et personne n'y échappe. Le cadre commercial refait chaque jour les mêmes contrôles d'activité des équipes de vente dont il a la charge et répète sempiternellement les mêmes admonestations aux vendeurs défaillants ; l'ingénieur de production ne fait rien de fondamentalement différent dans les ateliers ; comme son nom l'indique, le chercheur cherche, et cherche souvent longtemps avant de trouver. Et il ne faut pas s'imaginer que les chefs d'entreprise échappent aux travaux répétitifs. Ils passent 80 % de leur temps à s'occuper de gestion opérationnelle courante, selon les mêmes routines, jour après jour, mois après mois, année après année. Le temps qu'ils consacrent à une réelle réflexion en profondeur est très bref, pour la plupart d'entre eux. « Je ne pense pas, je fonctionne », dut avouer un président d'université, un jour, dans un colloque !

J'ai eu autrefois comme collaborateur un ingénieur qui était un parfait opérationnel : ses ateliers étaient bien tenus, ses rapports avec les fournisseurs étaient excellents et efficaces, ses contacts avec le personnel d'une très grande qualité, son calendrier était toujours organisé d'une manière telle qu'il pouvait à tout moment se rendre disponible. En revanche, il était incapable de se mettre tous les matins devant une feuille de papier blanc et de se poser des questions fondamentales comme : « Notre qualité n'est-elle pas perfectible, notre productivité est-elle suffisante, nos représentants sont-ils seulement des vendeurs ou sont-ils capables de former nos clients coiffeurs à l'emploi de nos produits techniques, la sécurité de notre personnel est-elle bien assurée ? » Un beau matin, je résolus de lui poser ces quelques questions à sa place, en ajoutant que s'il parvenait à se détourner des affaires courantes pour pratiquer chaque jour, pendant quelques minutes, ce que nous avons fini par appeler entre nous « l'ascèse de la feuille blanche » et s'il avait le courage de le faire pendant deux mois, c'est-à-dire jusqu'à ce qu'il en ait pris l'habitude, je majorerais substantiellement son salaire. Trois semaines plus tard, mon homme jeta l'éponge. « Je ne peux pas réfléchir sans avoir devant moi un questionnaire bien cadré », me dit-il. « J'ai besoin d'un pense-bête », ajouta-t-il avec beaucoup d'humilité. « Devant une feuille de papier blanc, j'ai le vertige. L'exercice que vous m'avez demandé m'a beaucoup troublé. Vous ne m'avez pas fait du bien, car vous m'avez montré mes limites. » Bien entendu, je me suis efforcé de lui redonner confiance, en l'assurant qu'il ne s'agissait que d'un essai, dont il m'avait peut-être permis de mesurer l'inutilité.

Cet échec ne m'a pas empêché de reprendre l'expérience par la suite, pour constater cependant que la plupart des cadres que j'avais interpellés n'avaient jamais pu sacrifier à cette ascèse matinale et que, de ce fait, ils n'avaient jamais rendu à l'entreprise tous les services que celle-ci aurait pu obtenir d'eux. Il y avait, chez chacun d'eux, comme un refus de cette forme de désordre qui consiste à s'écarter du confort de la routine quotidienne pour tenter l'aventure de la réflexion prospective. Ce n'est que bien plus tard, lorsque je fus mis au courant des méthodes de créativité révolutionnaires mises au point par le Japonais Ohno chez Toyota, que je compris que l'on pouvait transformer les comportements individuels des cadres. Avant d'en arriver là, je me suis tourné vers la créativité de groupe. J'ai donc essayé le système de la conférence. Mais les séances de *brain-storming*, dont on fait si grand cas dans certains milieux industriels, se révèlent généralement stériles lorsque le groupe est formé de personnalités d'une même richesse de tempérament, d'une même formation universitaire, d'un même milieu, d'une même confession. Il fallait, pour progresser, qu'il y ait des chocs et pour qu'il y ait des chocs, il fallait organiser des confrontations. Je m'y suis employé, notamment en débaptisant la salle de réunion de notre siège social pour l'appeler salle de confrontation. Ces mots étaient d'ailleurs inscrits en toutes lettres sur la porte, de sorte qu'il est même arrivé plus d'une fois, à des visiteurs intrigués, de nous demander si ce n'était pas là que se tenaient nos débats avec les syndicats.

Les réunions de confrontation sont toujours fécondes dès lors que, parmi des participants dévoués, intelligents, appliqués, mais relativement conservateurs, se trouvent un ou deux esprits supérieurs, ou tout simplement différents, des fausse-garde, comme on dit à la boxe. Ces derniers sont généralement inconfortables, ils se rendent même parfois odieux parce qu'ils bousculent les ordres du jour, sont peu respectueux des convenances et de la hiérarchie. Mais on constate que, stimulés par eux, les autres sortent peu à peu de leur train-train et, en quelque sorte chauffés à blanc, se mettent à leur tour à formuler des propositions originales, dont ils n'auraient jamais eu l'idée s'ils avaient été livrés à eux-mêmes. « De la discussion jaillit la lumière » : combien de fois, au cours de nos confrontations, l'adage a-t-il reçu, à mes yeux, confirmation !

Pour rendre les confrontations plus fécondes, je me suis avisé qu'il fallait dépasser le stade des réunions où des commerciaux se retrouvent entre eux, des hommes d'usine avec des hommes d'usine, des hommes de laboratoire avec des hommes de laboratoire. J'ai donc instauré un système de travail consistant à réunir des collaborateurs de secteurs différents, par exemple des hommes de laboratoire avec des hommes de commerce et des responsables de production. Je fréquentais suffisamment les labos pour remarquer que nos chercheurs avaient tendance à s'installer dans la durée, qu'ils prenaient leur temps, qu'eux aussi donnaient dans le conservatisme en s'attardant dans des voies stériles, qu'ils sacrifiaient volontiers au perfectionnisme et finissaient par perdre le sens de leurs responsabilités vis-à-vis de l'entreprise. Je décidai un jour de les confronter avec d'autres collaborateurs chargés de présenter nos produits aux clientes des grands magasins. Mon initiative parut, à certains, assez déplacée, mais je voulais faire l'expérience. Nous avions tellement vanté l'importance et l'efficacité de nos laboratoires et fait si souvent état des espoirs que nous mettions en eux, que nos vendeurs et nos vendeuses avaient tendance à tout attendre de la recherche, même des miracles.

C'est alors que fusèrent les contestations et les suggestions d'amélioration. « Vous devriez faire ci, vous devriez faire ça. » Mes chercheurs étaient interloqués. À vrai dire, en organisant ces mêlées ouvertes, j'avais pour seule ambition de leur montrer que la bataille commerciale sur le terrain est dure, et que la vie des vendeurs est constamment perturbée par les exigences et les critiques des clients, que tout le monde est sous pression, loin de l'atmosphère feutrée des laboratoires. De ces discussions chaotiques naquirent de grandes améliorations de nos produits et parfois de véritables innovations. À la suite de ces succès, auxquels je me suis bien entendu arrangé pour faire la plus grande publicité dans la Maison, plus personne ne douta qu'il fallait donner un caractère institutionnel à certaines confrontations interfonctionnelles. Ce fut notamment le cas pour les chimistes des laboratoires de recherche appliquée et nos cadres de marketing, chefs de produits et assistants de chefs de produits. Dans les réunions de confrontation, ces derniers ont pour fonction de traduire à l'usage des chercheurs les exigences des consommateurs, des clients et des vendeurs et ils le font dans un langage généralement plus structuré que celui de nos conseillères de vente dans les grands magasins. Et comme le langage est plus structuré, il est plus vite compris et on gagne en efficacité. Il peut aussi, pour cette raison même, donner une image déformée de la réalité. *Traduttore, traditore,* la peur d'être trahi m'a toujours incité à imposer la participation d'au moins un vendeur dans des réunions de ce genre ! L'information saisie sur le marché, à l'état naissant, a une valeur inestimable car elle est encore pure de toute interprétation, donc de toute déformation. Mais il faut savoir que l'écoute du client, tel qu'il est – et non pas tel que l'on aimerait qu'il fût – est toujours dérangeante quand on la pratique avec rigueur. Elle est un ferment permanent de désordre. Elle oblige, en définitive, à organiser le désordre et à renoncer au confort de l'ordre établi.

CHAPITRE XV

La recherche, moteur de la croissance

J'ai découvert les disciplines de la recherche par nécessité

Je me suis souvent demandé pourquoi je m'étais intéressé de si près, tout au long de ma carrière, à la recherche et aux chercheurs alors que rien, dans ma formation comme dans mes antécédents familiaux, ne m'y avait préparé. Je crois, à la réflexion, que je le dois aux conditions dans lesquelles se déroulèrent mes premières expériences professionnelles, chez Monsavon d'abord, à L'Oréal ensuite.

Il devint évident, après la Libération, que le consommateur ne se satisfaisait plus de la médiocre qualité des savonnettes que lui offrait Monsavon. Au contact de l'eau chaude, celles-ci dégageaient parfois une odeur peu agréable de saindoux. Grâce à la mise au point de notre procédé de saponification en continu, nous sommes parvenus à sortir un produit d'une grande pureté. Mais cela ne suffisait pas. Le consommateur voulait aussi une savonnette qui mousse bien, soit bien arrondie pour bien tenir dans la main et y produire une mousse abondante ; il voulait aussi que la savonnette ne se fendille pas en séchant. Il fallait donc retravailler le produit. Nous avions peu de monde dans notre petit laboratoire, mais nous réussîmes à relever notre qualité en quelques années, à tel point que Procter & Gamble nous confia la production de sa savonnette Camay. Pendant cette période de travail acharné, j'ai côtoyé quotidiennement un personnage que j'ai déjà présenté au lecteur, Félix Lachampt. Mon intimité avec ce chercheur de génie remontait aux années de guerre, au cours desquelles il s'était attaché, avec John Seemuller, à la mise au point du procédé de saponification, dont il avait d'ailleurs eu l'idée. C'était un homme très frugal, qui menait une existence spartiate. Il travaillait très tôt chez lui avant d'arriver dans son laboratoire et, le soir, il était toujours parmi les derniers à quitter l'usine. De grande taille, le crâne dégarni, il portait des lunettes aux verres épais ; il était toujours accueillant et plein d'aménité, mais souvent distrait, de sorte qu'il faisait un peu figure de savant Cosinus. Il jeûnait régulièrement le vendredi et c'est peut-être grâce à son hygiène de vie qu'il put vivre jusqu'à 105 ans en conservant toutes ses capacités intellectuelles. Il avait deux dadas : la diététique et la théorie des émulsions.

C'était un autodidacte et justement parce qu'il n'avait pas de diplôme universitaire, il n'était capable d'expliquer ce qu'il faisait qu'en multipliant les entretiens. Cela me convenait, car je me rendais bien compte qu'il me faudrait du temps pour parvenir à le comprendre. Je le fréquentais donc assidûment ; il sentit que nous avions la même passion d'aboutir et, dans son domaine, il devint pour moi un véritable maître à penser. Il me fit percevoir ce qu'était l'essence de l'invention. Grâce à lui, il m'apparut que la recherche industrielle n'était pas forcément synonyme d'une très vaste érudition, que l'excès d'érudition pouvait même entraîner parfois le découragement et que les vertus cardinales du chercheur étaient l'imagination et l'acharnement. Pour Lachampt, elles étaient même la condition du bonheur et, comme il s'appelait justement Félix, j'ai eu brusquement un jour, devant lui, cette réminiscence de Virgile, qui tenait une grande place dans l'enseignement des Pères jésuites : « Felix qui potuit rerum cognosere causas », heureux celui qui parvient à accéder à la nature profonde des choses. Je compris aussi, ce jour-là, que les chercheurs devaient pouvoir s'isoler dans leur félicité, à l'abri des turbulences de tous ordres – social, technique, commercial ou financier – qui agitent la vie d'une entreprise.

Je devais cependant me rendre compte que l'isolement pouvait aussi provoquer, à la longue, la stérilité des travaux de recherche. C'est malheureusement ce qui s'était produit, à L'Oréal, sans que l'on s'en rende compte, lorsque j'y étais moi-même arrivé en 1948 : les quelques chimistes que nous avions s'étaient installés dans l'autosatisfaction et ils se refusaient à voir que les techniques de teinture pour cheveux qu'ils avaient développées étaient dépassées. Ils ne voyaient pas non plus que les produits chimiques disponibles sur le marché et à partir desquels ils formulaient leurs produits de coloration étaient la cause profonde de nos carences. Il en était d'ailleurs de même, à l'époque, pour les permanentes. Dans les deux cas, nous devions nous équiper pour développer nous-mêmes de nouvelles molécules.

Proposition et induction

Cela me conduisit à différencier et enrichir nos structures de recherche. En dehors de nos laboratoires de formulation, qui étaient désignés par Recherche appliquée, je décidai de créer des laboratoires auxquels nous donnâmes le nom de Recherche avancée ou de Recherche fondamentale, non pas pour singer le CNRS, mais tout simplement parce que cette recherche était plus fondamentaliste que l'autre. Elle fut animée par Gregori Kalopissis, un chimiste de nationalité grecque. C'était un inventeur, un pousseur, mais un pousseur d'une très grande subtilité ; c'était, à mes yeux, l'archétype de l'esprit de finesse. Charles Zviak, dont le calme et l'intuition, en même temps que le pragmatisme, firent merveille, avait la responsabilité de la Recherche appliquée. Lorsqu'il devint directeur général du groupe avant d'en prendre, à ma suite, la présidence, il confia ses responsabilités dans la recherche à Giuliana Ghilardi, qui sut animer ses équipes avec beaucoup d'efficacité, grâce à ses éminentes qualités scientifiques et à son tact. En 1960, au moment où la transformation des structures de recherche fut opérée, la Recherche fondamentale s'installa dans des bâtiments attenant à notre usine d'Aulnay. La Recherche appliquée resta à Paris, car elle y disposait de tout un réseau, établi de longue date, de femmes volontaires pour essayer nos nouveaux produits. Elle devait, plus tard, s'installer à Clichy lorsque notre siège y fut transféré.

Les implantations respectives des deux Recherches reflétaient d'ailleurs bien la façon dont elles devaient se situer l'une et l'autre par rapport au marché. La Recherche appliquée avait une longue pratique de la fréquentation des consommatrices, puisqu'elle était chargée de tester tous les nouveaux produits sur des consommatrices. En outre, nos représentants et les responsables de marketing fréquentaient assidûment les salles où s'opéraient les essais, car celles-ci servaient aussi de salles d'application des produits. Mais, comme nous l'avaient révélé, quelques années plus tôt, nos insuffisances sur les marchés de la coloration et de la permanente, la Recherche appliquée n'était pas toujours en mesure de résoudre tous les problèmes qui pouvaient se poser à nos produits. Elle devait donc passer la main, dans certains cas, à la Recherche fondamentale : c'est ce que nous avons appelé la filière de l'induction.

De leur côté, nos chimistes et nos physiciens, qui avaient souvent des titres universitaires de docteurs, étaient évidemment poussés par leurs travaux personnels, leurs recherches bibliographiques et leur fréquentation des congrès internationaux, à créer et proposer constamment des molécules nouvelles. Mais ils n'étaient pas en mesure de juger de l'utilité de leurs inventions. Il appartenait aux laboratoires de Recherche appliquée de prendre en charge les molécules qu'ils proposaient et de les incorporer dans de nouveaux produits à proposer au marché.

Nous nous trouvions donc en face de deux filières : d'une part la filière de l'induction remontant du marché, par l'intermédiaire des responsables de marketing, vers les laboratoires de Recherche appliquée et, le cas échéant, vers la Recherche fondamentale ; d'autre part, une filière de propositions, partant de la Recherche fondamentale vers la Recherche appliquée et aboutissant éventuellement à de nouvelles propositions de produits.

L'entrecroisement constant des deux filières a inspiré l'animation de notre recherche. Il était logique, cependant, que la valence induction se renforçât à mesure que l'on s'approchait du marché pour atteindre sa pleine intensité dans la fonction marketing. À l'inverse, c'est par sa capacité de proposition de nouvelles molécules susceptibles de générer de nouveaux produits que devait se distinguer la Recherche fondamentale. Ce mode de fonctionnement n'exclut pas les contacts de nos fondamentalistes avec les réalités du marché, mais de tels contacts ne peuvent être qu'épisodiques car, pour chercher et surtout pour trouver, les fondamentalistes ont besoin d'isolement. Il n'exclut pas non plus, bien au contraire, les confrontations de nos chercheurs avec d'autres chercheurs appartenant à des organisations extérieures, auxquels ils peuvent avoir recours pour mener à bien leurs travaux. Nous attendons, en somme, de nos fondamentalistes qu'ils se comportent comme des proposeurs vis-à-vis de l'aval de notre filière de R & D et comme des inducteurs vis-à-vis des Instituts extérieurs.

Réduire les tensions

Il m'appartenait de veiller à ces subtils dosages entre l'isolement et l'ouverture des chercheurs. Je ne faisais rien d'autre, finalement, en présidant tous les mercredis, une conférence réunissant les animateurs de nos deux Recherches. En ces occasions, j'étais d'autant plus enclin à exiger des fondamentalistes la patience et l'obstination que je ne refusais jamais d'évoquer avec eux les promesses de valorisation de leurs travaux par le marché.

Ces réunions du mercredi servaient aussi à réduire les tensions qui ne manquèrent pas d'apparaître. Les fondamentalistes avaient tendance à se plaindre des lenteurs que mettait la Recherche appliquée à expérimenter et valider leurs inventions. Ils lui reprochaient de ne pas voir clair, de ne pas sentir l'intérêt de leurs découvertes. Il faut dire que, pour un chercheur qui a passé des mois à mettre au point une famille de molécules nouvelles, les lenteurs inévitables du processus d'expérimentation, sans parler de son éventuel verdict négatif, peuvent être les sources de grandes déconvenues. À l'inverse, il pouvait arriver que les fondamentalistes se voient reprocher la lenteur de leurs travaux. De même, les laboratoires de Recherche appliquée pouvaient voir leurs propositions de nouveaux produits contestées par nos représentants, au contact du marché.

Certaines journées du mercredi me remplissaient d'espoir, d'autres, au contraire, étaient pleines de désillusions. On revivait les résultats de la recherche au jour le jour en s'efforçant de faire la distinction entre ce qui était près d'aboutir et ce qui nécessitait des remises en cause. À la fin de ces réunions du mercredi, je ne manquais jamais de me rendre, pour y passer un moment, dans les laboratoires. Le chercheur que j'allais voir était installé, en général, devant sa paillasse. Je me tenais à côté de lui et nous parlions de son travail. Cela me permit de comprendre que les chercheurs avaient grandement besoin d'être soutenus par la direction générale.

Les chercheurs, surtout les chimistes, ont tendance à cacher leur recherche à leur entourage. Le chimiste est un homme secret, il n'aime pas communiquer, il a peur qu'on lui vole ses idées. Les chercheurs que je rencontrais étaient tous des chimistes organiciens de différentes nationalités. Le patron était grec, de sorte qu'une petite colonie grecque se forma à l'intérieur de L'Oréal. Elle n'a cependant jamais constitué un groupe de pression. Nous avions également des Arméniens, c'étaient des esprits particulièrement brillants. Un chimiste de grande qualité, très travailleur et très créatif était à la tête des laboratoires de notre filiale allemande. Les chercheurs américains étaient, pour moi, plus difficiles à aborder, peut-être parce qu'ils étaient loin et qu'ils avaient une certaine tendance au particularisme. D'une manière générale, j'ai toujours été frappé par l'élévation d'esprit de certains de nos chercheurs et par l'étendue de leurs connaissances. Dîner avec l'un d'eux était toujours un régal. Le droit civil tourne autour de ce que l'on nomme la *causa remota*, la cause lointaine, et la *causa proxima*, la cause proche, de sorte que mes études juridiques m'avaient entraîné à rechercher le pourquoi des choses. Cette démarche, qui m'était familière, était aussi celle des chercheurs. Nous étions donc animés du même désir « d'accéder à la nature profonde des choses »...

Une prolifération d'innovations

La plupart de nos grands projets de recherche se sont étendus sur plusieurs années. Je pense à ce physicien qui avait été professeur de physique nucléaire à Athènes et qui, après être rentré dans la Maison, dut bien passer cinq années à étudier la nature du cheveu. Je pense aussi à l'une de nos meilleures chimistes qui, après avoir réalisé de nombreuses synthèses de nouvelles molécules aromatiques de coloration, m'avait déclaré un jour : « Nous sommes au bout du rouleau, nous avons tout exploré. » J'ai insisté, comme il m'appartenait de le faire, et l'avenir devait me donner raison, car elle fit une découverte très intéressante dans un domaine connexe. « Patience et longueur de temps font plus que force ni que rage. » Je peux dire que toutes les découvertes marquantes qui ont été faites dans nos laboratoires de recherche ont été autant d'illustrations de la sagesse de notre bon La Fontaine.

Nous avons toujours, dans tous les domaines, fait la chasse à la banalité. Certains de nos concurrents s'en accommodaient et cherchaient des compensations à la banalité de leurs produits dans la publicité et les promotions commerciales. Nous estimions au contraire que la mise en avant de sa performance technique permettait de faire prendre beaucoup plus rapidement, à un produit, sa place sur le marché, et à moindre coût. Je me bornerai à citer ici quelques-unes des innovations que nos laboratoires de Recherche fondamentale ont permises pendant que j'étais président, tout en précisant que le rythme de leurs inventions n'a fait que s'accélérer depuis.

La mise au point d'une molécule nouvelle a permis d'appliquer la permanente à froid avec de gros rouleaux et de rendre ainsi la chevelure plus souple. Peu après, grâce à l'adjonction d'un nouveau polymère, l'application du produit devait aboutir à un plus grand respect du cheveu. Nous étions dès lors en mesure de répondre efficacement aux reproches que les femmes faisaient couramment à la permanente classique d'être agressive et de donner à la chevelure un aspect moutonné qui n'était plus à la mode.

Mais je crois que, dans nos activités capillaires, les innovations les plus spectaculaires ont été dues au fait que nos laboratoires sont parvenus à maîtriser l'association, dans un même produit – liquide de permanente ou de mise en plis, shampooing ou produit de coloration – de polymères cationiques et de polymères anioniques. Chacun peut comprendre, sans être très savant, que cela revient à conserver dans un même produit, les effets respectifs de deux principes actifs que tout incite à s'amalgamer et se neutraliser mutuellement. L'utilisation de polymères composites permit d'obtenir des produits d'une efficacité accrue de lavage, de traitement, de tenue ou de coloration, tout en améliorant les qualités cosmétiques de la chevelure, c'est-à-dire sa souplesse, son soyeux et sa facilité de démêlage.

Nos deux groupes de laboratoires de recherche fondamentale et de formulation n'ont cessé d'améliorer les qualités de protection de nos produits solaires, notamment contre les rayons ultraviolets et les infrarouges, ainsi que leur commodité d'emploi, en les rendant moins gras.

La première molécule permettant de lutter efficacement contre la déshydratation de la peau est sortie de nos laboratoires en 1975. En même temps, ces derniers mettaient au point un ensemble de protocoles de mesure scientifique de l'efficacité des produits de soins de la peau, ce qui facilita et permit de valider les perfectionnements que nous ne cessâmes d'apporter aux produits de Lancôme, de Vichy, puis de Biotherm et d'Helena Rubinstein, en poursuivant deux axes majeurs de recherche : lutter contre le vieillissement et faciliter l'hydratation de la peau. Ces recherches aboutirent, au milieu des années 80, à la mise au point du « système niosome » qui permet de soigner l'épiderme par application d'une crème à structure microsphérique.

Le même souci d'associer le soin et la tenue à l'esthétique a également inspiré le développement de nos produits de maquillage. La réalisation, par nos laboratoires, de deux cires de synthèse permit de mettre au point, en 1981, des rouges à lèvres répondant à ces objectifs pourtant difficiles à concilier.

Appliquée aux poudres, la technique des microsphères permit d'obtenir des fonds de teint d'une grande douceur à l'étalement, avec un effet de matité supérieur.

Mais les progrès les plus nombreux ont pu être réalisés dans le domaine des soins de la peau, grâce à la création de nos laboratoires de biologie et aux impulsions que je n'avais cessé de leur donner.

Nous créons des laboratoires de biologie

À partir du moment où nous nous sommes intéressés à la cosmétique, nous avons été conduits à nous intéresser aussi à la biologie. J'ai eu beaucoup de difficultés à persuader de cette nécessité les responsables de nos laboratoires de recherche en raison de leur culture de chimistes organiciens. J'ai demandé à Charles Zviak de se rendre aux États-Unis afin de bien comprendre l'importance des laboratoires de biologie dans nos activités.

Les chimistes organiciens jouent avec les molécules, comme on joue avec un jeu de construction. Telle que nous la pratiquions, la chimie était une science à peu près exacte. Dans le domaine de la biologie, au contraire, il faut, pour y voir clair, expérimenter, tâtonner sans cesse, car la matière vivante échappe toujours, d'une manière ou d'une autre, à notre compréhension. On se trouve souvent dans l'obscurité. Créer de nouveaux tests, éliminer les tests dont on s'aperçoit qu'ils ne servent à rien, sont des choix difficiles. Entre chimistes et biologistes l'approche est très différente. Nous avions des chimistes organiciens de grande valeur, il fallait que nous trouvions des biologistes. Cela prit du temps.

Nos laboratoires de Recherche fondamentale se sont donc enrichis d'un laboratoire de biologie intégrant les fonctions suivantes : pharmacologie – pénétration cutanée – histochimie – biochimie – toxicologie. L'organisation des autres laboratoires est restée inchangée : la chimie de synthèse (colorants, tensioactifs, thiols, polymères, solaires, analyses) et la physique (électronique, mesures, métrologie). Quant à la structure des laboratoires de Recherche appliquée, elle continuait de refléter celle du catalogue de produits du groupe (coloration, permanentes, shampooings, etc., traitement de la peau, maquillage, fards, émulsions, etc.).

La qualité des chercheurs est plus importante que leur nombre

En 1945, il devait y avoir vingt-cinq chercheurs dans tout le Groupe L'Oréal. Au décès d'Eugène Schueller, ils étaient une centaine et, lorsque j'ai pris ma retraite, vingt-huit ans plus tard, il y avait environ mille chercheurs pour le capillaire et la cosmétique, auxquels s'ajoutaient cinq cents chercheurs dans la pharmacie, chez Synthélabo. L'effectif des chercheurs s'est naturellement accru depuis. Bien entendu, je n'ai jamais manqué de faire état de l'importance de notre recherche dans mes interventions publiques et notamment lors des assemblées générales de L'Oréal. Je voulais m'opposer ainsi à la réputation qui nous était faite, en raison de nos gros budgets, d'être essentiellement une entreprise publicitaire.

Les chercheurs sont des êtres fragiles. Je voulais qu'ils se rendent compte que nous avions de la considération pour eux et que la prospérité de l'entreprise et son avenir dépendaient des résultats de leurs travaux. Je m'efforçais, à l'occasion des congrès de cadres ou lors de nos réunions commerciales, d'exalter les résultats de notre Recherche et, ce faisant, j'étais sûr que mes propos s'inscriraient profondément dans la conscience de nos collaborateurs. Cette reconnaissance soutenait le moral des chercheurs et attisait leur ambition de trouver mieux pour trouver plus.

C'est sans doute parce qu'ils savaient l'attachement que toute l'entreprise avait pour eux, que nos chercheurs nous sont restés fidèles. Jamais, pendant que j'étais président nous n'eûmes à nous plaindre d'indiscrétions et encore moins de trahisons. Certes, certains chercheurs avaient des difficultés caractérielles pour travailler avec leurs collègues. Il appartenait à leurs directions de réduire ces tensions mais ce n'était possible que dans la mesure où ceux qui dirigeaient étaient eux-mêmes unanimement considérés comme étant les meilleurs. J'avais eu l'occasion de me rendre compte, au sein d'associations comme l'Institut de l'entreprise, que beaucoup de mes pairs, qui avaient pourtant des formations d'ingénieurs, avaient adopté, à l'égard de la Recherche, une attitude plus distante et je dirai même plus méfiante que la mienne. La Recherche, estimaient-ils, doit être gérée avec soin pour éviter les aventures budgétaires et doit être dirigée, par conséquent, par un collaborateur choisi pour ses talents d'administrateur. Les chercheurs sont des poètes et il m'a toujours semblé, au contraire, que les gestionnaires ne pouvaient comprendre les poètes.

Gérer, c'est compter et, à ce jeu, on a vite fait de se satisfaire des apparences de la recherche. Il importe certes, de faire état du nombre de brevets qu'une entreprise dépose chaque année et nous n'avons jamais manqué de le faire à L'Oréal, mais nous connaissions des entreprises concurrentes dont les brevets étaient nombreux, mais souvent d'une importance secondaire. L'autre critère de mesure qu'affectionnent les administrateurs de la Recherche est l'effectif des chercheurs. Les milieux boursiers en raffolent, comme ils raffolent de la « masse critique ». C'est qu'ils excellent à confondre le nombre et la qualité. Certes, il faut une certaine masse critique de chercheurs pour rester présent dans la compétition moderne, mais la masse critique est relativement facile à atteindre : c'est une question d'argent. En revanche, pour mettre à la tête de la Recherche des dirigeants de qualité, il faut autre chose que de l'argent : il faut beaucoup d'obstination et beaucoup d'esprit critique. Il faut aussi avoir la chance de trouver quelques esprits supérieurs, car sans esprits supérieurs, on n'aboutit à rien. Mais il faut aider la chance et, pour cela, se mettre en tête de promouvoir les esprits supérieurs qui existent dans l'entreprise et ne pas hésiter à en rechercher, si nécessaire, en dehors de l'entreprise et même en dehors du pays.

Comment ne pas se référer, à propos des gestionnaires, aux critiques que faisait Deming d'une certaine engeance de dirigeants américains ? « Ils ne connaissent que les chiffres. »

Qui peut mettre un chiffre derrière un laboratoire performant ? Et un autre derrière un laboratoire qui ne l'est pas ? Et, à propos de la masse critique, il est bon d'avoir à l'esprit que, pour la plupart, les prix Nobel ont travaillé avec des moyens réduits. Les grandes découvertes en microbiologie ont été faites par Jacob, Monod et Lwoff, à l'Institut Pasteur, avec des équipes restreintes et dans des conditions matérielles assez précaires. Il en fut de même pour l'identification du virus du sida par l'équipe du professeur Montagnier. La masse critique fait aujourd'hui partie de la pensée unique et il me semble que beaucoup de dégâts sont commis en son nom. J'écoute, d'une oreille très attentive, toutes les rumeurs qui circulent sur les grandes fusions du moment. Il y a beaucoup à dire sur le caractère généralement dramatique de leurs conséquences sociales dans tous les domaines de la vie des entreprises qui fusionnent. Mais je voudrais souligner ici celles qui concernent le domaine de la recherche. Comment peut-on imaginer, en effet, lorsque fusionnent deux grandes entreprises pharmaceutiques très étoffées en chercheurs et en matériel, qu'on puisse trouver, à l'intérieur du géant résultant de la fusion, la paix et la quiétude nécessaires pour que les chercheurs puissent se concentrer sur leurs travaux, alors même que les luttes d'influence et les luttes pour le pouvoir fourmillent ? Pour trouver, il faut des esprits supérieurs, car seuls les esprits supérieurs sont capables de s'entourer d'autres esprits supérieurs susceptibles de trouver à leur tour. Si j'avais dû, au départ de ma carrière, m'attarder à des considérations oiseuses sur la masse critique de nos laboratoires, j'aurais été frappé de paralysie, car nous n'avions, à l'époque, que bien peu de chercheurs.

J'ai toujours pensé que notre expansion dépendrait, avant tout, de l'excellence d'une poignée de chercheurs passionnés d'aboutir. Notre chance a été de les trouver, mais je crois que nous l'avons beaucoup aidée.

CHAPITRE XVI

La publicité au service de la performance

Le temps de la réclame

Avant guerre, c'est-à-dire à l'époque du « capitalisme sans abondance », bien peu d'entrepreneurs se préoccupaient de stimuler la demande de leurs produits. Je me rappelle même avoir vu, sur la façade de certains magasins, des calicots annonçant fièrement « la Maison ne fait pas de publicité ». Les manifestations publicitaires étaient donc rares et c'est sans doute ce qui explique que des hommes de ma génération aient pu en garder, après tant d'années, un souvenir assez précis. Je revois distinctement l'affiche représentant, de dos, une petite écolière, avec sa blouse et ses couettes, juchée sur la pointe des pieds pour écrire besogneusement chocolat Meunier sur un mur. Et le bébé Cadum avec ses cheveux frisés, le fantassin sénégalais s'exclamant muettement, de toutes ses dents éclatantes de blancheur, « y'a bon Banania » ! Et la Vache qui rit, le quinquina Saint-Raphaël et le savon Le Chat !

J'ai encore en mémoire quelques slogans radiophoniques comme « un meuble Lévitan est garanti pour longtemps », ou bien « André le chausseur sachant chausser », une prouesse de diction qui nous amusait beaucoup ou encore, dans un genre très différent, « la quintoni-neu, la quintoni-neu ». Heureuse époque où il suffisait, pour faire réclamer les produits par les consommateurs, d'énoncer leurs noms avec, il est vrai, une certaine insistance ou bien de les montrer sur des affiches ou dans les pages d'un journal. On se bornait à faire de la réclame. J'ajoute que, lorsqu'on estimait devoir argumenter, on n'y allait pas par quatre chemins : « Enfoncez-vous ça dans le crâne », annonçaient les-petites-pilules-Carter-pour-le-foie ! Et, pour mieux se faire comprendre, elles ajoutaient un dessin représentant un clou à moitié enfoncé dans le crâne d'un homme...

Lorsque j'étais étudiant à Paris, je n'avais pas de radio dans ma chambre, ou plutôt, comme on disait à l'époque, de TSF. Mais il m'arrivait d'entendre parler du « radio crochet » comme d'une émission très originale et très populaire. J'ai su, par la suite, qu'elle avait été créée par Eugène Schueller, qui la finançait, et Marcel Bleustein qui dirigeait Radio Cité, la station privée qui diffusait l'émission. Le principe, qui fait encore parfois recette de nos jours, consistait à réunir le plus grand nombre possible de personnes dans une salle et à demander des volontaires dans l'assistance pour interpréter, devant le micro, une chanson à la mode. Un peu comme dans les arènes de la Rome antique, les assistants pouvaient condamner le chanteur amateur à l'élimination et, dans ce cas, ce dernier était happé par un grand crochet. C'était drôle, très vivant et, en tout cas, l'émission eut beaucoup de succès.

Il va de soi que, pendant les années d'Occupation, les manifestations de la publicité furent extrêmement rares. Je me rappelle les affiches que le gouvernement Laval avait fait placarder un peu partout pour inciter les jeunes Parisiens au travail en Allemagne à l'aide de ce marchandage odieux : « Un volontaire pour travailler en Allemagne contre la libération d'un prisonnier de guerre. » Mais dans les entreprises, et en particulier chez Monsavon, on se souciait bien peu de faire de la réclame. Tout ce que l'on produisait se vendait. Les choses reprirent peu à peu leur cours normal après la Libération. Le média de communication dominant était évidemment la radio, à l'écoute de laquelle tout un peuple avait vécu, jour après jour, pendant les longues années de guerre et d'Occupation. Mais la publicité était interdite à la radio. Trois supports étaient à notre disposition : la presse, l'affichage et, un peu plus tard, le cinéma. Ce dernier eut, à l'époque, notre faveur, car la presse et l'affichage ne pouvaient donner qu'une image inerte du produit alors que le cinéma permettait de rendre son utilisation très démonstrative. En outre, les salles de cinéma étaient pleines à craquer : entre 1946 et 1958, elles reçurent chaque année entre 380 et 420 millions de spectateurs, chiffre qui devait progressivement diminuer par la suite, du fait de la concurrence de la télévision, pour se situer de nos jours aux alentours de 150 millions.

À l'école de Robert Guérin

À partir de 1947, l'installation d'un puissant émetteur dans le grand-duché de Luxembourg permit de contourner l'interdiction de publicité radiodiffusée en France. Radio-Luxembourg eut alors et conserva durablement une audience bien supérieure à celle de notre radio nationale. C'est là qu'aux côtés d'Eugène Schueller, j'ai fait mes premières classes dans la publicité, avec l'opération « Ploum Ploum Tra La La », conçue pour ouvrir le marché du savon de toilette. Eugène Schueller, dont le sens et le goût de la publicité étaient reconnus partout, avait pris, à côté de lui, pour l'aider, un publicitaire tout à fait étonnant, Robert Guérin. La collaboration de ces deux hommes fut, pour moi, un grand sujet d'enseignement et parfois d'amusement. Chacun s'évertuait à critiquer le travail de l'autre, tout en reconnaissant que ce travail ne pouvait être que celui d'un bel esprit. Mais les deux beaux esprits n'arrivaient jamais à s'entendre tout à fait. Une de leurs pommes de discorde avait trait au rendement de la publicité.

Nous étions au début des années 50 et nous consacrions, à l'époque, de gros budgets de publicité à Dop et Monsavon, sans doute même les plus gros budgets jamais conçus en France : trois émissions radio en *prime time*, des panneaux sur les autobus et des films dans les cinémas, qui furent à l'origine de l'ouverture du marché des shampooings dans notre pays. Eugène Schueller aimait cette publicité massive, brillante, argumentée parfois mais, le plus souvent, insérée dans un contexte imagé lorsqu'il s'agissait de presse, très sonore, très répétitif, voire pompeux lorsqu'il s'agissait de radio. Robert Guérin, de son côté, devait publier ses idées, en 1957, dans un merveilleux petit livre, malheureusement épuisé, qu'il avait intitulé *Les Français n'aiment pas la publicité*, par quoi il voulait dire, en réalité, que les Français n'aimaient pas la publicité que les publicitaires leur servaient habituellement.

Pour Guérin, seuls les messages sérieux, pondérés, réfléchis, avaient des chances de frapper l'opinion. Évidemment, il négligeait le fait que, pour le lancement d'un produit, il fallait une énorme concentration d'efforts, qu'alors les messages ne devaient pas être nécessairement argumentés et qu'ils devaient être répétés dans une formulation simple et lapidaire :

Dop, Dop, Dop tout le monde adopte Dop...

Mais Robert Guérin n'avait pas non plus tort : ce genre de message était trop bruyant et finissait par lasser. En l'occurrence, Dop, trop répandu, a fini par se banaliser, et la concurrence a fini par nous gêner. « Mais portez donc un Sonotone ! » : « Lisez ce message, paru dans la grande presse comme un petit communiqué très simple, discret, presque invisible », me dit un jour, d'un ton badin, Robert Guérin. Il aimait à dire qu'il avait fait, dans sa vie, « des milliers d'annonces, de mauvaises, de passables et même de bonnes » mais, qu'au point de vue du rendement, la meilleure avait tenu dans un entrefilet, dans un quotidien : « Jean Patou solde ses modèles demain, mardi, de 9 heures à midi. »

« Il n'y a pas beaucoup de science ni d'art là-dedans, commenta-t-il, mais le lendemain de la parution de l'annonce, on dut installer un service d'ordre dès l'aube, rue Saint-Florentin, pour canaliser les acheteuses. »

Contre les méfaits de l'art pour l'art

Une leçon d'humilité doit être tirée de cet exemple : la valeur d'une annonce dépend beaucoup moins du talent ou du génie de son auteur que du produit qu'elle propose. Parmi les films publicitaires passant à la télévision en *prime time*, on pouvait voir récemment une automobile évoluer dans les airs pour atterrir ensuite sur un chemin rocailleux : un couple en descendait alors pour s'embrasser voluptueusement. Je n'ai, pour ma part, gardé aucun souvenir de la marque de l'automobile et je n'ai rien appris sur ses qualités dans la vie de tous les jours, en dehors du fait qu'elle incite ses occupants à s'embrasser voluptueusement ! La publicité est décidément tombée dans un tourbillon d'images, dans une orchestration techno, dans une ambiance fabriquée par des hommes de cinéma qui cherchent coûte que coûte à nous servir les gags éblouissants, les scènes frivoles et les rythmes musicaux effrénés qui leur procurent du plaisir, alors que les annonceurs leur demandent en premier lieu de parler de leurs produits aux consommateurs. Les publicitaires ont fini par déléguer leur travail aux hommes de cinéma, lesquels veulent qu'on trouve dans leurs films publicitaires l'image du cinéma bruyant et insolite qu'ils affectionnent.

D'une manière générale, il semble que les publicitaires aient un retard de vingt-cinq ans sur la connaissance du consommateur. Bleustein disait avant la guerre, en parlant du consommateur : « Nous lui proposons de la réclame. » Je pense qu'aujourd'hui la publicité s'apparente encore à la réclame, parce qu'elle continue de s'adresser à des consommateurs qu'elle considère comme infantiles et qu'elle n'a pas la volonté de s'adresser à des consommateurs adultes. Or, s'il y a toujours des cancres dans nos écoles, nos collèges et nos lycées, beaucoup plus de jeunes qu'il y a cinquante ans font, aujourd'hui, des études solides. Ils ont un esprit critique plus évolué que celui de leurs parents à leur âge, ne serait-ce que du fait des confrontations permanentes que leur apporte la télévision sur des sujets économiques, de société, sportifs ou politiques. J'ai toujours préconisé, à L'Oréal, une publicité sérieuse. Je n'ai jamais accepté que les réalisateurs de nos films publicitaires s'abandonnent à l'art pour l'art au point d'oublier les besoins d'un consommateur plus posé et plus rationnel qu'on ne le croit généralement.

Pour moi, une publicité qui ne met pas en avant la performance du produit ne sert à rien et elle peut même en abîmer l'image. Je dois dire cependant que mon désir que l'on s'oppose aux tentations de l'art pour l'art a été souvent mal compris par les directeurs de nos filiales, toujours fascinés, eux aussi, par l'intérêt esthétique d'une création publicitaire. Un jour, je me suis exclamé, au cours d'une réunion internationale, en riant à moitié : « Nous devrions confier à des comptables le soin de contrôler la publicité. Ils seraient chargés de calculer, en secondes, le temps réservé à la performance du produit dans un film publicitaire. Si ce temps ne représente pas les trois quarts du temps total de passage du film, alors ils ont le devoir d'intervenir au nom de la doctrine du groupe pour censurer le film. »

Je peux dire que j'ai toujours éprouvé la crainte qu'une enquête nous livre ce verdict de l'opinion publique : « L'Oréal est une grosse affaire internationale qui fait beaucoup de publicité. » Ce jugement me serait apparu comme une insulte, car l'image que je voulais donner de L'Oréal était celle d'une entreprise faisant de gros efforts de recherche, fabriquant des produits d'une grande technicité, des produits adultes pour des consommateurs adultes. Certes, au moment du lancement d'un nouveau produit, le bruit de la publicité doit s'entendre. Mais pas au point de donner l'impression que la publicité est plus importante que le produit lui-même.

La mission de la publicité doit tenir en quelques axiomes :

– annoncer le lancement des produits en informant le consommateur de ce qu'ils lui apportent ;

– informer le public de leurs performances, performances évolutives puisque la vie des produits est jalonnée de progrès dans la qualité offerte aux consommateurs ;

– éviter que le souvenir de la publicité l'emporte sur le souvenir du produit.

Ce sont ces axiomes que nous nous sommes toujours efforcés d'appliquer à la publicité des produits de L'Oréal.

Une publicité qui colle au produit

La laque Elnett est un produit d'une qualité exceptionnelle, très supérieure à celle des produits concurrents. Le préfixe El évoque la femme. Le conditionnement en aluminium filé évoque à la fois la légèreté et la tenue. Le décor est d'une grande délicatesse, la publicité totalement au service de la performance. En effet, à l'époque le marché de la laque stagnait, car presque toutes les marques poissaient. Nous sortons Elnett avec l'argument « la laque qui s'élimine au plus léger brossage », et c'est totalement vrai. La performance est mise en avant sans aucune fioriture. Tous les éléments du succès sont dès lors rassemblés : qualité du produit, force de la marque, beauté de la présentation, impact d'un argument publicitaire juste et adapté au besoin de la consommatrice. Le succès était assuré.

Derrière Elnett, nous lançons le shampooing Elsève dans toute l'Europe. À nouveau, nous utilisons le préfixe El pour évoquer la femme. El, c'est elle, c'est la femme. La qualité du produit est bonne, mais sans plus. La marque est suggestive en France, elle l'est moins à l'étranger. Le conditionnement est de très grande qualité, la publicité est mise au service de la performance, mais elle n'est pas très originale. Ces éléments se combinent pour donner une attractivité moyenne. La route du succès sera donc longue : il faudra successivement déployer des promotions et proposer d'autres qualités de shampooings correspondant au goût du temps. Il faudra livrer de dures batailles. Le produit est aujourd'hui sur orbite partout en Europe, mais il a demandé énormément d'efforts.

Quand nous avons lancé le déodorant Printil, le marché était tenu par Odorono avec une publicité un peu écœurante, ce qui expliquait sa stagnation. « Si vous ne voulez pas perdre votre fiancé, faites attention à vos odeurs de transpiration. » Odorono avait échoué. Notre produit était de très bonne qualité, son conditionnement simple, discret, mais élégant. La marque Printil évoquait la fraîcheur. Mais elle était franco-française. En revanche, l'argumentation publicitaire se révéla sympathique : « Être fraîche, c'est facile, le rester c'est Printil. » Au total, bonne marque, bonne performance, bon conditionnement et bonne publicité. Le succès fut honorable mais il se limita à la France.

Le conditionnement du déodorant Narta était réussi, son parfum aussi mais, de mon point de vue, le choix de la marque n'avait pas été très heureux. Comme le produit était relativement banal, il n'y avait pas de performance très spécifique à faire valoir par la publicité. La réussite fut moyenne.

Nous avons mis sur le marché Régé Color à l'époque où la teinture pour cheveux n'avait plus très bonne réputation, aussi avons-nous pris soin de dire que Régé Color ne visait pas la couverture des cheveux blancs, que c'était tout simplement un produit d'embellissement qui donnait des reflets. Régé, cela faisait sérieux, régénérant et ça l'était effectivement. Le produit permettait, en outre, le démêlage des cheveux en renforçant la brillance. Derrière son sérieux, il permettait donc une approche très douce et très féminine de la publicité avec la promesse de légers reflets dans les cheveux. La marque s'est révélée excellente et internationale. Le produit était parfait, la proposition aussi : le succès était acquis.

Avec Colorelle, nous offrions aux femmes un produit couvrant leurs cheveux blancs, mais il importait que nous le présentions sous une forme sympathique car, contrairement aux produits de coloration classiques, il ne nécessitait pas d'application au pinceau. Le préfixe El d'Elnett devenait suffixe ; dans Colorelle, il se référait à la même notation musicale. La marque était chantante, à la fois rassurante et gaie, le produit était excellent, nous le destinions à la fois aux applications dans les salons de coiffure et à domicile, mais nous avons pris soin de le lancer d'abord dans les salons de coiffure. En proposant Colorelle à sa cliente, le coiffeur ne lui parlait pas de cheveux blancs. Il lui disait simplement : « Voulez-vous que je vous fasse de légers reflets dans vos cheveux dont la couleur est un peu maussade ? » L'argument publicitaire que nous avons utilisé ensuite pour les applications à domicile : « De légers reflets dans vos cheveux qui s'éliminent après deux ou trois shampooings » était passé par la bouche du coiffeur.

Le shampooing Garnier s'était appelé autrefois Moelle Garnier, un shampooing reconstituant grâce à la moelle. La performance venait donc de la moelle. Cela prête à sourire, mais les lipides contenus dans la moelle ont une réelle action bénéfique sur des cheveux colorés ou secs. La moelle laisse, en outre, dans l'esprit des femmes, la certitude qu'elles utilisent un produit bienfaisant. La performance est donc crédible.

Derrière la moelle, nous lançons Ultra Doux de Garnier. La marque renforce le souvenir que la consommatrice peut avoir de la douceur apportée par la moelle. La marque et la proposition de la performance se confondent. La marque est auto-publicitaire, la présentation très bonne, la qualité du produit et la proposition publicitaire aussi.

Bien-Être, cette eau de Cologne est effectivement très agréable. Elle donne une véritable sensation de fraîcheur, car sa base est faite d'huiles essentielles concentrées naturelles, à peu près dans une proportion double des teneurs habituelles. Le flacon est décoré de plantes aromatiques imprimées en sérigraphie, en blanc. La présentation est bonne, la publicité sympathique, la performance s'identifie à la marque. La moyenne des ventes annuelles est de 2,5 millions de litres, ce qui est énorme. En France, on s'asperge volontiers d'eau de Cologne après le bain ou la douche. En Amérique aussi d'ailleurs, où asperger se dit *splash*. La marque Bien Être s'accorde tout à fait avec cette habitude. Elle est donc autopublicitaire.

Dans les années 60, les femmes se sont, en grand nombre, éloignées de la permanente. Pour certaines, il était devenu abominable d'avoir des cheveux crantés. Il fallait tourner la page et je cherchais quelque chose qui fasse jeune. Cela donna Minivague. Dans Minivague, il y avait mini, mini évoquait la minijupe et minijupe la jeunesse, c'est-à-dire le contraire des crans, des ondulations serrées. La marque Minivague était autopublicitaire : la performance était dans la marque. Dès son lancement, Minivague a même perdu son caractère de marque pour devenir un service institutionnel. Le coiffeur a dit à sa cliente : « Je vous fais une petite minivague. » Tous les coiffeurs et toutes leurs clientes ont compris le message. À la fois marque, performance et service institutionnel, le produit réunissait tous les éléments d'un grand succès.

Grâce à Visage 9 nous nous disions que nous tenions un lait de beauté universel, d'une application facile, un produit populaire susceptible d'être utilisé en grande quantité. Nous pensions aussi que le chiffre 9 serait bien accueilli, car 9 faisait neuf. Malheureusement, sur les points de vente, il ne tentait pas les consommatrices. Le conditionnement était parfait, abondant, on donnait même de la marchandise. Mais l'argument publicitaire « lait de beauté universel » ne passait pas parce qu'il était banal. Le produit était bon, mais il fut à peine essayé. Ce fut un échec total.

Excellence, c'est le cas de le dire, est une marque excellente et sous le nom de Preference elle l'est en Amérique comme en France. Le produit étant lui-même excellent, nous avons choisi là-bas une publicité testimoniale. « J'ai essayé Preference de L'Oréal, mes cheveux sont doux, ma couleur est parfaite. La coloration est chère, mais je le vaux bien. » L'argument est énoncé avec beaucoup de simplicité et de sincérité à la télévision, en plein écran, par une jeune femme de

35 ans, jolie, mais d'une beauté américaine tout à fait classique. Je ne voulais pas d'une célébrité et encore moins d'un top model. Nous avons déniché à Broadway une actrice de théâtre qui parlait d'une manière tout à fait naturelle, avec une diction parfaite et sur un ton convaincant, car elle était elle-même convaincue. La marque était excellente, le produit très bon, l'argumentation limpide. C'est à partir de ce lancement que L'Oréal a décollé en force en Amérique.

Le lait Mixa avait été lancé par Roja pour les mains, mais le marché était étroit. Comme la marque avait bonne réputation, nous avons décidé de lancer le shampooing Mixa Bébé et, par la suite, le shampooing pour adulte avec l'argument « doux pour bébé, doux pour maman ». L'argument collant à la performance, le succès était assuré.

L'obsession de la performance

À l'occasion de leurs visites chez les annonceurs, les publicitaires devraient s'arc-bouter sur la nécessité de mettre en avant la performance des produits, car c'est le meilleur moyen de créer une mystique de l'innovation et de la rénovation. Malheureusement, les publicitaires ont souvent tendance à faire le contraire. C'est que, pour eux, le produit n'a pas beaucoup d'importance. Il compte moins que leur foi dans leur génie publicitaire. Le produit doit être performant, la marque doit être performante, l'argument doit être performant, le ton doit être performant. Il existe, par exemple, des voix qui entrent merveilleusement en résonance avec les attentes des consommateurs. J'ai toujours cherché à faire vanter les performances de nos produits par des voix que je savais persuasives, des voix chaudes, argumentant admirablement, de sorte qu'on sentait tout de suite, en écoutant les messages, qu'ils étaient formulés par des personnalités intéressantes et convaincues. J'ai souvent dit à mes collaborateurs que nous avions besoin de voix et, pour mieux me faire comprendre, j'ajoutais : « Des voix comme celle de Rosy Varte ! »

On parle à tort et à travers de la publicité, et avec beaucoup de suffisance. Ceux qui en parlent le plus sont ceux qui entendent la juger du point de vue de l'esthétique et même, parfois, du point de vue de la morale sociale. D'autres la jugent d'une manière superficielle et ne veulent y voir qu'un sujet de distraction parmi d'autres. La plupart du temps, on oublie, ou on ne se donne pas les moyens de juger de l'efficacité de la publicité. Or, comme la publicité n'a jamais eu de vocation artistique fondamentale, elle ne devrait être jugée qu'en fonction de son rendement, ou de sa moralité. J'ai moi-même beaucoup écrit et souvent parlé de la publicité. Je me suis efforcé de ne jamais copier les autres, mais nous avons souvent été copiés. Nous avons même eu beaucoup de querelles concernant nos marques, nous avons été victimes de l'appropriation pure et simple de nos marques dans certains pays d'Amérique latine, et des contrefaçons les plus cyniques de nos logos ou de nos conditionnements.

Un jour, à l'occasion du lancement de Drakkar, un de nos parfums pour hommes qui fut, d'ailleurs, une réussite, nous avons cherché à associer, comme nous le faisons toujours, la publicité à la performance. Cela a donné « la force tranquille d'un parfum pour homme ». Au moment de la première campagne présidentielle de François Mitterrand, les murs de nos villes avaient été couverts d'affiches vantant, aussi, « la force tranquille » du candidat. Sans doute s'était-il agi d'une coïncidence...

CHAPITRE XVII

Recruter pour former

Les problèmes relatifs à nos ressources humaines et les solutions que nous leur avons apportées ont varié dans le temps, à mesure que nos activités se sont développées et diversifiées. On peut dire toutefois que l'expérience que nous avions acquise dans le domaine de la coiffure nous a grandement aidés. Sans doute a-t-il fallu nous ouvrir sur l'extérieur au démarrage de nos activités pour le public, ce qui nous a amenés à recruter des collaborateurs déjà formés dans ces domaines nouveaux pour nous. Mais, dès que nous y avons atteint la masse critique, nous avons recruté des collaborateurs sans expérience professionnelle que nous avons formés nous-mêmes.

Éloge du détail

« La bataille d'ensemble gagnée sur la carte est perdue dans le détail sur les coteaux. » Cette réflexion de Paul Valéry résume correctement les enseignements que j'ai tirés de mes premières expériences de directeur général de L'Oréal. Lorsque j'ai pris ces fonctions en 1948, aucun des responsables de l'affaire coiffure, au siège, ne s'était rendu compte que nos produits de coloration avaient vieilli et se trouvaient dépassés par ceux de la concurrence. En revanche, nos représentants, les hommes des coteaux, le savaient bien parce qu'ils étaient quotidiennement en contact avec les réalités du marché. Et si nous avons pu redresser la situation, c'est en grande partie parce que, ignorant tout moi-même des problèmes de la coiffure, j'avais naturellement éprouvé le désir « d'aller sur la route » pour m'y former au contact de nos clients les coiffeurs, de nos techniciens et de nos représentants.

Toutes les initiatives que nous avons prises par la suite pour recruter et former nos collaborateurs ont résulté de cette conviction que la voie de la réussite partait des coteaux. Nous avons été prémunis de deux façons contre les tentations de nous écarter de cette voie. D'abord, L'Oréal a commencé par être une toute petite affaire et l'on raillait volontiers, dans le milieu des *business schools*, ce président que j'étais et qui « passait tant de temps à choisir lui-même l'étiquette de ses produits ». C'était ignorer que, dans une petite affaire, le détail topographique compte souvent plus que la vue d'ensemble que donne la carte. En outre, cette petite affaire de nos débuts, nous l'avons fait grandir par un processus naturel, au cours duquel les membres de notre groupe de direction ont été constamment tournés vers les structures opérationnelles de l'entreprise, dont ils étaient d'ailleurs tous issus.

Nous n'avons donc pas eu à forcer notre nature pour comprendre que, si nous avions besoin d'hommes capables d'élaborer des stratégies sur la carte, il en fallait d'autres, et en beaucoup plus grand nombre, pour mettre en œuvre ces stratégies sur les coteaux et que c'était parmi ces derniers que nous devions recruter, par le jeu de la promotion interne, les hommes d'état-major. Tout au long de l'Histoire, les grands chefs de guerre ont d'ailleurs constamment veillé à appliquer ce principe sur les champs de bataille. Tout soldat de Napoléon savait qu'il avait « un bâton de maréchal dans sa gibecière », ce qui, on l'admettra, devait grandement contribuer au moral des troupes. Et les maréchaux, de leur côté, ne devaient jamais oublier qu'ils avaient servi sur les coteaux avant d'apprendre à lire des cartes. De là le soin que Napoléon prenait à entretenir, parmi les hommes de troupe comme parmi les gradés, l'esprit de bivouac. De là aussi le plaisir qu'il prit, dit-on, un soir de bataille, à reconnaître un de ses vieux compagnons d'armes et à lui pincer l'oreille en s'exclamant : « Je vous vis à Lodi... »

L'esprit de bivouac, je l'avais naturellement adopté moi-même lorsque, à l'âge de 25 ans, j'avais pris la direction de la petite affaire Monsavon, au milieu des difficultés de l'Occupation. Par la suite à L'Oréal, j'avais acquis la conviction que, dans une entreprise, les hommes d'autorité devaient d'abord être formés sur place. J'avais aussi appris à me défier des pratiques de parachutage, qui consistent à recruter des hommes ayant déjà pris du galon, du fait d'expériences professionnelles extérieures et à les placer, d'entrée de jeu, dans des positions d'autorité. J'ai exceptionnellement procédé à des recrutements de ce genre. Je ne l'ai fait que dans des domaines comme la finance, où j'estimais que nous avions du retard. Mais, même dans ce cas, le nouveau venu a toujours été soumis au rituel d'initiation que nous imposons aux jeunes diplômés que nous recrutons à la sortie des universités ou des grandes écoles. Et l'on verra que nous sommes, à cet égard, très exigeants.

L'initiation par le tutorat

J'estimais que chacune de nos recrues devait être prise en charge, dans une équipe de vente, un atelier, ou un service d'administration des ventes par un tuteur en position de responsabilité. Il va de soi que, nos affaires grandissant, il était devenu de plus en plus difficile d'assurer, d'en haut, le magistère des stagiaires. La méthode du tutorat a donc fini par s'imposer et se généraliser. Chacun de nos principaux chefs de service était tenu de jouer un rôle de formateur, la direction générale devant préalablement s'assurer de sa bonne intelligence avec le stagiaire qu'on lui affectait. Les deux parties étaient alors gagnantes. Des relations de confiance s'établissaient entre le tuteur et le stagiaire dont il avait la charge ; ce dernier se devait de mettre la main à la pâte, ce qui est la meilleure façon d'apprendre ; le tuteur lui-même se mettait dans une attitude de progrès, car il devait être capable de donner réponse à toutes les questions qui lui étaient posées. J'ai appris là que rien n'est plus formateur que de devoir former.

Nous considérons en fait nos stagiaires comme des apprentis et il est certainement regrettable que, pour des raisons idéologiques, on ait abandonné, en France, l'apprentissage en entreprise. À L'Oréal, nous n'avons pas manqué de nous intéresser aux possibilités qu'offrent, depuis quelques années, les formations en alternance, à la fois pour les opérateurs de nos usines, les techniciens et même les cadres. Le jeune diplômé commence, selon le principe du tutorat, par accompagner un représentant dans le secteur dont celui-ci est titulaire. Au bout de six mois, nous lui affectons un secteur en propre ; il y reste plusieurs mois. Le résultat est que la structure de la distribution n'a plus de secrets pour lui. Il peut alors commencer à travailler sur la carte dans des fonctions d'état-major comme chef de produits ou assistant chef de produits, ce qui l'oblige d'ailleurs à continuer de fréquenter les points de vente et à rendre compte, par écrit, de ses observations.

La route, la grande formation

Aller sur la route, voilà encore une expression qui fait partie du langage vernaculaire de L'Oréal. On va d'abord sur la route pour vendre : c'est le travail de base du représentant.

Mais on y va aussi pour s'entendre avec les commerçants sur la meilleure façon de présenter nos produits. On va enfin sur la route pour observer les comportements d'achat des consommateurs vis-à-vis de ces produits et des produits concurrents. La route est donc une source précieuse d'informations pour les spécialistes du marketing et les dirigeants eux-mêmes de nos affaires. C'est tellement fondamental que ces derniers sont astreints à des sorties périodiques et que, dans certaines affaires américaines, comme Procter & Gamble, le rythme de ces sorties fait l'objet de contrôles très sévères. L'observation des points de vente est aussi la meilleure façon de se familiariser avec un nouveau marché. Ce qui se passe dans les boutiques et les magasins apprend beaucoup sur les mœurs et les goûts des habitants d'un pays ; c'est là qu'on se rend compte de la prospérité d'un pays, de l'état d'esprit de sa population, tout simplement parce que dans les boutiques, les gens parlent... Le commerce, c'est avant tout le commerce des hommes.

Pour nous, à L'Oréal, la route c'est donc le grand métier. Et le b a ba de ce métier, ce par quoi tout commence, c'est la vente. Au début de ma carrière chez Monsavon, j'avais seulement affaire à des petits magasins de quartier, dont les épiceries maghrébines de certaines grandes villes françaises constituent aujourd'hui les vestiges. Quand je suis entré à L'Oréal, j'ai connu d'autres types de commerces : les salons de coiffure, les parfumeries, les pharmacies, les drogueries, les magasins populaires et les grands magasins. J'ai assisté ensuite à l'apparition, sous des formes diverses, des magasins de vente en discount et en libre-service : en milieu urbain, les supérettes, en périphérie des villes, les supermarchés et les hypermarchés, plus récemment les magasins pratiquant le *hard discount*. Demain, peut-être, le commerce électronique par Internet représentera une part notable du marché de L'Oréal.

À cette diversification du commerce a correspondu une diversification des habitudes d'achat des consommateurs : elle a été un facteur essentiel de segmentation des marchés. Cette observation m'a conduit à diversifier nos structures opérationnelles, ce qui s'est traduit par la différenciation de nos forces de vente. Ces caractères, qui vont jusqu'à inspirer les comportements et les manières de s'habiller des vendeurs, ne peuvent pas être complètement enseignés dans un centre de formation. Rien ne vaut, pour les assimiler, l'observation directe d'un tuteur et, plus encore, la pratique de son art. Nous avons tous fait cette expérience qui consiste à se faire conduire par un ami, en voiture, dans un endroit qui ne nous est pas familier, pour nous rendre compte, en arrivant à destination, qu'on serait incapable de reconstituer l'itinéraire qui a été suivi. S'il arrive qu'on soit obligé de refaire, un jour, seul, le même itinéraire, on se trompe immanquablement de route, on doit faire demi-tour, avant de parvenir, peu à peu, à trouver son chemin. Seule l'expérience permet de forger ses propres certitudes, à coups d'essais et d'erreurs corrigées. Combien de fois ai-je entendu ce récit de la part d'apprentis de la route destinés à des fonctions de marketing. « Un beau matin, après quelques semaines d'accompagnement, mon tuteur m'a déclaré qu'il avait décidé de me confier les clients de la rue où nous nous trouvions. Bref, c'était à moi de jouer. L'angoisse m'a alors saisi à la pensée de toutes les informations que j'avais glanées ici et là et qu'il me fallait tout d'un coup exploiter ! D'abord savoir approximativement ce que le parfumeur a en stock, ensuite supputer le temps qu'il lui faudra pour écouler ce stock et surtout ne pas se tromper ; après quoi, il faut lui parler des nouveaux produits et des promotions. Tout cela fait beaucoup d'informations à faire passer dans l'entonnoir ! J'étais crispé, j'ai joué petit bras et mon tuteur m'a fait remarquer, à la sortie, avec un sourire indulgent, que ma présentation du nouveau produit avait manqué d'éclat. J'étais consterné de ce demi-échec. »

L'apprentissage de la route, c'est en fait l'apprentissage de la vie. L'observation des clientes des magasins de Ginza, à Tokyo, de la Ve Avenue de New York ou, à Paris, de la rue du Faubourg-Saint-Honoré, permet, par exemple, de constater qu'elles achètent, selon le moment ou l'humeur, par curiosité, impulsion, désœuvrement, snobisme, attendrissement, nostalgie, ou simplement pour le plaisir de pousser la porte de certaines boutiques qui ont leur odeur particulière de cuir, de fourrure ou d'épices. Mais on pourra observer aussi, à Sarcelles dans la région parisienne ou à Brooklyn aux États-Unis, de longues rues sans âme qui suintent l'ennui, parce qu'on n'y rencontre pas de boutiques. Il est vrai que dans certains pays d'Asie, mais aussi en France, en Espagne ou en Italie, certaines de ces rues s'animent les jours de marché et alors, à condition de se lever tôt, on peut y rencontrer des commerçants joyeux, rieurs, généralement forts en gueule, pleins de courage et d'allant, à la chaleur communicative et qui entretiennent avec leurs clients des rapports enjoués et souvent pittoresques. En France, les forains sont ainsi faits. Ils sont toujours là, tels qu'ils étaient il y a des siècles. Chaque fois qu'il m'a été donné de rencontrer des stagiaires, je n'ai jamais manqué de souligner à leur intention l'intérêt de cette survivance. Il faut croire que si le forain a résisté si bien à la déferlante des hypermarchés, c'est parce qu'il répond à un besoin fondamental des hommes que, pour ma part, j'appelle la parlotte.

Avec le CEDEP, nous créons notre propre Université des affaires

Nous avons cherché à nous doter, pour nos cadres, d'un instrument de formation permanente de haut niveau, combinant l'intervention dans l'enseignement de cadres supérieurs en activité avec les apports de professionnels de l'éducation en management. L'INSEAD s'intéressa à ce projet. Guy Landon, qui entretenait d'étroites relations avec cet institut, en particulier pour le recrutement de jeunes diplômés, en fut l'initiateur et en assura la mise en œuvre, de concert avec le professeur Salvatore Teresi, forte personnalité que l'INSEAD délégua auprès de nous. Philippe Dennis, directeur général de l'institut, s'enthousiasma pour la proposition. Il sut convaincre le corps professoral de l'intérêt du projet pour le développement de la faculté, en dépit des réserves de certains professeurs qui appréhendaient l'intrusion d'hommes d'entreprises dans un métier académique. Nous n'avions pas, à l'époque, la taille suffisante pour prendre, seuls avec l'INSEAD, cette initiative. Nous parvînmes à faire cohabiter des entreprises reconnues pour leur compétitivité dans leurs domaines respectifs. Notre ambition séduisit BSN, Danone, Progil, Texunion, Novacel, ainsi que des entreprises européennes comme Sandoz et Beckaert. C'est ainsi que naquit à Fontainebleau, en 1971, adossé au campus de l'INSEAD, le Centre européen d'éducation permanente (CEDEP), qui connut rapidement un grand succès auprès des entreprises, ainsi que des professionnels de l'INSEAD choisis pour l'enseignement.

Le choc pétrolier de 1973-74 survint sur ces entrefaites. Il se traduisit par une augmentation brutale du prix du pétrole, à la suite de quoi, pour éviter une flambée inflationniste, le gouvernement français décida de plafonner les crédits accordés par les banques aux entreprises. Cela entraîna, dans les milieux dirigeants, des réflexes de conservation qui se traduisirent par des restrictions des crédits alloués à la recherche et à la formation professionnelle. Certains de nos partenaires du CEDEP suivirent ce mouvement et nous firent part de leurs regrets de devoir réduire leurs participations financières, voire y renoncer. Ces défections me choquèrent, car j'estimais que les incertitudes du moment devaient, au contraire, inciter à maintenir et même renforcer les investissements dans la recherche et la formation. Mais, finalement, L'Oréal en tira le plus grand profit. Je décidai, en effet, d'ouvrir largement le CEDEP à des catégories de cadres qui, jusqu'alors, ne pouvaient pas bénéficier de son enseignement en raison du nombre de cadres extérieurs à L'Oréal qui devaient y être accueillis. Nous nous étions dit aussi que nos cadres intermédiaires, qui n'avaient pas toujours pu bénéficier d'une formation universitaire approfondie avant d'entrer à L'Oréal, risqueraient d'être désorientés, voire découragés, face aux considérations théoriques qui seraient développées devant eux. Nous pensions, par exemple, à certaines analyses statistiques, aux méthodes d'actualisation des flux financiers ou à la théorie des systèmes. Enfin, nous étions préoccupés par la cadence de travail imposée par des sessions de deux semaines chacune, week-ends compris, se renouvelant une fois par trimestre pendant deux années consécutives.

Mais nous eûmes l'heureuse surprise de constater que, face à tous ces défis qui leur étaient proposés, les nouveaux participants firent des efforts admirables pour suivre l'enseignement et se mettre à niveau et, en particulier, pour maîtriser suffisamment l'anglais. Je me rappelle, par exemple, cette réflexion d'un de nos acheteurs : « Je n'étais pas préparé, je ne m'attendais pas à devoir retourner à l'école, passer des soirées ou un week-end entier à prendre connaissance de cas d'entreprises qui nous étaient soumis en anglais, à propos desquels nous devions, ensuite, faire une communication orale, en français heureusement ; je dois dire que le travail en petits groupes nous a tous beaucoup aidés, car il exigeait de nous beaucoup d'efforts personnels pour ne pas nous sentir à la remorque et, en même temps, il nous apportait le réconfort des solidarités ; à l'école, on nous avait enseigné à ne jamais rien demander au voisin ; c'était mal vu, et cela s'appelait copier ; dans la vie professionnelle, au contraire, la règle d'or, c'est le travail en équipe. »

Depuis, les choses ont évolué. Le CEDEP a atteint une renommée internationale et il s'est ouvert à plus de trente entreprises internationales séduites par l'originalité du projet.

Contre le syndrome de gestion

Il m'appartenait de fixer, avec nos partenaires, les orientations du CEDEP. Ma première préoccupation a été d'obtenir que son enseignement se démarque nettement de celui de la majorité des *business schools*. Pour pouvoir diffuser l'esprit d'entreprise parmi nos cadres, le CEDEP devait faire explicitement référence aux dangers de l'approche gestionnaire du management. Je dois dire que c'est devenu une marotte, chez moi, de critiquer et même de stigmatiser l'esprit de gestion comme j'avais naguère stigmatisé l'impérialisme de nos informaticiens. Cette critique me paraissait indispensable. Depuis qu'elle a été saisie par ce mal, la France baigne dans la gestion et s'y trémousse. Les Français gèrent leur temps, leurs carrières, leurs loisirs, leurs congés de maladie, leur santé et leurs vacances. Le CNRS gère la recherche. Les syndicats gèrent les revendications et même les conflits sociaux se gèrent, parfois même s'autogèrent. Le gouvernement gère : le budget de l'État bien entendu, mais aussi la crise, le chômage et jusqu'au changement. Les cabinets ministériels gèrent les dossiers du gouvernement, c'est d'ailleurs à cela que leurs membres sont formés à l'École nationale d'administration. Désormais, gouverner c'est gérer. Mais gérer les problèmes, ce n'est pas les résoudre. C'est le contraire d'entreprendre.

L'esprit de gestion contamine également la politique de recrutement des collaborateurs, spécialement les cadres et le personnel de direction. La règle est d'éviter tout investissement lourd en formation. Gérer les embauches, c'est donc se donner le maximum d'assurances qu'elles auront une rentabilité rapide. Il n'est pas de meilleure façon d'y parvenir que de recruter des gestionnaires d'un profil voisin de celui des gestionnaires déjà en fonction. Les entrepreneurs dérangent et il ne viendrait pas à l'esprit des dirigeants d'une grande entreprise bien gérée de recruter leurs cadres dans le milieu des PMI, justement parce que, dans une PMI, on apprend, par nécessité, à sortir de sa spécialité pour entreprendre.

La propagation du mal se fait par les milieux financiers. Il est facile de comprendre qu'un dirigeant qui se trouve parachuté à la tête d'une entreprise dont il ne connaît rien *a priori*, n'a qu'une seule ressource pour asseoir rapidement sa réputation : couper, élaguer, abandonner les activités douteuses plutôt qu'investir pour les développer. On préférera donc les certitudes, au moins apparentes, de la croissance externe aux aléas et aux efforts du développement interne. D'où la propension à organiser des fusions, des absorptions, des concentrations avec d'autres entreprises.

Les trois idées-forces de l'enseignement du CEDEP

Pour lutter contre les dangers de l'approche gestionnaire, trois grands principes directeurs se sont imposés à l'enseignement du CEDEP : accorder la primauté au consommateur ; reconnaître l'importance de l'internationalisation ; reconnaître l'importance de l'interdisciplinarité des compétences.

Les entreprises qui avaient rejoint L'Oréal dans le CEDEP ne produisaient pas toutes des produits directement destinés à la consommation. Néanmoins, elles avaient toutes admis l'importance de l'écoute du consommateur dans le perfectionnement professionnel de leurs cadres de tous les niveaux. À L'Oréal, en tout cas, cela procède d'un véritable *credo,* ce qui fait que toutes nos réflexions sur l'entreprise, sa structure, l'organisation de sa recherche et de sa production, doivent trouver leur justification en bas, c'est-à-dire sur « les coteaux », et ne pas s'imposer arbitrairement d'en haut.

Nos ambitions ont toujours été internationales parce que nous avons toujours cru que, dans leur majorité, les consommateurs du monde entier tendaient à adopter des conceptions semblables (ce qui ne veut pas dire identiques) de l'hygiène et de la beauté de leurs corps, de leurs visages et de leurs cheveux. Une partie importante de l'enseignement du CEDEP devait donc être consacrée à préparer nos cadres de tous les pays du monde où L'Oréal est présente à l'écoute de consommateurs de cultures différentes.

La primauté accordée au consommateur doit s'appliquer à la totalité des fonctions de l'entreprise. Cela vaut, en premier lieu, pour la recherche, qui doit être constamment stimulée par les hommes de marketing ; c'est d'ailleurs la raison pour laquelle je me suis si longtemps astreint à passer une partie importante de mon temps disponible directement au contact de nos chercheurs. Cela vaut aussi pour les hommes de production, qui doivent avoir à l'esprit que leurs responsabilités ne s'arrêtent pas à la porte du magasin de produits finis : elles s'étendent à la livraison des produits aux clients, dans les quantités et les délais exigés par eux. Cela vaut aussi pour les vendeurs, qui doivent éviter de « bourrer » leurs clients et faire en sorte, au contraire, que le rythme des achats de ces derniers s'accorde avec celui des consommateurs finals des produits. Cela vaut enfin pour les contrôleurs de gestion, qui doivent savoir que les petits clients sont aussi estimables que les gros.

Les séminaires internes

Guy Landon et moi-même avons également voulu que des séminaires internes soient organisés surtout à l'intention des jeunes cadres nouvellement arrivés dans la Maison. Conçus par le directeur chargé de la formation permanente[1], ces séminaires ont pour but de faire comprendre à ces derniers ce qui fait l'originalité de L'Oréal par rapport à l'image des entreprises de notre type que peut leur avoir donnée l'enseignement des écoles de commerce dont ils sont issus. Les directives données aux animateurs ont été très simples : multiplier les exemples et les anecdotes tirés de leur vie professionnelle à L'Oréal ; en même temps, souligner l'importance et dégager le sens des expressions de notre langue vernaculaire, comme : saisir ce qui commence – la note individuante – l'obsession du panier à provisions et du supra de qualité – on ne trouve dans un marché que ce que l'on y a mis – organiser le désordre – la vache fait son veau, etc.

1. Un universitaire, Raoul Bastianetto, agrégé d'économie, est entré dans la Maison en 1970 pour exercer ces fonctions.

Cette initiative a présenté un intérêt supplémentaire : les animateurs de ces séminaires étant tous des cadres en fonction, elle les a incités à s'interroger sur leur propre travail et sur la façon de le rendre plus efficace et plus utile pour la communauté. C'est une source de progrès inestimables car, on ne le répétera jamais assez, rien n'est plus formateur que de former.

CHAPITRE XVIII

Des relations sociales fondées sur les solidarités

La solidarité se gagne par les bonnes manières

Dans ma famille, on accordait beaucoup d'importance aux bonnes manières. Mon père était accueillant, chaleureux, souriant ; il était foncièrement bon et se préoccupait toujours des autres. J'ai déjà dit ici qu'il militait, dans notre village de Wervicq, pour le mouvement mutualiste. Toutefois, la conception qu'il avait de ce mouvement était essentiellement locale. Je l'entendais dire souvent, en effet, que les solidarités ne peuvent véritablement se nouer qu'entre membres d'une même communauté. Le lien entre solidarité et bonnes manières me paraissait, dès lors, évident. On ne peut rester solidaire de personnes qui font partie de votre communauté si l'on adopte, vis-à-vis d'elles, des comportements discourtois. Quand des règles de bonne conduite ne sont pas observées, la vie dans des petites communautés peut devenir infernale. C'est la raison pour laquelle certains préfèrent l'anonymat des grandes structures urbaines parce qu'il leur permet d'ignorer leur prochain, donc de faire l'économie de l'aménité et des bonnes manières. Car les bonnes manières sont rarement gratuites.

Sam Walton, qui fonda Wal-Mart et en fit le numéro un mondial de la distribution, expliquait qu'il était devenu président du bureau des élèves de son université grâce à une idée simple, qui consistait à s'adresser aux étudiants qu'il croisait dans le campus avant qu'ils ne s'adressent à lui. Et il ajoutait : « Si je connaissais leurs noms, je les appelais par leurs noms ; sinon, je m'adressais quand même à eux ; avant longtemps, je connus plus d'étudiants que n'importe qui dans l'université. » Ce souci d'aller toujours au-devant de son prochain se retrouva plus tard dans « le rituel des 10 pieds » auquel tous les employés – « les *associates* » – des magasins Wal-Mart durent se soumettre : « Je veux que vous me promettiez, leur disait Sam Walton, que chaque fois que vous passerez à moins de 10 pieds [c'est-à-dire 3 mètres] d'un client, vous le regardiez dans les yeux, lui souhaitiez la bienvenue et lui demandiez si vous pouvez l'aider. » Ce souci des bonnes manières est devenu une tradition chez Wal-Mart. Il a certainement contribué à l'exceptionnel succès de cette entreprise.

Dans une entreprise industrielle, si elle est petite, ou dans un atelier si l'entreprise est grande, on ne peut pas éluder le devoir de solidarité, ni donc les bonnes manières, qui en sont les garantes. Pendant la guerre, chez Monsavon, nous étions à peine deux cents. La familiarité était de mise. À la cantine, nous n'avions pas de places attitrées. On entrait, on trouvait une place libre, on s'asseyait et, tout en mangeant, on causait. Les tempéraments et les sujets d'intérêt étaient différents, mais on avait appris à se tolérer mutuellement. Il arrivait, certains jours, que des visages soient fermés ; nous n'avions pas de plus grand plaisir que d'y faire apparaître un sourire. On se réjouissait des bonnes nouvelles et on se soutenait lorsqu'elles étaient mauvaises – ennuis de santé ou problèmes avec les enfants. Bref, nous nous aimions bien parce que nous avions appris l'importance des bonnes manières. Nos relations étaient empreintes d'une grande simplicité et nos solidarités n'avaient rien d'artificiel. Nous partagions les peines, comme la peine de ne pas manger à sa faim, et nos joies étaient intenses lorsque, par hasard, un bon plat nous était servi. Nous nous respections mutuellement, sans aucune considération de classe sociale, de sexe ou de religion.

Mes relations avec nos équipes de vente étaient, en raison de l'éloignement géographique, moins permanentes. Toutefois, je connaissais tous nos vendeurs et j'avais partagé, avec chacun d'eux, l'expérience de la route, qui avait été particulièrement intense, après la Libération, car il avait alors fallu se battre, avec des armes dérisoires, contre les géants américains. Cela avait créé des liens. Les solidarités ont naturellement joué lorsque, par la suite, j'ai cédé Monsavon. Il était, pour moi, impensable de me séparer de nos vendeurs et de notre personnel de production. Les vendeurs ont pu être réaffectés à la division des Produits publics de L'Oréal. Je les ai souvent retrouvés, par la suite, dans un congrès de représentants ou pour une réunion de lancement d'un nouveau produit. Nous avons plus d'une fois profité du déjeuner ou d'une pause pour nous remémorer nos aventures et nos mésaventures communes, sur la route, à l'époque de Monsavon, et je dois dire que c'était, à chaque fois, pour nous, une très grande joie.

Il en allait de même avec le personnel de production. J'avais fait en sorte qu'il soit transféré dans la nouvelle usine qui avait été construite par L'Oréal à Aulnay-sous-Bois et j'ai déjà dit que ce site avait été choisi en raison de sa proximité des lieux de résidence de la majorité de notre personnel de Clichy, ce qui permit à une partie de nos anciennes ouvrières de nous suivre à Aulnay. J'avais toujours plaisir à venir saluer celles-ci lorsque je visitais les ateliers, à échanger quelques mots avec elles, à savoir comment elles s'acclimataient à leur nouveau métier. Lorsque je faisais visiter l'atelier à des clients et me trouvais ainsi empêché de m'approcher d'elles, nous échangions de loin un petit signe ou un sourire et il n'en fallait pas plus pour nous permettre de retrouver nos vieilles connivences.

Nos représentants

Nous avons l'habitude de parler de « nos » représentants, et non pas simplement des représentants de la Maison. Cet usage répond au souci que nous avons d'affirmer nos liens avec des hommes que leur métier tient, la plupart du temps, éloignés de nous. Et puis leur métier est un métier particulièrement difficile, spécialement pour ceux qui tournent en province. J'oserai même dire, car à l'époque où j'écris ce livre il faut, en effet, oser le dire : c'est un métier d'hommes. Ce sont typiquement ce qu'on appelle des « voyageurs » : ils vivent loin de leur domicile et de leur famille pendant la plus grande partie de la semaine et, pendant longtemps, ils durent passer des nuits dans des hôtels peu confortables. Par la suite, leur condition matérielle s'est heureusement améliorée, mais ils ont conservé leur goût de la route et su transmettre leur endurance aux jeunes dont nous leur confions le tutorat.

Nous disons aussi nos représentants et non pas nos vendeurs, car nous les considérons véritablement comme des ambassadeurs. Cette tradition remonte à nos activités pour la coiffure où elle est toujours rigoureusement respectée. Dans ce domaine, en effet, le représentant doit savoir conseiller son client sur la meilleure façon d'utiliser nos produits. Sans être lui-même un technicien, il est donc porteur d'une grande partie du savoir-faire que la Maison met à la disposition de ses clients ; dans les coins les plus reculés du marché, il est aussi porteur de l'image de L'Oréal et du prestige qui s'attache à Paris.

Nous tenons beaucoup à ce que la commande du coiffeur soit négociée et formalisée à l'occasion de ces visites et nous avons également maintenu ce principe dans nos relations avec les parfumeurs et les pharmaciens. Cela permet d'établir et d'entretenir avec les clients une communication beaucoup plus riche que ne le permettaient des contacts épistolaires ou téléphoniques ou même, de nos jours, le fax ou l'Internet. Mais cette richesse a un coût et, pour comprimer ce coût, les représentants et la hiérarchie qui les anime ont forcément tendance à réduire la communication à l'obtention d'une commande et à mettre en avant, dès le début de la visite, tout ce qui permet d'embellir la commande : le nouveau produit que la Maison vient de lancer, les offres promotionnelles du moment, le présentoir de PLV à disposer dans la vitrine du salon, etc. Ils ont également tendance à en imposer auprès des gros clients et à négliger les petits clients. Comme j'avais remarqué quelques abus de ce genre, j'ai résolu un jour – ce devait être en 1966 – de profiter de la réunion de tous nos représentants français, à l'occasion du lancement d'un nouveau produit, pour les mettre en garde contre ces dangers. Mes propos furent repris dans un éditorial qui parut dans le bulletin de liaison de nos forces de vente aux coiffeurs dans tous les pays où nous étions installés. Détachée dans ce livre de son contexte, la leçon paraîtra peut-être un peu emphatique, mais je crois qu'elle fut comprise et qu'elle répondit au souci que nous avions de faire de nos représentants de véritables ambassadeurs de la Maison.

« Il y a plusieurs sortes de politesse. Il y a d'abord la politesse des manières, qui consiste à saluer, à savoir remercier, à savoir présenter des condoléances, à savoir terminer une lettre... c'est ce que l'on peut appeler la politesse de sociabilité. Tous, à quelque niveau que nous soyons, nous nous devons de pratiquer cette politesse ; le représentant sur la route, quant à lui, doit savoir quand il doit donner une poignée de main, comment il doit saluer, comment il doit prendre congé, comment même il doit être habillé. Plus importante encore que cette politesse des manières est celle que l'on pourrait appeler la politesse du cœur, qui se fonde sur le sentiment de solidarité que les hommes peuvent éprouver les uns vis-à-vis des autres. Cette politesse-là se définit très bien par son absence. Il y a absence de politesse du cœur lorsque de petits clients, constatant que les représentants qui les visitent manquent de patience et de continuité vis-à-vis d'eux, finissent par se dire qu'ils sont trop petits pour qu'une grande maison puisse avoir de la considération pour eux. Dans vos fonctions de représentants d'une grande maison, sachez rester des hommes modestes, des hommes de qualité, de grande courtoisie, des hommes qui expriment la joie de vivre, le respect du voisin et l'amour du client. »

Je connaissais individuellement tous les anciens représentants de Monsavon et, jusqu'au milieu des années 60, tous ceux qui visitaient les salons de coiffure en France ; je connaissais les secteurs qui leur étaient confiés, que souvent d'ailleurs j'avais moi-même contribué à définir. Par la suite, lorsque l'entreprise a grandi et que je me suis, par la force des choses, éloigné des problèmes opérationnels, je me suis néanmoins efforcé de rencontrer des représentants à l'occasion de mes déplacements en France ou à l'étranger. Cela m'a permis de savoir s'ils avaient le moral et si leurs clients eux-mêmes avaient le moral. Les coiffeurs sont, en effet, très sensibles à la conjoncture économique, peut-être même trop sensibles. La moindre dépression est vivement ressentie par eux. « Nous avons moins de clientes », j'ai entendu ça pendant des années. En réalité, les coiffeurs ont, en gros, toujours connu la même prospérité, mais il fallait savoir le leur rappeler et les soutenir dans les périodes de déprime.

Justement parce que nos représentants sont, en règle générale, éloignés du siège, leurs réunions en congrès tenaient une très grande place dans leur vie professionnelle et dans la nôtre. En ces occasions, nous leur donnions toutes les informations utiles sur nos projets et nous nous efforcions de compléter et parfaire leur formation technique. Ces congrès baignaient toujours dans une atmosphère d'optimisme. On entendait peu de jérémiades, tout le monde était gai et tous se retrouvaient, le dernier soir, pour un banquet bien arrosé. Je me rappelle tout particulièrement nos Marseillais, car les histoires de Marius et d'Olive furent longtemps très populaires. Je dois dire qu'elles étaient toujours drôles, parfois un peu crues, mais c'était la loi du genre. On s'amusait bien et Eugène

Schueller qui n'a, je crois, jamais manqué un de ces banquets, n'était pas le dernier à rire.

Je me rappelle qu'au cours d'une de ces fêtes où nos Marseillais s'étaient particulièrement déchaînés, l'un d'eux s'approcha de notre table et eut ce mot : « Qu'est-ce que nous avons dit comme conneries ! » Eugène Schueller prit alors son stylo et, sur la nappe en papier du restaurant, griffonna devant moi ces quelques mots :

« Pour parler comme Céline, je dirai :

Nous sommes tous des cons
Mais il y a ceux qui le savent
et ceux qui ne le savent pas
Alors ceux-là sont des cons cons.
Et, parmi les cons,
il y a les cons 4 CV, les cons 11 CV, les cons 18 CV,
et puis les cons 40 CV, les 100 CV et même les 1 000 CV.
Au total, il y a des petits cons et des grands cons,
des cons qui se savent cons
et ceux qui l'ignorent.
Les plus cons, ce sont ceux qui s'adorent
et qui, quand ils ont fait quelque chose
ne savent pas qu'il y a 50 chances sur 100
qu'ils aient fait une connerie
et que, dans tout ce qu'ils font,
il y a toujours 50 %, 20 %, 10 % de connerie.

Quand un con rencontre un autre con,
le plus con se reconnaît
à ce qu'il veut paraître le moins con
et surtout à ce qu'il croit dur comme fer
qu'il n'est même pas con,
pas con du tout

C'est un con inconscient ! »

« Bonne journée » !

Cependant, Aulnay n'était pas seulement une usine. Nous y avions aussi transféré nos services informatiques et nos laboratoires de recherche, qui étaient deux mondes à part. Je n'ai jamais eu de difficultés avec nos chimistes parce que j'avais avec eux, toutes les semaines, des rapports directs. Je les interrogeais sur leurs recherches, j'étais près d'eux. Ils avaient le sentiment d'être importants et ils l'étaient réellement car, sans les résultats de leurs recherches, on n'aurait jamais construit le grand L'Oréal. Quant aux informaticiens, leur nombre ne cessait d'augmenter car nous étions, dans la première moitié des années 60, dans la phase de croissance exponentielle de nos activités sur les marchés publics. Ils occupaient tout un étage de bureaux. Je les connaissais mal. Leur discipline leur appartenait, et à eux seuls. Ils communiquaient peu avec les autres, lesquels se sentaient diminués vis-à-vis d'eux. Ils étaient considérés et se considéraient sans doute eux-mêmes comme une classe à part et, pour tout dire, une caste. Je compris bien plus tard, lorsque nous avons pu utiliser la micro-informatique, que la technique dont ils disposaient, à l'époque, manquait de convivialité et qu'elle était donc pour beaucoup dans les difficultés de communication dont ils faisaient preuve.

Je rencontrais quelques-uns de nos informaticiens tous les mercredis matin, lorsque je me rendais à Aulnay pour présider la conférence hebdomadaire de recherche. Nous prenions le même ascenseur, eux jusqu'au quatrième étage, moi jusqu'au troisième. L'ascenseur ! Nous avons tous eu l'occasion de nous trouver enfermés avec des inconnus, à une heure de pointe, dans ces espèces de caissons. On ne sait trop où poser son regard ni quelle contenance prendre. À l'heure où je le prenais, l'ascenseur d'Aulnay me procurait la même impression. Les inconnus, en l'occurrence, c'étaient mes informaticiens. Pendant l'ascension de trois étages, car eux descendaient après moi, nous partagions le même caisson sans articuler le moindre mot. J'en étais affligé, car, si je ne les connaissais pas, je savais qu'ils savaient qui j'étais et je pensais qu'ils auraient pu me témoigner, comme les autres employés d'Aulnay, une marque d'attention. Mais ils se muraient dans un silence qui dura, mercredi après mercredi, jusqu'au jour où je m'avisai qu'il m'appartenait de le rompre. Au sortir de l'ascenseur, j'eus l'idée de lever la main en souriant et de lancer à la cantonade « bonne journée ! », sur un ton enjoué. Mais mon initiative ne provoqua aucune réaction. Le mercredi suivant, le même scénario se renouvela. Et puis, un beau mercredi, alors que je me trouvais derechef dans mon caisson, un dossier m'échappa des mains et tomba sur les pieds d'un de mes jeunes voisins, qui le ramassa et me le tendit. En reconnaissance, je lui donnai une petite tape sur l'épaule et quittai l'ascenseur avec mon sempiternel souhait. C'est alors que le miracle se produisit : tous me répondirent d'une seule voix, comme en écho : « Bonne journée. » Cette journée-là fut effectivement pour moi une très bonne journée. Depuis lors, mon échange de bonnes manières avec mes informaticiens d'Aulnay est devenu rituel dans tous les ascenseurs de la Maison.

Donner et retenir ne vaut

Eugène Schueller était encore parmi nous lorsque notre affaire coiffure connut une grave crise due à l'interdiction que le gouvernement nous fit d'utiliser une molécule qui était à la base de nos teintures pour cheveux. C'était catastrophique pour les coiffeurs, catastrophique pour leurs clientes, catastrophique pour nous. Nous savions bien que le décret qui notifiait cette interdiction finirait par être rapporté car l'utilisation de la molécule en question était autorisée dans tous les autres pays du monde. Nous avions donc des armes pour nous battre contre l'administration mais nous savions qu'il nous faudrait du temps. En tout cas, sur le moment, la nouvelle nous parut terrifiante. Il se trouve qu'elle nous était parvenue au moment où nous étions en train de discuter, avec les syndicats, d'une augmentation de salaires, discussion qui était d'autant plus difficile que l'économie était en pleine inflation. Mais j'étais maintenant dans l'obligation de refuser l'idée même d'une négociation, dès lors que le décret nous obligeait à arrêter nos principales productions.

Je demande donc à mes interlocuteurs de retirer leur demande d'augmentation, ce qu'ils acceptent aussitôt de faire. Mais le tumulte que produit dans l'usine l'arrêt de la fabrication nous oblige à avoir, coup sur coup, plusieurs comités d'entreprise. À un moment donné, le délégué du syndicat majoritaire, un homme très intelligent et d'une grande ouverture d'esprit, mais aussi particulièrement exigeant, me déclare qu'il ne peut pas accepter de renoncer à une augmentation de salaires. L'ambiance était dramatique et j'ai toujours, gravée dans ma mémoire, ma réaction car, sans m'en rendre compte, je l'ai formulée avec beaucoup de pédanterie. Devant les assistants médusés, je déclare, sur un ton professoral : « Un texte de l'ancien droit français dit : donner et retenir ne vaut. Vous m'avez donné votre accord, il y a un mois. Vous n'allez pas le reprendre aujourd'hui ! De mon côté, je vous ai promis que si l'affaire s'arrangeait, je ferais un rattrapage sur vos salaires. En réalité, vous devez respecter votre double appartenance. D'un côté vous appartenez à un syndicat national, donc extérieur à l'entreprise ; à ce titre vous êtes des contestataires. Mais, d'un autre côté, vous ne pouvez pas vous cantonner dans l'attitude simpliste et irresponsable qui consiste à dire : "Je ne veux pas le savoir." Vous représentez aussi la Maison et vous ne voulez pas que la Maison meure. Il faut donc que l'on s'arrange. » Et, en effet, on finit par s'arranger.

Toutefois, après m'être référé, dans la tension d'une négociation difficile, à cette règle du droit français, je me suis rendu compte que j'avais énoncé un précepte moral auquel je devrais me soumettre pendant toute ma vie : on ne peut pas promettre sans s'obliger à tenir sa promesse. Promesse de la suppression du bruit dans un atelier, promesse d'un repas convenable dans le restaurant d'entreprise, mais aussi une promesse récurrente que l'on peut résumer de la façon suivante, avec sa contrepartie : « Nous vous promettons d'écouter toutes vos revendications à condition qu'elles demeurent sensées, faute de quoi vous compromettriez l'essor de la Maison ; vous aurez les meilleurs salaires de votre environnement, mais il faut que nous puissions vivre ensemble paisiblement. » En nous efforçant ainsi d'aller toujours au fond des choses, nous sommes arrivés, petit à petit, les syndicats et nous, à simplifier nos relations au sein du comité d'entreprise. Les syndicats étaient restés revendicatifs, mais leurs revendications étaient des revendications axées sur les réalités de la Maison et non pas sur des considérations extérieures. Or en l'occurrence, l'extérieur, pour nous, c'était d'abord, du fait des absurdes classifications en vigueur, le secteur de la chimie, inévitablement dominé par des entreprises comme Rhône-Poulenc ou Péchiney, avec lesquelles nous n'avions rien de commun. Telles sont les raisons, qui n'ont rien à voir avec le paternalisme, qui ont fait que nos syndicats se sont constamment comportés, vis-à-vis de nous, comme des syndicats maison.

Les problèmes sociaux doivent se régler à la source

Je me suis souvent reproché de ne pas avoir pris le temps de comprendre les raisons du syndrome de l'ascenseur de mes informaticiens. Je ne connaissais pas encore, à l'époque, la règle des cinq fois pourquoi de Ohno mais l'expérience des hommes que j'avais déjà acquise avait suffi à me convaincre de ne jamais laisser un malaise inexpliqué. Peut-être mes informaticiens étaient-ils intimidés ? Je l'étais certainement, de mon côté, à l'égard de leur discipline, que je trouvais mystérieuse. En tout cas, j'étais moins intimidé par les problèmes de labos ou par les problèmes d'usines. Je fis donc en sorte que d'autres que moi prennent en charge le problème des informaticiens et se comportent, vis-à-vis d'eux, comme je m'efforçais de me comporter moi-même vis-à-vis des labos et des usines.

J'ai toujours éprouvé beaucoup d'intérêt pour nos usines. Ce sont les endroits où se font les choses, c'est-à-dire les produits tels que le consommateur aura ensuite à les utiliser. Tout part de là. La première condition pour que les choses se fassent comme elles doivent se faire, c'est que l'usine soit bien tenue. Ses allées de circulation doivent être dégagées, le restaurant d'entreprise ne doit pas être une gargote, on ne doit voir sur le sol des ateliers aucune trace de salissure, les machines doivent être propres. Lorsqu'il en est ainsi, on a toutes les chances de voir, en parcourant les locaux, des visages ouverts, des vêtements de travail impeccables, des ouvrières maquillées et bien coiffées. Une usine bien tenue est un gage de qualité des produits que l'on y fabrique. C'est que la moindre anomalie, le moindre incident dans le fonctionnement du matériel, la moindre détérioration de l'ambiance de travail sautent aux yeux et appellent des corrections immédiates. Encore faut-il que les anomalies soient constatées et corrigées sans retard. Il faut pour cela que « les chefs » passent le moins possible de temps dans les bureaux et le plus possible à l'endroit où se font les choses. C'est la deuxième condition pour que les choses se fassent correctement. Elle n'est pas si facile à respecter.

Je me suis trouvé un jour, en province, dans une de nos usines dont le personnel nous causait, depuis quelques semaines, beaucoup de difficultés, qui se traduisaient par des revendications qui nous paraissaient inconsidérées, notamment en matière de salaires. Je m'étais justement rendu sur place pour aider les responsables locaux à trouver une solution à ces problèmes. Le directeur m'avait accueilli par ces mots : « Je sais que vous aimez visiter les usines, mais je ne crois pas souhaitable que vous alliez cette fois dans les ateliers, en raison de l'état d'esprit qui y règne. » Je lui avais répondu que ce genre de problème m'était familier, que je l'avais encore rencontré quelques jours plus tôt dans notre usine de Turin, au moment où l'Italie était en révolution permanente. J'avais fait valoir à son directeur que son personnel était certainement au courant de ma présence, qu'il n'attendait probablement pas de moi que je réponde à ses revendications, mais qu'il trouverait anormal que je ne me rende pas sur place, au moins pour me rendre compte de la situation. L'argument valait encore plus pour une usine française, où je ne risquais pas de subir le handicap de la langue. Et puis je me doutais bien que les revendications salariales ne pouvaient être que des symptômes. Dans toutes nos usines, en effet, le niveau des salaires était plus élevé que celui des entreprises de l'environnement. Cette politique ne procédait d'ailleurs pas du désir d'acheter la paix sociale. Elle venait simplement de l'habitude que nous avions de maintenir des salaires élevés tant que nos affaires étaient prospères. Les causes du malaise étaient forcément plus profondes. Je descendis donc dans l'usine, je fis très lentement le tour des ateliers, en m'attardant devant chaque poste de travail pour demander des explications sur son organisation. Au bout d'un long moment – une heure peut-être – l'événement que j'attendais se produisit. Une ouvrière vint vers moi et se présenta comme la déléguée syndicale. Elle était très agitée. « Allez chercher les délégués du personnel, on va causer », lui dis-je. Je me suis trouvé dans un bureau avec une dizaine de membres du personnel. Nous discutâmes longuement et j'eus la confirmation que des problèmes se posaient, qui, pour la plupart, avaient trait à la vie quotidienne dans les ateliers : aménagement des horaires flexibles, formation à la polyvalence et surtout respect des affinités dans la composition des équipes de travail. Sur des questions de ce genre, la direction de l'usine avait eu tendance à procéder par oukases. À l'évidence, cela révélait une carence à se mettre à l'écoute, y compris à l'écoute de ce qui commence.

Bien entendu, ces problèmes ont été réglés et, quand je suis revenu sur place, quelques mois plus tard, comme je l'avais promis, la tension était tombée. Mais tout le monde aurait gagné à ce qu'on ne la laissât pas auparavant monter.

*De la considération pour l'*affectio societatis *des anciens*

L'usine d'Aulnay a été la cellule originelle de l'industrie de L'Oréal. Avant Aulnay, nous avions, outre l'usine Monsavon, un petit atelier de fabrication et de conditionnement de produits pour la coiffure qui était situé dans la région parisienne. Après Aulnay, nous avons construit bien d'autres usines : à Orléans, à Rambouillet, à Vichy, à Saint-Quentin, à Caudry et à Tours ; nous en avons construit aussi à l'étranger, en Belgique, Allemagne, au pays de Galles, aux États-Unis, au Canada, au Mexique, au Brésil, au Japon, en Argentine et en bien d'autres pays. Mais Aulnay a longtemps occupé une place à part au sein de notre monde industriel. Cela ne tenait d'ailleurs pas, ou pas seulement, à des raisons d'ordre sentimental. Cela venait du fait que, de nos jours, parmi toutes les composantes sociales d'une entreprise, ce sont les membres de son personnel – et en premier lieu ses membres les plus anciens – qui font le plus clairement preuve d'*affectio societatis*.

On n'évoque plus guère, de nos jours, cette notion à laquelle on se référait souvent, autrefois, dans les manuels d'économie, pour caractériser l'attachement qu'éprouvent, pour une entreprise, les personnes qui l'ont créée, lui ont apporté des capitaux, parfois même leur fortune personnelle et qui sont, de ce fait, durablement liées à elle, pour le meilleur comme pour le pire. Il s'en trouve heureusement encore de nos jours, y compris à L'Oréal, mais il faut être réaliste : ces personnes sont devenues, dans l'ensemble de l'économie, très minoritaires. Depuis l'essor des marchés boursiers et des fonds communs de placement, les actionnaires, dans leur grande majorité, ne connaissent même plus le nom de l'entreprise dont ils possèdent des actions et ils sont prêts à déplacer leurs capitaux à tout moment, dès qu'un investissement plus prometteur se présente à eux. Ils y sont d'ailleurs constamment encouragés par leurs entourages, leurs banquiers et les mass media.

Dans ce contexte de mobilité des capitaux, ce sont finalement ceux qui apportent à l'entreprise leur savoir-faire, leur temps et leurs capacités de travail qui incarnent le mieux *l'affectio societatis*. Et, parmi eux, il nous parut légitime de faire une place privilégiée aux anciens pour la simple raison qu'ils se sont, par définition, investis plus durablement que les autres, donc plus que les autres, dans l'entreprise. Comme notre usine d'Aulnay était la cellule originelle de l'industrie de L'Oréal, il était logique que nous fassions, au moins pendant un temps, une place particulière à ce site dans notre politique sociale.

Cela n'alla pas sans récriminations. En raison justement de son ancienneté, le personnel d'Aulnay était plus payé que celui de nos autres usines. Des revendications fusèrent, on ne cessa de me réclamer le rattrapage de ces écarts, mais je tins bon. J'avais, au fond de moi-même, le souvenir des difficultés de la guerre et de l'Occupation. Le personnel d'Aulnay avait été le premier à travailler pour L'Oréal ou, ce qui revenait au même, pour Monsavon. Il l'avait fait pour des salaires peu élevés, alors que les horaires de travail étaient longs, que nos services médicaux n'étaient pas encore organisés, qu'il souffrait d'une mauvaise nutrition, ce qui le rendait particulièrement vulnérable au froid et aux maladies les plus banales. Je me disais que les membres de ce personnel avaient été les pionniers de notre entreprise, que nous leur devions pour cela une reconnaissance particulière et qu'ils devaient donc conserver l'avantage de salaires plus élevés. Je ne fus pas en mesure de maintenir ces différentiels de rémunérations au-delà d'une dizaine d'années, mais j'ai tenu à ce que fussent utilisés tous les autres moyens que nous avions de témoigner notre considération au personnel de cette usine.

Bien entendu, les employés d'Aulnay, de même que leurs contemporains du siège, ont perdu, avec le temps, l'exclusivité de l'ancienneté. La plupart d'entre eux sont aujourd'hui à la retraite ; d'autres, à Aulnay et sur tous les autres sites du groupe, en France comme à l'étranger, les ont remplacés dans la carrière. Notre problème est de maintenir, à l'intérieur de l'entreprise, l'*affectio societatis* dont faisaient preuve les anciens d'Aulnay. Nous avons été parmi les premiers à faire bénéficier nos cadres supérieurs de *stock-options* et, de tout temps, nous avons pratiqué l'intéressement de l'ensemble du personnel aux résultats de l'entreprise, formule qui, sous l'impulsion du général de Gaulle, est devenue « la participation aux fruits de l'expansion ». Mais pour nous, l'intéressement devait s'ajouter à la politique des salaires qui nous est propre et qui consiste à rémunérer le travail au-dessus de la moyenne des taux pratiqués autour de nous. La participation procède d'un souci de partage des récoltes passées. Notre politique de salaires implique un pari sur le développement du chiffre d'affaires de l'entreprise et donc de sa progression sur les marchés. C'est une démarche d'entrepreneur.

J'ajoute que l'intéressement pécuniaire n'est, ou ne devrait être, qu'un aspect de la participation. Ce qui compte plus encore, c'est la participation des esprits, car c'est elle qui conditionne les résultats futurs de l'entreprise. Pour y parvenir, nous avons été amenés à remettre en cause profondément les méthodes et les pratiques d'organisation issues du taylorisme. En deux mots, le taylorisme signifie : spécialisation des méthodes et massification des structures. Ses effets pervers sont : dans l'ordre social, la démotivation des travailleurs et, dans l'ordre économique, les carences de créativité, les rigidités de fonctionnement et les résistances au changement des grandes organisations. C'est à partir de ce constat, au demeurant banal, que nous avons profondément transformé nos structures et nos méthodes de travail.

La confiance créative, source de productivité et d'emplois

Chez Toyota, on s'est dit que le perfectionnement constamment nécessaire des modes opératoires ne devait pas être l'affaire des seuls spécialistes des bureaux techniques centraux des usines. Les opérateurs des ateliers devaient pouvoir y prendre leur part. Les millions de suggestions d'amélioration retenues chaque année reflètent l'importance des réserves de créativité qui ont été ainsi libérées dans cette entreprise. Cette prolifération d'initiatives est une des explications de l'excellent niveau de productivité de cette entreprise. Il s'agit cependant d'une productivité de croissance, qui s'obtient sans réductions d'effectifs (Toyota continue, en effet, de pratiquer « l'emploi à vie ») grâce à une utilisation intensive de *l'affectio societatis* des travailleurs. La réaffectation des travailleurs libérés par l'automation, ou par la suppression des tâches inutiles se fait à l'intérieur de l'entreprise, soit dans la même activité grâce à sa croissance, soit par diversification de ses activités.

Comme nous avions nous-mêmes adopté, à L'Oréal, les méthodes du taylorisme, nous nous sommes trouvés, au milieu des années 70, face à des sureffectifs très importants. Nous avions estimé ces sureffectifs à six cents personnes pour deux de nos unités de production françaises. Je me suis refusé à les mettre au chômage. J'avais, moi-même, une perception dramatique du chômage. J'avais connu, dans mon enfance, à Wervicq, le village du Nord où nous habitions, les affrontements sociaux et les grèves des années 30. Des escadrons de gardes mobiles casqués assuraient la sécurité des installations dans les usines vides et demeurèrent longtemps dans la région, au point que, pour moi, ils finissaient par faire partie du paysage. Il faut dire que Wervicq n'avait pas plus de deux mille habitants à cette époque et voyait arriver de Belgique, tous les matins, trois mille travailleurs frontaliers. Les problèmes de change compliquaient l'issue des conflits. Les syndicats patronaux du textile étaient très puissants et ne voulaient pas céder devant les demandes d'augmentation de salaires des syndicats ouvriers. Les conflits avaient été dramatiques. L'aide financière des syndicats aux grévistes était évidemment insuffisante. Comme la grève durait, un nombre considérable de ménages ouvriers vivaient dans une grande précarité. Mon père, qui était un personnage public, était sollicité par des gens du pays qui venaient à la maison lui demander son arbitrage. Ma mère m'ayant fait adhérer à l'œuvre de Saint-Vincent-de-Paul, j'ai visité des foyers de chômeurs d'une extrême pauvreté ; c'était d'une tristesse insoutenable. Voilà pourquoi l'idée de mettre au chômage des ouvriers m'était insupportable. Sans doute les temps avaient-ils changé depuis l'époque que je viens d'évoquer. Les chômeurs étaient désormais indemnisés. Et puis il y avait les plans sociaux.

Quelle hypocrisie cependant que ces plans sociaux ! Le patronat est soulagé, les syndicats et les représentants du gouvernement sont satisfaits parce qu'ils pensent s'être rendus utiles, et les employés licenciés se sentent rassurés. Ils reçoivent plusieurs mois de salaire. En fait, l'expérience montre que la prime est dépensée rapidement. Ayant tout à coup de l'argent devant soi, on achète une voiture, on améliore son logement, et puis le chômage se prolonge quelquefois indéfiniment. Dans la manière de traiter ces problèmes de loin, il y a donc une certaine supercherie. Les chômeurs se rendent compte au bout de quelque temps qu'ils sont démunis et qu'ils n'ont toujours pas de travail, d'où leur rancœur.

Pour toutes ces raisons, je décidai de garder à L'Oréal le personnel en surnombre et de mobiliser toute la Maison. Les réponses ne m'ont pas déçu. Les laboratoires et les services de marketing ont multiplié les lancements de nouveaux produits, les équipes de vente se sont montrées plus dynamiques que jamais. Ce magnifique effort de solidarité de tous nous a permis de supporter la charge des sureffectifs qui, naturellement, diminuait à mesure que les mois passaient. Je dois ajouter que nous avons mené cette politique dans un environnement qui ne lui était pas favorable. L'inflation était endémique en France et dura d'ailleurs jusqu'au plan d'austérité de 1983, c'est-à-dire pendant près de dix ans. Soucieux de maintenir le pouvoir d'achat des salariés, les syndicats, de leur côté, s'étaient installés dans la revendication. L'idée d'encourager les travailleurs à mieux servir le consommateur ne venait à l'esprit de personne. La défiance dominait désormais les relations sociales, et cela d'autant plus que les dirigeants d'entreprises, spécialement les dirigeants de nos grandes entreprises, inquiets de voir le coût du travail s'accroître plus vite que la productivité avaient tendance à réduire leurs budgets de Recherche et Développement et à rechercher la productivité par les économies de gestion. L'adoption de stratégies de « recentrage sur le métier » date de cette époque. Le résultat a été la montée du chômage.

Je ne pense pas que les grandes entreprises françaises aient, en général, tiré la leçon des carences de créativité qu'elles ont manifestées à cette époque. Promulguée en 1983, la politique macro-économique, dite de désinflation compétitive et du franc fort, était sensée les inciter à se réorganiser pour améliorer leur compétitivité et diversifier à nouveau leurs activités. C'est le contraire qui s'est produit. Elles ont reconstitué leur trésorerie et renforcé leurs stratégies de recentrage sur leurs métiers de base. Elles ont d'ailleurs trouvé une justification de cette politique dans l'exemple de la grande multinationale américaine. L'ère des conglomérats est en effet révolue en Amérique. Confinée désormais dans ses stratégies d'expansion mondiale dans le même métier, la multinationale américaine est constamment en sureffectifs. Mais c'est à l'extérieur que les travailleurs américains, libérés par le progrès technique, trouvent de nouveaux emplois. Et ils en trouvent en effet, et en abondance, grâce à la prolifération des petites entreprises industrielles et de service. Ces créations, aujourd'hui stimulées par l'expansion des services, sont apparues à profusion, dans l'économie américaine, à partir du début des années 80. Elles sont à l'origine du plein emploi que connaît le pays et de la confiance dans l'avenir qu'y manifestent les travailleurs.

Le capitalisme de L'Oréal a été jusqu'ici un capitalisme entreprenant, comme il en existe d'ailleurs toujours dans les petites entreprises, en France et en Amérique notamment. L'Oréal a pu échapper au capitalisme conservateur de rente et de gestion et conserver des relations sociales empreintes de confiance, dans la mesure où elle a réussi à accueillir de jeunes talents soucieux d'entreprendre.

CHAPITRE XIX

Entrepreneur et citoyen

Les événements de mai 68 avaient provoqué la politisation de la société civile. Les jeunes s'étaient politisés. Les syndicats, qui l'étaient déjà, avaient renforcé leurs positions traditionnelles. Le clivage gauche/droite des Français, qui s'était atténué lorsque le général de Gaulle était aux affaires, s'est de nouveau accusé. « On ne fait pas de politique », les chefs d'entreprises pouvaient-ils s'entêter dans cette attitude simpliste et souvent, d'ailleurs, hypocrite ? Avec quelques amis industriels, dont Francis Gauthier et José Bidegain, je pensais, au contraire, que nous devions tenter d'agir, ouvertement, sur l'environnement économique et social de nos entreprises. Dans quel sens ? Nous avions, à cet égard, des idées qui n'étaient pas tout à fait conformes à celles de l'establishment.

Nous estimions que Paris en faisait trop. Pour ma part, j'avais toujours en tête ces mots que le général de Gaulle avait prononcés, à Lyon en 1968, deux mois avant les événements de mai. « L'évolution générale porte notre pays vers un équilibre nouveau. L'effort multiséculaire de centralisation, qui fut longtemps nécessaire pour réaliser et maintenir son unité malgré les divergences des provinces qui lui étaient successivement rattachées, ne s'impose plus désormais. Au contraire, ce sont les activités régionales qui apparaissent comme les ressorts de sa puissance économique de demain. » Il était même allé plus loin encore en énonçant l'idée que chacune de nos régions devrait se rapprocher économiquement de ses voisines dans les pays européens limitrophes. Comme on sait, le général de Gaulle avait repris ce thème de la décentralisation des structures de l'État après les événements de mai. Il en avait fait le sujet d'un référendum national qui eut une issue malheureuse, parce que les partis politiques et les conservateurs du Sénat ne voulaient pas d'une authentique régionalisation.

Naturellement, nous étions aussi décentralisateurs pour la conduite des grandes entreprises. C'est que les grandes organisations hiérarchisées avaient suffisamment montré leur manque de créativité, leurs défauts d'adaptation au changement et leur fragilité dans l'ordre économique comme dans l'ordre social. Mais il nous semblait que la transformation de ces organisations ne pouvait pas seulement venir d'en haut. Elle nécessitait, pour être féconde, une intense participation de la base. Nous estimions d'ailleurs que l'esprit de participation devait dominer l'exercice du pouvoir, car l'entreprise appartient au capital mais aussi à son personnel, aux consommateurs pour lesquels elle doit travailler et aux citoyens contre lesquels elle ne doit pas travailler. À la fin des années 60, ces professions de foi passaient évidemment pour être subversives. Nous avons donc pris le type d'initiative qui s'impose en France, lorsqu'on désire se faire entendre : nous avons formé une association qui a été dénommée le GEROP. Je ne me rappelle plus la signification du sigle, sinon que la lettre P voulait dire participation. Nous avons aussitôt réclamé des sièges au comité directeur du CNPF et fait en sorte que soit désigné comme président du CNPF, M. Ceyrac, une personnalité exceptionnelle qui était responsable des affaires sociales de cette organisation. Après quoi, le GEROP a donné naissance à Entreprise et Progrès et j'ai pris soin de faire mentionner, dans les statuts de cette association toujours très active aujourd'hui, que : « La finalité des entreprises est d'être créatrices de biens, créatrices d'emplois et créatrices de profits », et que : « Les problèmes sociaux sont internes à chaque entreprise et doivent être résolus par ses responsables. » Ces engagements, qu'il faut bien qualifier de politiques, ont été à l'origine de deux missions que le gouvernement français m'a confiées, la première, en 1983, sur l'industrie automobile française, la seconde, en 1986, sur l'emploi. J'ai demandé à Jean Bounine de m'aider à mener à bien ces missions. Depuis plusieurs années, il apportait à la Maison sa connaissance des organisations productives, notamment japonaises, et il avait fait, avec le professeur Bruno Lussato, un travail de pionnier dans l'utilisation de la micro-informatique en entreprise. Pour l'emploi, nous avons bénéficié des concours de MM. Christofer Brooks, Peter Funck, Jean-Claude Prager, Nicolas Saloff-Coste, Michel Théry, Lucien Varda, André Vin, Mmes Dominique Gervais et Odile Mazenque.

La crise de l'industrie automobile française

M. Fabius, alors ministre de l'Industrie, m'a nommé, en 1983, président du Conseil national de l'industrie. Il avait créé cet organisme, qui rassemblait des représentants des administrations publiques, du patronat et des syndicats, dans le but de se faire éclairer sur certains dossiers sensibles, au premier rang desquels il avait placé celui de l'automobile française. Cette industrie connaissait des difficultés notoires. Nos deux constructeurs annonçaient de très lourdes pertes pour 1983 – elles allaient être de 9 milliards de francs pour la Régie Renault ! – et, ensemble, avaient perdu 12 % du marché national en quelques mois.

Après avoir repris Simca-Talbot à Chrysler, les dirigeants de Peugeot avaient pris la décision de fusionner les réseaux et de se débarrasser de 250 des 1 200 concessions Talbot qui leur paraissaient faire double emploi. Ces concessions étaient aussitôt passées à la concurrence, essentiellement d'ailleurs à celle des Européens comme Opel, Ford et Volkswagen, car les Japonais se manifestaient encore peu sur le marché français. Cette stratégie était évidemment à l'opposé des pratiques que j'avais adoptées dans ma vie professionnelle et qui consistaient à mettre nos marques en autoconcurrence, afin de protéger nos marchés de la concurrence étrangère. La deuxième raison de la crise automobile tenait au fait que rien n'avait fondamentalement changé dans les usines depuis que Henry Ford avait inventé les chaînes de montage d'automobiles en grandes séries répétitives. Les structures jacobines, la tête et les jambes, les bureaux de conception d'un côté, les ateliers d'exécution de l'autre, le primat du quantitatif sur le qualitatif, les « essuyages de plâtre » imposés au consommateur lors du lancement des nouveaux modèles, l'inéluctable production de rebuts, leur évacuation à grands frais par des armées de contrôleurs, la médiocre finition des modèles courants, la rigidité croissante des processus, l'accumulation des stocks, la monotonie des tâches répétitives, tous les inconvénients d'ordre social et économique de ce type d'organisation étaient unanimement reconnus. Mais, plutôt que de changer cette organisation, les constructeurs s'étaient bornés à des palliatifs. La Régie Renault faisait étalage des avancées de son « modèle social ». Surtout, pour pallier la désaffection de leurs travailleurs à l'égard des tâches d'exécution sans intérêt qui leur étaient imposées, les deux constructeurs avaient massivement recouru à des travailleurs immigrés.

Or, nous étions, à L'Oréal, très informés des initiatives des Japonais, en particulier de Toyota. Au lieu de spécialiser leurs ouvriers dans l'accomplissement de gestes répétitifs, ils leur apprenaient à devenir polyvalents, à assurer l'entretien des matériels dont ils avaient la charge, à participer activement aux changements d'outils, à contrôler eux-mêmes la qualité de leur travail et, en cas de malfaçon, à en rechercher sans tarder les causes. Du même coup, ils se dispensaient de la nécessité d'importer, de Corée ou d'ailleurs, une main-d'œuvre d'une culture différente. Cela signifiait clairement que si l'adoption des méthodes japonaises avait pu se généraliser à temps dans notre industrie, nous n'aurions pas eu à proposer à des immigrés des emplois dont les Français ne voulaient plus.

Je parviens à la conclusion que l'abandon du système tayloriste-fordiste était indispensable et qu'après avoir copié Ford avant la guerre, puis après la Libération, nos constructeurs devaient maintenant se mettre à l'heure japonaise. Mais il ne fallait pas se dissimuler qu'à volume de production équivalent, une usine japonaise nécessitait moitié moins d'espace et moitié moins de personnel de production qu'une usine occidentale. La mise à niveau de notre industrie exigerait donc des réductions massives d'effectifs. Avec les concours actifs de MM. Gallois et Gadoneix et de leurs services de la Direction générale de l'industrie, j'ai estimé que, sur un total de 800 000 personnes environ, 70 000 se trouveraient, à très courte échéance, en excédent chez les constructeurs et 20 000 chez les fournisseurs. Et ce n'était qu'un début. Nos constructeurs ont dû, pour rester compétitifs, maintenir par la suite un taux moyen d'amélioration de la productivité du travail de l'ordre de 6 % par an.

J'étais effaré à l'idée du choc que la révélation des sureffectifs de l'industrie était susceptible de provoquer dans le pays. Plutôt que de chercher à faire partager, d'entrée de jeu, ma vision de l'avenir à tous les membres de la Commission, il m'a semblé qu'il fallait déjà m'accorder avec eux sur le caractère extrêmement critique de la situation.

« Vous n'allez pas nous faire travailler en kimono, monsieur Dalle »

La séance inaugurale de la Commission s'est tenue dans une grande salle de réunion, au premier étage du Commissariat du Plan, à Paris. Autour de moi siègent les représentants des administrations, sur la partie gauche de la table, ceux des organisations patronales et à droite, ceux des syndicats. Après les civilités d'usage, je résume la situation de l'industrie telle qu'elle ressort des dossiers réunis par le ministère et je lance aussitôt un tour de table. Je m'attends à des manifestations, sinon de contrition, du moins de gêne. J'ai la stupéfaction d'entendre des témoignages d'autosatisfaction et de constater que personne ne parait s'alarmer.

« Ils sont venus chez nous, on ira chez eux. » Cette réflexion d'un représentant patronal à propos de la pénétration de marques étrangères sur notre marché domestique était tout à fait significative de l'aveuglement du milieu.

Je boucle le tour de table en déclarant, sur un ton volontairement emphatique, que si tout le monde est content, ce n'est pas mon cas. J'étais, en effet, littéralement bouleversé, et je ne le cache pas aux assistants. Je fais valoir qu'ayant eu la pratique de marchés aussi divers que ceux du cosmétique, de l'agro-alimentaire, des médicaments et même de l'électronique grand public, nulle part, ni chez Philips, ni chez Nestlé, ni à L'Oréal, je n'avais eu à observer des pertes de positions commerciales aussi brutales et massives. J'ajoute qu'à L'Oréal, s'il arrive à la plus petite de nos affaires, opérant dans le pays le plus exotique d'Amérique latine ou d'ailleurs, de perdre un point, voire un demi-point de part d'un de ses marchés, cela ne manque jamais de provoquer un branle-bas de combat dans toute la Maison, depuis l'unité fautive jusqu'à moi-même. Et j'ajoute qu'on aurait tort de juger disproportionnées ces réactions. Justement parce qu'elles sont brutales et immédiates, elles jouent le rôle de garrots : elles permettent d'éviter les hémorragies. Or une hémorragie s'était déjà largement déclarée dans l'industrie automobile française comme on pouvait en juger par l'état de ses finances. Avec des finances aussi exsangues, « aller chez les autres » au prétexte qu'ils sont venus chez nous, me paraissait bien présomptueux, d'autant plus qu'il ne fallait pas compter que les autres nous feraient, sur leurs marchés, la place que nous avions eu la légèreté de leur faire sur le nôtre.

Pour conclure, je déclare que nous devons d'abord arrêter l'hémorragie et consacrer la suite de nos travaux aux moyens de reprendre l'initiative sur le marché domestique. Émaillées de chamailleries, les séances suivantes se révélèrent aussi décevantes que la première. Je prends alors la décision de faire preuve d'autorité, d'annoncer ma vision des transformations à opérer au sein de l'industrie et de demander ensuite aux participants de me faire part de leurs réactions afin d'obtenir, si possible, un accord sur les inévitables réductions d'effectifs qu'impliquaient ces transformations. Je ne manque évidemment pas de me référer aux remarquables performances des Japonais, à la fois dans l'ordre économique et dans l'ordre social, pour recommander, ce qui paraissait bien naturel, que l'on n'hésite pas, chez nous, à copier leurs méthodes de production.

« Vous n'allez tout de même pas nous faire travailler en kimono, monsieur Dalle ! », s'écrie alors M. Blondel. Ce dernier n'avait manifestement pas voulu voir que, si les ouvriers de Toyota travaillaient – et travaillent d'ailleurs toujours aujourd'hui – en gants blancs (et non en kimono), c'est parce qu'on leur avait inculqué une haute idée d'un métier que nos constructeurs et nos organisations syndicales avaient laissé se dévaluer, les unes par clientélisme, les autres par conservatisme. M. Blondel ne savait manifestement pas plus que, « sur le terrain », les responsables des usines s'étaient rendus au Japon, qu'ils avaient déjà réagi et qu'à leurs côtés, les représentants locaux de la plupart des syndicats étaient largement convaincus de la nécessité des transformations à opérer. C'est que les uns et les autres étaient mieux placés que M. Blondel pour juger de l'opportunité de ces transformations qui conditionnaient le maintien de l'emploi. Finalement, c'est parce que les méthodes japonaises – productions diversifiées à « zéro stock » et « zéro défaut », en séries courtes et « juste à temps » – se sont révélées socialement et économiquement plus efficaces qu'elles ont été progressivement adoptées dans les secteurs industriels produisant des biens durables comme l'automobile ou des biens de consommation courante comme ceux que produit L'Oréal.

« *Dalle sureffectifs* »

Conscient de la délicatesse de tout processus de changement social d'envergure, je me suis cependant bien gardé de laisser la Commission nationale de l'industrie évoluer vers ce qu'on appelle un mini-sommet social. Je me suis refusé à la médiatisation des débats. L'objectif prioritaire était de permettre aux entreprises du secteur et, en particulier aux constructeurs eux-mêmes, d'assainir leurs exploitations et, pour cela, de les autoriser à procéder aux réductions d'effectifs que j'ai mentionnées. Il fallait donc obtenir, à leur sujet, l'accord des autorités gouvernementales et celui des organisations syndicales, celui-ci conditionnant d'ailleurs celui-là. C'était nécessairement un travail de coulisse, qui a permis de faire bénéficier les personnes en sureffectifs de 80 % de leurs salaires pendant deux ans. Elles restaient inscrites, jusqu'à cette échéance, sur les livres des entreprises, celles-ci prenant à leur charge les compléments de salaires et se trouvant incitées, de ce fait, à contribuer au reclassement rapide du personnel en sureffectif.

Malgré tout, des fuites s'étaient produites. Au retour d'un voyage aux États-Unis, une hôtesse vient m'apporter, dans l'avion, un message de M. Bérégovoy, alors ministre des Affaires sociales, me priant d'aller le voir dès mon arrivée. Je ne prends même pas le temps de passer chez moi pour me changer et me rends directement au ministère, où M. Bérégovoy avait donné instruction de m'introduire sans attendre dans son bureau. Le ministre est manifestement très préoccupé, car les journalistes l'assaillent de questions sur les réductions massives d'effectifs qu'on annonçait. Il me demande d'y répondre à sa place afin de pouvoir conserver du recul. Je ne peux que m'exécuter. Les journalistes sont déjà là, nombreux, dans la cour du ministère. Une conférence de presse est organisée séance tenante. J'étais extrêmement embarrassé, car je me trouvais pris entre deux feux. Il était bien évident que les réductions d'effectifs devaient être annoncées comme un impératif de survie pour notre industrie. Mais, d'un autre côté, je ne pouvais pas adopter une position trop critique à l'égard des dirigeants de nos entreprises pas plus qu'à l'égard de l'administration, qui avait pris l'initiative de favoriser un afflux de travailleurs étrangers dont on était maintenant obligé de licencier une bonne partie. J'imaginais facilement les règlements de comptes que cet étalage aurait occasionnés, les atermoiements et les lenteurs qui en auraient résulté. Je résolus donc de prendre le risque de faire aux journalistes un exposé d'ensemble de la situation. Je montrai qu'une nouvelle révolution industrielle s'était produite quelques années plus tôt, bien loin de nous, au Japon, à l'initiative d'un constructeur dont les performances avaient surpris tout le monde, y compris ses concurrents nationaux. Il me fut facile de montrer ensuite que le marché de l'automobile était particulièrement ouvert à la concurrence internationale puisqu'en France même, on voyait maintenant apparaître des voitures fabriquées par les filiales européennes des grands groupes américains Ford et General Motors. Or les Américains étaient en train de se mettre à l'heure japonaise et les Japonais eux-mêmes ne manqueraient pas de s'intéresser eux aussi à notre marché. Il fallait donc nous adapter ou renoncer à conserver une industrie automobile.

Mes propos furent écoutés dans le calme jusqu'au moment où je dus confirmer que les réductions d'effectifs seraient malheureusement importantes mais que nous avions mis au point des dispositions permettant d'indemniser, de manière substantielle, pendant le temps de sa reconversion, le personnel licencié. Je développai en outre les raisons d'espérer un redressement progressif de l'industrie automobile en insistant sur la qualité des nouveaux modèles que nos constructeurs venaient de mettre au point : la 205 chez Peugeot, l'AX chez Citroën et la R25 chez Renault. L'avenir devait heureusement montrer que, grâce à ces initiatives, à celles qui suivirent et à la transformation obstinée de leurs organisations de production, nos constructeurs avaient fini par arrêter l'hémorragie. Mais les journalistes ne s'intéressaient vraiment qu'à l'actualité : le lendemain, j'eus la consternation de lire cette manchette dans un quotidien parisien : « Dalle, sureffectifs : 70 000 licenciements dans l'industrie automobile. »

Dans le bureau de Mitterrand avec Fabius

J'étais d'autant plus consterné de ce battage que la conférence de presse avait dû être improvisée alors que je n'avais pas encore remis mon rapport à M. Fabius. Je le fis début juillet. Nous convenons de présenter ensemble mes conclusions au président de la République. L'entretien a lieu aux environs du 10 juillet 1984. Je reprends l'argumentation développée devant les journalistes, en insistant sur l'importance des licenciements à opérer :

« Soixante-dix mille, c'est pour aujourd'hui, dis-je au Président. Je n'ai pas le droit de dissimuler que les réductions d'effectifs se poursuivront, faute de quoi nos constructeurs ne résisteront pas à la concurrence internationale.

– Vous vous orientez évidemment vers des décisions très graves. Je suppose que tout cela a été travaillé à fond », conclut alors François Mitterrand. Sur quoi nous nous empressons, M. Fabius et moi-même, de le rassurer en ajoutant que les programmes d'indemnisation des travailleurs licenciés ont été mis au point avec le ministère des Affaires sociales et s'inspirent de ce que les Italiens ont fait.

Le Président nous remercie et, se tournant brusquement vers Fabius, il lui demande de nous laisser seuls quelques instants, avec ce commentaire laconique :

« Nous sommes de vieux amis.

– À ton avis, me lance-t-il dès que la porte est refermée, qui devrait succéder à Mauroy comme Premier ministre ?

Un peu interloqué, je lui réponds :

– Ce ne sera ni Rocard, car tu ne l'aimes pas, ni Delors, parce que vous ne vous comprenez pas ; ce sera Fabius ou Bérégovoy. »

J'ai un souvenir précis de ma réponse car il est bien évident qu'en pareil cas, on s'écoute parler. François Mitterrand sourit, mais reste silencieux. L'après-midi je devais apprendre, comme tout le monde, qu'il avait désigné M. Fabius.

Les rapports les plus utiles sont ceux qu'on ne publie pas

Ce changement de gouvernement ne facilita pas le déroulement final de ma mission. De nouveaux ministres avaient fait leur apparition, avec lesquels je devais traiter : M. Delebarre aux Affaires sociales et M. Bérégovoy aux Finances, Mme Cresson à l'Industrie. Celle-ci prit l'initiative de réunir ses collègues, quelques jours plus tard, avec Gaston Defferre et moi-même.

Comme elle voulait manifestement prendre, sans attendre, le dossier en mains et s'imposer devant tous ces hommes, j'avais quelques difficultés à faire l'exposé que j'avais préparé, de sorte que Gaston Defferre, agacé, finit par lui lancer : « Édith, laisse parler François Dalle, il connaît la question. »

J'ai donc pu terminer mon exposé avant de remettre mon rapport aux ministres qui ne l'avaient pas encore eu. C'était le cas d'Édith Cresson, laquelle, en me remerciant, eut ces mots : « Je le lirai avec intérêt, car j'espère que vous y avez mis du marketing. »

Elle dit cela comme s'il s'agissait d'une épice que l'on jette, au moment de servir, dans un plat ! J'étais stupéfié. Finalement, je me suis mis d'accord avec elle pour que mon rapport ne soit pas publié. En octobre 1984, les membres de la Commission en reçurent chacun un exemplaire, dont ils s'engagèrent à ne pas divulguer le contenu. Certains d'entre eux, dont les représentants des organisations syndicales, me firent part de leurs réactions, qui se révélèrent, pour la plupart, très intéressantes.

Je n'avais pas pris de vacances cette année-là, car j'avais promis à M. Calvet, alors président de PSA, de négocier la fermeture de Poissy. J'ai pu le faire avec un leader syndical dont l'autorité sur le monde des travailleurs de l'automobile était incontestée. Cela s'est passé dans l'arrière-salle d'un café de la banlieue parisienne. Mon interlocuteur était naturellement, au départ, très braqué mais il s'est rangé à mes arguments. Je lui ai dit, en résumé, que si je comprenais que son rôle était d'abord de contester des décisions pouvant paraître contraires aux intérêts des travailleurs, il devait aussi éviter d'aller trop loin, car cela pouvait signifier la disparition de l'industrie tout entière. Au demeurant, ai-je ajouté, le mécanisme d'indemnisation accepté par le gouvernement est exceptionnellement avantageux pour le personnel en sureffectif. Mon interlocuteur finit par se ranger à ces arguments et je pus considérer que ma mission était terminée. M. Calvet m'a adressé, par la suite, une lettre de chaleureux remerciements pour le rôle de médiateur que j'avais accepté de jouer. De tous les interlocuteurs que j'ai eus dans cette affaire, il fut d'ailleurs le seul, parmi les dirigeants d'entreprises, à se manifester de la sorte.

À la recherche des « nouvelles données du problème de l'emploi »

En septembre 1986, M. Philippe Séguin, alors ministre des Affaires sociales et de l'Emploi, m'avait demandé, selon les termes de ma lettre de mission, de « conduire une mission de réflexion sur les nouvelles données du problème de l'emploi ». J'ai accepté parce que je pensais que ce problème se présentait, en effet, sous un jour nouveau et que sa solution imposait une autre croissance. Je dois rappeler que notre taux de chômage n'avait cessé de s'accroître depuis le choc pétrolier de 1973. Il s'exprimait, depuis plusieurs années, par deux chiffres et dépassait largement ceux du Japon, des États-Unis et de l'Allemagne. En outre, le taux de chômage des jeunes était deux fois plus élevé chez nous que dans l'ensemble de la population active, alors qu'il se maintenait au même niveau en Allemagne. J'avais honte de ces décalages de mon pays et j'étais révolté de constater qu'on l'installait dans le chômage. Je me rappelais même avoir entendu, à l'époque, de la bouche d'un responsable économique, ces paroles stupéfiantes : « Il faudra bien que nous prenions l'habitude d'un chômage à deux chiffres. » J'avais réussi, à L'Oréal, à éviter les licenciements. Il était clair, cependant, que d'autres chefs d'entreprises, et en trop grand nombre, n'y étaient pas parvenus.

Nous étions manifestement devant une crise d'offre, dont il fallait commencer par comprendre les raisons. Réfléchir sur « les nouvelles données du problème de l'emploi », la démarche à laquelle m'invitait le ministre me convenait parce qu'elle contrastait avec l'outrecuidance de celle de ses devanciers. Comme tout citoyen, j'avais pu constater que personne, parmi ces derniers, n'avait sérieusement cherché à savoir pourquoi les politiques successives – de relance en 1974, puis de dévaluation au début des années 80, enfin de franc fort – n'avaient eu les effets sur l'emploi qu'avaient annoncés, toujours avec le plus grand aplomb, leurs promoteurs. Beaucoup d'entre nous avaient encore en mémoire ces fortes paroles d'un de nos Premiers ministres : « Nous resterons accrochés au socle des 2 millions de chômeurs. » Pour faire oublier ses échecs et en attendant que vienne d'ailleurs l'anticyclone d'une nouvelle croissance, la classe politique avait mobilisé les administrations de l'État pour assurer la gestion du chômage. Cette résignation avait d'ailleurs gagné le président de la République lui-même. J'avais, en effet, rencontré François Mitterrand quelques mois plus tôt, au cours d'un dîner réunissant, autour de lui, un petit groupe de ses amis d'autrefois. Il avait tenu, à cette occasion, sur le chômage, des propos désabusés qu'il devait d'ailleurs reprendre, par la suite, dans une adresse télévisée à la nation : « Nous avons tout essayé. Ce sont les robots qui vont maintenant remplacer de plus en plus les travailleurs. Que pouvons-nous y faire ? Le chômage nous est venu d'Amérique ; il faudra bien que l'Amérique nous apporte à nouveau la croissance. » Le lieu n'était pas propice à un débat, mais je m'étais senti renforcé dans ma conviction que les hommes politiques étaient conseillés par des experts qui n'avaient pas le sens des réalités.

L'Amérique était en train d'inventer une autre croissance

Or, si les réalités étaient beaucoup plus réjouissantes ailleurs qu'en France, il me paraissait clair que nous devions commencer par faire ce qu'assez curieusement, les spécialistes patentés des affaires sociales et de l'emploi se refusaient à faire : aller aux sources de l'emploi américain et, pour les jeunes, à celles de l'emploi allemand. M. Peter Funck, économiste d'origine américaine, a bien voulu « couvrir » les États-Unis qu'il a sillonnés pendant trois mois. Il en a rapporté des observations très détaillées qui auraient pu être d'une grande utilité pour notre pays. Il a rencontré à Cambridge, au MIT, le professeur Birch qui venait de terminer une étude qui révélait qu'au pays du *big business*, c'étaient les petites entreprises, et non les grandes, qui créaient des emplois. Cette révélation était d'importance, car l'Amérique venait de créer 30 millions d'emplois en dix ans alors que l'Europe en avait perdu plusieurs millions depuis le premier choc pétrolier de 1974. En outre, si avec les personnes qui m'assistaient, j'avais conscience de l'importance du rôle des PME dans l'emploi et si je savais que les grandes entreprises détruisaient des emplois, j'étais loin de me douter que presque à elles seules, les petites entreprises, et surtout les entreprises nouvelles, ont la capacité de compenser, et au-delà, ces pertes[1]. En fait, la machine américaine à créer des emplois se caractérise par une très grande

---

1. Des remarques similaires ont été faites depuis, en France, par le *p*H Group (cf. Bernard Zimmern, *Les Profiteurs de l'État*, Paris, Plon, 2001).

turbulence. Des petites entreprises naissent constamment ; certaines, avec le temps, deviennent moyennes, puis grandes ; d'autres disparaissent et beaucoup plus parmi les petites que parmi les grandes. Avec beaucoup de réalisme, les Américains avaient estimé que ces disparitions étaient inéluctables et d'ailleurs générales : 8 % par an et partout dans le pays. Ils en avaient conclu que la clé de l'emploi réside dans les créations d'entreprises. Plutôt que de chercher, comme nous, à brancarder les moribonds, ils favorisent la création d'entreprises, tout le problème étant d'en créer constamment plus qu'il n'en disparaît.

La deuxième leçon que donne l'Amérique a trait au développement de ce qu'on appelle, là-bas, l'industrie des services. Dans les domaines du commerce de gros et de détail, de l'hôtellerie et de la restauration, dans celui des services aux entreprises, comme celui des services sociaux et personnels, notre retard sur l'Amérique se chiffre par plusieurs points de pourcentage du PIB. Ce secteur des services marchands qui est, par excellence, le domaine de la petite entreprise, constitue donc un énorme gisement d'emplois pour notre pays. L'Amérique est le pays de la libre entreprise. Je n'ignore pas qu'elle l'est pour le meilleur comme pour le pire, mais c'est évidemment au meilleur que l'on doit s'intéresser, alors que ses détracteurs choisissent, absurdement, de rejeter en bloc tout ce qui est américain. Les services privés de crèches, de garderies et même de répétition pour les écoliers, ont pu se créer et proliférer dans tout le pays avec un minimum de contraintes d'ordre administratif. Il en est de même pour les services aux personnes âgées.

Au moment où je termine la rédaction de ce livre, le nombre des demandeurs d'emploi a pu être réduit, en France, pour des raisons qui n'ont pas encore été complètement élucidées et qui n'ont, quoi qu'on en dise, certainement rien à voir avec la politique des 35 heures. Toutefois, il ne se passe pas de semaine sans que les médias ne rapportent que des artisans et des entrepreneurs de travaux publics se plaignent de ne pas trouver sur le marché le personnel dont ils ont besoin. On pouvait déjà entendre ces plaintes, il y a vingt-cinq ans, au moment où je faisais mon étude. Nous avions proposé de prendre exemple sur l'Allemagne qui avait su garder la plus grande considération pour l'apprentissage en entreprise. Dans ce pays, les entreprises prennent à leur charge cet apprentissage sans y être incitées par une quelconque taxation. Il en est d'ailleurs de même en Autriche et en Suisse. Nous avions constaté aussi qu'une minorité d'entreprises, grandes ou petites, pratiquent et financent l'apprentissage. Elles le font évidemment d'abord pour elles-mêmes, mais elles le font aussi pour l'ensemble de la communauté. Et elles y ont intérêt, car le fait de former plus d'apprentis qu'elles n'en ont besoin, leur permet de sélectionner les meilleurs. On trouve le même souci communautaire aux États-Unis. Ce fut d'ailleurs une révélation pour nous de constater que dans tous les comtés, les équivalents américains de nos cantons, les dirigeants d'entreprises prennent une part active au développement de l'économie locale et veillent, par conséquent, au développement de l'emploi. C'est encore de l'intérêt bien compris.

Une fin en queue de poisson

Tous ces constats n'allaient évidemment pas dans le sens de la pensée française dominante. Celle-ci continuait d'être centrée sur la grande entreprise manufacturière, la mondialisation des échanges et l'exportation des produits de nos techniques de pointe sans considération du fait que ces secteurs ne représentent qu'une part très minoritaire de nos activités, donc de l'emploi. Et puis, mettre l'accent sur la petite entreprise, cela conduisait à recommander, pour ne pas tuer la poule aux œufs d'or, de simplifier les procédures administratives. Cela non plus n'était pas conforme à la pensée dominante qui postule qu'on ne peut faire social qu'en faisant compliqué.

Dans notre pays, tout le monde convient que l'État en fait trop, mais il ne suffit pas de le dire et de partir en guerre contre les énarques. Il faut aussi que la communauté des entreprises se rende moins dépendante de l'État et impose ses propres initiatives à celles, si souvent malhabiles, de l'État. Cela suppose, par exemple, un changement d'attitude face à la formation professionnelle que les entreprises ont certainement eu tort de laisser à l'Éducation nationale. Il est aussi trop facile de considérer, comme tant de chefs d'entreprises le font en France, qu'un dirigeant n'a pas à se préoccuper de l'emploi et qu'il doit se consacrer exclusivement à la création de richesses. Mais à quoi pourraient servir les richesses qu'il produit si elles ne rencontrent pas une demande solvable ou si elles ne rencontrent qu'une demande d'assistés ? Comme je l'ai fait souligner dans les statuts d'Entreprise & Progrès, « la finalité des entreprises est d'être créatrices de biens et créatrices d'emplois » pour la simple raison que, sans emplois, il n'y a pas de consommateurs et sans consommateurs il n'y a plus d'entreprises.

Le rapport que j'ai remis au ministre a été, à sa demande, publié dans les semaines qui suivirent. Malheureusement, le gouvernement auquel il appartenait a été remplacé, quelques mois plus tard, à la suite d'un changement de majorité et, contrairement aux désirs du ministre et de moi-même, je n'ai pas pu aller plus loin. C'est que pour beaucoup d'économistes et de hauts fonctionnaires des administrations centrales ainsi que pour les médias, l'emploi était affaire de spécialistes. « Dalle, petits boulots », j'avais même eu droit à ce quolibet parce que j'avais déclaré un jour, dans une réunion publique, que les effectifs de personnel de nettoyage de bureaux, de coursiers ou de serveurs de restaurants, allaient croître, en valeur absolue, d'une manière plus importante que les effectifs de programmeurs informatiques. C'était pourtant, et c'est toujours, l'expression de la vérité.

La compétence, fondement de l'autorité dans l'entreprise et dans la cité

J'étais chez Monsavon depuis dix-huit mois environ, lorsqu'un jour du milieu de l'année 1943, l'entreprise se trouva brusquement sans dirigeant. Le directeur d'exploitation était tombé gravement malade. Quant à l'administrateur délégué, qui résidait en province, il n'envisageait pas de s'installer à proximité de l'usine. La petite pièce qui me servait de bureau se trouvait à l'étage des chefs et il fallait bien qu'en l'absence des chefs, quelqu'un réponde au téléphone et au courrier, représente la Maison auprès des vendeurs qui se trouvaient sur la route et se batte avec les organismes administratifs de répartition pour leur arracher des bons de matières premières dont l'usine avait besoin pour tourner. « Que fait-on, monsieur Dalle ? » Cette question me fut posée de plus en plus souvent et de façon pressante par les employés. Elle concernait des problèmes très divers : une erreur sur un bulletin de paye, des programmes de production à modifier, des heures supplémentaires à effectuer. J'ai pris sur moi de régler ces problèmes en m'appuyant sur l'autorité qui, progressivement, m'était attribuée par le personnel de l'entreprise. Désormais, tous les problèmes convergeaient vers moi.

J'étais devenu le patron, sans l'avoir cherché et sans la moindre cérémonie d'investiture. C'est sur l'autorité que j'avais sur les hommes et les choses que se fondait mon pouvoir, et cela dura pendant près de vingt ans, jusqu'en 1962, quand nous nous sommes séparés de Monsavon. À aucun moment je n'ai pensé à me faire attribuer un titre qu'Eugène Schueller ne m'aurait certainement pas refusé. Sans doute me suis-je trouvé sur le pavois dans des circonstances qui peuvent paraître exceptionnelles : un vide de pouvoir s'était produit dans l'entreprise ; nous vivions sous la botte de l'occupant ; les communications étaient difficiles et chacun devait se débrouiller avec les moyens du bord, à l'endroit où il se trouvait. Mais les circonstances exceptionnelles sont le lot d'une entreprise comme L'Oréal, car celle-ci connaît rarement le calme. Elle est constamment en opérations et sa vie ressemble plus à celle d'une armée en campagne qu'à une vie de caserne. Et comme dans toute armée en campagne, c'est sur le terrain que se gagnent les galons.

Je crois avoir été l'un des premiers chefs d'entreprise français à adopter le système américain des vice-présidents. Ces désignations n'ont jamais soulevé de difficultés parce que les directeurs concernés bénéficiaient, aux yeux de tous, du prestige d'opérations qu'ils avaient menées avec succès. Ils avaient tous fait leur plein de compétence et d'autorité. Il s'ensuit qu'un des problèmes qui se pose dans une grande entreprise est de permettre aux cadres intermédiaires de faire progressivement à leur tour leur plein d'autorité et, pour cela, d'éviter de les confiner dans des rôles de courroies de transmission. Il faut donc s'entourer de jeunes collaborateurs capables de conduire le changement, ce qui signifie qu'ils doivent faire preuve d'imagination, mais aussi d'une grande capacité de résistance à l'épreuve et qu'ils soient animés par une ambition qui n'exclut pas la générosité, faute de quoi ils pourraient inspirer autour d'eux l'irrespect et la défiance. Mais ces qualités ne peuvent se révéler que dans l'action. À L'Oréal, nous nous efforçons de confier aux jeunes cadres des missions susceptibles d'être sanctionnées par le marché. On commence par des missions mineures, comme la modification du conditionnement d'un produit ou une amélioration de détail dans un processus de production. Cela permet de les charger, par la suite, d'opérations d'envergure, comme l'a été le lancement de chacun de nos produits, ou comme pourrait l'être la mise en place de promotions personnalisées, « à la tête du consommateur ». Dans l'automobile, on a vu les dirigeants de Renault confier à un jeune ingénieur la totale responsabilité de la mise sur le marché de la Twingo, qui fut, on le sait, un grand succès. C'est une pratique très courante chez Toyota, où les patrons de projets – les *sushas* – bénéficient d'un prestige considérable.

Il y a donc beaucoup de façons de conférer des titres et les titres les plus prometteurs ne sont pas nécessairement les plus reluisants. Je sais qu'on adore les titres, qu'on adore les nominations, qu'on adore les décorations et qu'on adore les discours d'intronisation. Il faut résister à ces vanités et ne jamais perdre de vue que les titres doivent toujours se fonder sur une autorité reconnue dans l'entreprise, même si elle n'est pas perceptible de l'extérieur.

Cette conception de l'entreprise ne va pas sans exigences d'ordre moral. Elle oblige à accepter l'erreur car, sans erreur, il n'y a pas de mutation possible ni donc d'évolution et de progrès. Cependant, il y a toute une typologie des erreurs. Une erreur dans l'exécution d'un programme de fabrication qui doit obéir à un protocole très précis doit être sanctionnée sans appel. En revanche, une erreur de conception d'un produit est déjà plus tolérable. Un chef de produits peut prendre ses désirs pour des réalités et se tromper sur l'accueil que les consommateurs réserveront finalement à ses initiatives. Un publicitaire peut s'abandonner aux tentations de l'art pour l'art. De telles erreurs n'entraînent généralement pas de graves conséquences et peuvent être souvent corrigées à temps. Le rôle du dirigeant consiste justement à aider ceux qui les commettent à les corriger. J'y ai passé une bonne partie de ma carrière et je n'ai d'ailleurs jamais manqué d'évoquer, en ces occasions, les erreurs que j'avais moi-même commises. Comme quoi l'autorité, la source du pouvoir, ne provient pas seulement des succès remportés ; elle peut aussi provenir des erreurs que l'on a su reconnaître et corriger.

Il faut aussi redoubler d'attentions à l'égard des anciens et des fournisseurs, car on a trop tendance à négliger les premiers et à exploiter les seconds. Les anciens ont contribué à faire grandir l'entreprise et, même quand ils admettent que leur énergie vitale a diminué ou qu'ils sont dépassés par l'intensité du progrès, il leur est parfois difficile de devoir se soumettre à l'autorité d'un plus jeune. C'est une blessure d'amour-propre que des manifestations de sympathie suffisent souvent à apaiser. Il faut enseigner aux jeunes qu'il est de leur devoir d'être attentifs à la dignité des anciens et leur faire observer que le moment viendra où ils seront, à leur tour, des anciens... Quant aux fournisseurs, il faut veiller à les protéger contre les abus de pouvoir des acheteurs. Il y a, dans la discussion sur les prix, des limites que l'on doit apprendre à respecter. J'ai souvent demandé à nos acheteurs de penser à nos propres vendeurs et aux avantages que la Maison tire de la qualité de leurs rapports avec leurs clients. Il est trop facile de faire pression sur les fournisseurs, surtout lorsque ce sont des PME mais, pour peu qu'on leur montre du respect, on est vite récompensé par la qualité de leurs services et la primeur qu'ils vous donnent de leurs nouvelles initiatives ou, mieux encore, de leurs propres inventions.

Enfin, d'autres sources de tension existent dans une entreprise, qui sont susceptibles de compromettre son équilibre social et son efficacité économique. Le clientélisme, les camarillas et les copineries d'écoles en font partie. Ils créent des solidarités de circonstance, encouragent les corporatismes, dévalorisent la réflexion personnelle, censurent les manifestations individuelles d'originalité et font miroiter l'espoir qu'on peut accéder au pouvoir sans compétence. Nous avons constamment lutté, à L'Oréal, contre ces dangers. Nous avons multiplié les centres d'initiative en leur fixant des objectifs susceptibles d'être sanctionnés par le marché. Nous avons multiplié les sources de recrutement, afin d'éviter que l'on puisse dire un jour, à L'Oréal, ce qui se dit, paraît-il, dans une des plus grandes sociétés françaises : « Nous sommes 200 anciens élèves de la Grande École, le reste ce sont des autodidactes. » J'ai proclamé que nous devions tous nous considérer, au contraire, comme des autodidactes.

Notre développement s'est essentiellement fondé sur les connaissances accumulées dans l'entreprise et nous n'avons procédé à des acquisitions que dans la mesure où notre savoir-faire nous permettait de les faire fructifier. Cela ne s'apprend pas à l'école ou, plus précisément, cela ne s'apprend pas qu'à l'école. La compétence de nos collaborateurs et l'autorité qui leur est dévolue s'acquièrent dans la pratique d'opérations, au sens que l'on donne à ce mot dans une armée en campagne. En dehors des fractures, c'est-à-dire des grandes innovations spectaculaires mais rares, ces opérations consistent à apporter, jour après jour, sans tambours ni trompettes, des améliorations, souvent de détail, à la formulation des produits, aux procédés industriels et aux méthodes commerciales. Mais, dans la plupart des cas, ces opérations sont précédées de minutieuses expérimentations à petite échelle, car pour nous, à L'Oréal, le changement n'est progrès et ne mérite donc d'être mis en œuvre que s'il apporte, à coup sûr, une valeur ajoutée clairement perçue par le consommateur, le juge suprême des compétences de l'entreprise. Outre d'importants investissements de recherche, cela nous impose une attitude d'ouverture sur ce qui a été inventé et développé ailleurs et le souci constant d'associer aux opérations de progrès l'ensemble des collaborateurs qui y seront mêlés. Ce que réussit Toyota dans ce domaine et qui se traduit, chaque année, par des millions de propositions d'améliorations émanant, en proportion notable, des ouvriers, a toujours été, pour moi, exemplaire.

Dans la fonction publique, on est très loin de ces conceptions du progrès et de l'acquisition des compétences. C'est exclusivement sur l'école, c'est-à-dire sur des études universitaires ou sur des concours, que se fondent le recrutement, l'avancement, donc la dévolution de l'autorité à tous les niveaux des administrations de l'État, à commencer par leurs têtes. L'expérience professionnelle, la maîtrise du changement, la compétence qui peut en découler ne jouent que des rôles secondaires dans l'attribution d'un titre et la fixation d'une rémunération. L'avancement d'un fonctionnaire issu du rang est, par définition, limité, sauf s'il parvient à passer par une école et à y obtenir un diplôme, de préférence celui de l'ENA. Le fonctionnement de l'Administration est régi par le sommet de la hiérarchie, c'est-à-dire les hauts fonctionnaires des administrations centrales. Leurs directives sont ensuite uniformément imposées au public, en particulier aux entreprises, par l'intermédiaire des administrations de terrain. Ces dernières n'ont aucune initiative et il ne leur est surtout pas demandé de faire remonter, le long de la ligne hiérarchique, les réactions du public dès lors que – *dura lex sed lex* – les « assujettis » doivent être soumis aux initiatives régaliennes de la puissance publique.

On comprendra que je me sois toujours efforcé de protéger L'Oréal de l'attrait qu'éprouvent, pour des carrières dans les grandes entreprises, les hauts fonctionnaires issus de l'ENA. On comprendra peut-être aussi les réserves que je formule, avec d'ailleurs bon nombre de mes pairs, sur les initiatives législatives qui sont couramment prises, par la puissance publique, dans des domaines qui concernent directement la vie des entreprises. En effet, ces initiatives sont conçues puis promulguées au sommet des structures de l'État, au terme d'un processus alchimique mettant en œuvre, dans la consanguinité de l'ENA, les politiques, ceux du législatif comme ceux de l'exécutif, les cabinets ministériels et les administrations centrales. Des décisions susceptibles d'affecter durablement le fonctionnement de notre économie sont prises ainsi, d'en haut, loin des choses de la vie, sans expérimentation préalable ni considération pour ce qui se fait dans les autres pays. Tout se passe comme si nos faiseurs de lois avaient délibérément choisi d'ignorer la complexité des systèmes sociaux et le caractère largement imprévisible de leurs réactions face au changement qui leur imposé. Cette ignorance les condamne à l'impéritie. Elle peut être lourde de conséquences, comme le révèle déjà aujourd'hui l'affaire des 35 heures.

Je rappelle que cette loi avait été promulguée parce qu'elle devait permettre le retour au plein emploi par le partage obligatoire du travail entre ceux qui avaient un travail et ceux qui n'en avaient pas. Elle se fondait donc sur l'ignorance du fait que d'autres pays, comme l'Amérique, obtiennent le plein emploi en créant des entreprises et non pas en partageant le travail dans les entreprises existantes. En revanche, personne n'ignorait que la loi aurait un coût, résultant de l'obligation de réduire les horaires de chaque travailleur sans réduction de salaire. Les promoteurs de la loi s'imaginaient que ce coût serait absorbé par la suppression des indemnités de chômage et l'accroissement continu de la productivité. Or, ces promesses n'ont pas été tenues, ce qu'une connaissance élémentaire des entreprises aurait certainement permis de subodorer. Les entreprises manufacturières, où se trouve l'essentiel des gisements de productivité ont créé très peu d'emplois. Quant au secteur des services, qui représente les trois quarts des activités de notre économie et l'essentiel de ses gisements d'emplois, il n'a pas pu créer d'emplois en raison de l'alourdissement de ses charges. Il faut savoir, en effet, que nos services marchands et non marchands ne peuvent se déployer, dans l'ensemble, qu'à productivité faible et parfois même stagnante. L'État patron le sait d'ailleurs très bien, ce qui explique les réticences qu'il a eues à créer de nouveaux emplois à la suite de l'extension (non prévue d'ailleurs par la loi) des 35 heures à ses services ; cela explique aussi les mouvements de grève récurrents qu'ont entraînés les 35 heures, notamment à la Poste. Mais l'État ministre des Affaires sociales n'a pas cherché à comprendre qu'en appliquant les 35 heures, un restaurant, une clinique, un supermarché, un garagiste ou une équipe d'infirmières à domicile n'auraient d'autre possibilité de répondre à l'augmentation de leurs coûts de fonctionnement qu'en augmentant leurs prix, ou en réduisant la qualité de leurs services, ou en cessant leurs activités. Cette négligence coûtera très cher au pays.

J'ajoute que tout débat sur cette question des 35 heures a été pratiquement escamoté. Nous sommes là devant une grave lacune du système de démocratie représentative. Elle tient au fait que les candidats à la représentation du peuple souverain se présentent aux élections en se réclamant d'un parti politique qui fait état d'un « paquet » d'idées arrêtées sur les sujets qui sont censés intéresser les citoyens. L'appartenance d'un candidat à un parti politique fait que, même s'il ne partage pas la vérité du parti sur tel ou tel de ces sujets, par exemple les 35 heures, il devra finalement s'y conformer, au moment du vote en Assemblée. On est donc en droit de se demander si la consultation directe du peuple ne serait pas un moyen de corriger les imperfections que révèle, dans certains cas, la démocratie représentative. C'est bien ce qu'ont compris les Suisses.

Selon les termes des accords passés avec Nestlé, j'avais été nommé premier vice-président de cette société, ce qui m'avait amené à me rendre fréquemment en Suisse et à m'y installer par la suite, lorsque j'ai résigné mes fonctions de président de L'Oréal. Je connais donc bien la Suisse et j'ai pu observer de près le civisme des citoyens de ce pays à l'occasion de l'organisation puis du déroulement des référendums d'initiative populaire. On en connaît le principe : le pouvoir exécutif ne doit pas avoir l'exclusivité de la fixation des sujets de consultation de l'ensemble des citoyens ; ces derniers, à condition qu'ils soient en nombre suffisant, ont eux-mêmes le droit de provoquer de telles consultations. Il arrive que le taux de participation soit relativement faible, mais pour peu que les citoyens se sentent concernés et que les problèmes posés soient graves, il peut être de 70 à 80 %. Ce fut le cas lorsque les Suisses ont été consultés sur l'opportunité d'abaisser les horaires de travail (initiative d'un parti de gauche qui a été repoussée) et, plus récemment, lorsqu'il leur a été proposé d'abaisser le quota de travailleurs immigrés (initiative provenant cette fois d'un parti de droite et qui a été également repoussée). Il est temps qu'en France les politiques invitent les citoyens à se prononcer sur des sujets qui les intéressent. Faut-il rappeler que cette nécessité n'avait pas échappé au général de Gaulle ? Ses leçons me paraissent avoir été oubliées. Je rappelle que, pour lui, le référendum ne devait pas seulement servir à élire le président de la République. Il devait servir aussi aux Français eux-mêmes à exercer une certaine forme d'autorité sur la conduite des affaires du pays. Pour l'heure, ils ont théoriquement le pouvoir, mais ils n'ont aucune autorité.

Pourquoi les Français sont-il si rarement consultés par référendum contrairement aux possibilités qu'offre la Constitution ? Le temps n'est plus pourtant où, exploitant à son profit l'idée des corps intermédiaires énoncés par Montesquieu au milieu du XVIIIe siècle, le Parlement pouvait revendiquer le privilège de s'interposer en toutes choses entre le peuple de France et le roi Louis XVI. Le peuple, alors, était un peuple de gueux et d'analphabètes. Le temps n'est plus non plus, mais je l'ai connu, où la tante Aglaé, qui avait pourtant fait de solides études, se faisait rabrouer par les hommes pour avoir cherché à parler politique dans un repas de famille. Depuis, nos tantes Aglaé sont devenues suffragettes et les femmes ont obtenu le droit de vote. Lorsque j'ai commencé ma carrière chez Monsavon, beaucoup de nos ouvrières avaient des difficultés à déchiffrer leurs bulletins de paye ; elles n'avaient d'ailleurs pas de compte en banque et devaient recevoir leur paye en argent liquide. Tout cela a profondément changé. Bien sûr, il y a encore trop d'enfants qui, à la sortie de l'école primaire, ne savent pas correctement lire, écrire ni compter mais, en règle générale, les progrès de l'instruction des Français ont été considérables. Cela se voit dans la rue. Cela se voit dans les usines, où l'on donne aux travailleurs de plus en plus d'initiatives et de responsabilités pour exécuter et contrôler leur travail. Cela se voit parmi les consommateurs. Beaucoup de consommatrices, aujourd'hui, savent apprécier la qualité des produits les plus techniques comme, par exemple, les produits de coloration des cheveux qui leur sont offerts sur le marché. C'est tellement vrai que nous convenions, à L'Oréal, de ne produire et commercialiser que « des produits adultes pour des consommateurs adultes ». Je rappelle enfin qu'en multipliant leurs initiatives de formation permanente, les entreprises ne servent pas seulement leur propre intérêt : elles permettent aussi à leurs employés de tous les niveaux de corriger les lacunes éventuelles de leurs éducations.

Les politiques se comportent souvent comme si la société n'avait pas changé depuis Montesquieu. Lorsqu'ils s'avisent que les citoyens boudent une loi, ils s'empressent d'annoncer qu'ils ont reçu le message « cinq sur cinq », qu'on se trouve devant « un déficit de communication » et qu'ils vont s'empresser de « faire de la pédagogie », ce qui revient à infantiliser le citoyen. Or, ce dernier parcourt aujourd'hui le monde, il écoute la radio, lit la presse et regarde la télévision. Et puis il me semble que les politiques sont encore loin de soupçonner les ouvertures qu'offre l'Internet à la démocratie participative. La radio et la télévision ne sont jamais que des médias d'information et c'est la raison pour laquelle ils sont l'objet de la convoitise des politiques. L'Internet est, au moins potentiellement, bien autre chose. C'est véritablement, du fait de son caractère interactif, un média de communication et de confrontation.

C'est peut-être finalement sur le progrès technique qu'il faudra compter pour donner à notre démocratie des modes de fonctionnement plus authentiquement démocratiques. Je rappelle qu'étymologiquement démocratie signifie que la souveraineté appartient au peuple, souveraineté que, dans les démocraties représentatives, celui-ci délègue à d'autres, réputés plus compétents que lui. Or, du fait du progrès de l'éducation et des techniques d'information à distance, le peuple a, aujourd'hui, la possibilité de parfaire ses compétences et de s'exprimer, d'une manière authentiquement souveraine, sur les sujets qui l'intéressent. Je ne peux d'ailleurs pas m'empêcher de me dire que le même progrès va probablement bouleverser les rapports des entreprises avec leurs publics de consommateurs. Les entreprises vont être en mesure de prendre en compte, dans l'avenir, dans toute leur diversité et à un coût réduit, les besoins individuels des consommateurs. Et je pense que les administrations de l'État ne pourront pas refuser cette évolution. Quand les réseaux de l'Internet auront suffisamment irrigué la société, les administrations ne pourront plus conserver longtemps leurs confortables pratiques de guichet.

Mais, avant que l'utopie ne devienne réalité, il faudra de nombreuses expérimentations, des tâtonnements, des échecs à surmonter, en bref, énormément de travail. Mais quelles promesses exaltantes ! Pourquoi le cacher, je me prends à regretter de ne pas pouvoir participer plus activement à ces nouvelles aventures et je ne peux m'empêcher de me répéter ce que je me suis si souvent dit, tout au long de ma carrière, en pensant aux nombreuses opportunités que je n'étais pas en mesure d'exploiter : Il faudrait avoir deux vies.

Index

Remerciements
à
Mesdames Odette Pouliquen, Danielle Villette, Franciane Maure
et Emmanuelle Martin
pour leurs précieuses contributions à la réalisation de cet ouvrage.

CET OUVRAGE A ÉTÉ TRANSCODÉ
ET ACHEVÉ D'IMPRIMER SUR ROTO-PAGE
PAR L'IMPRIMERIE FLOCH À MAYENNE
EN SEPTEMBRE 2001

N° d'impression : 51931.
N° d'édition : 7381-1044-X.
Dépôt légal : septembre 2001.
Imprimé en France